税费改革
支持实体经济发展研究

梁云凤 郭迎锋 王成仁 ◎ 著

Research on Reform of Taxes and Fees to
Supporting the Development of Real Economy

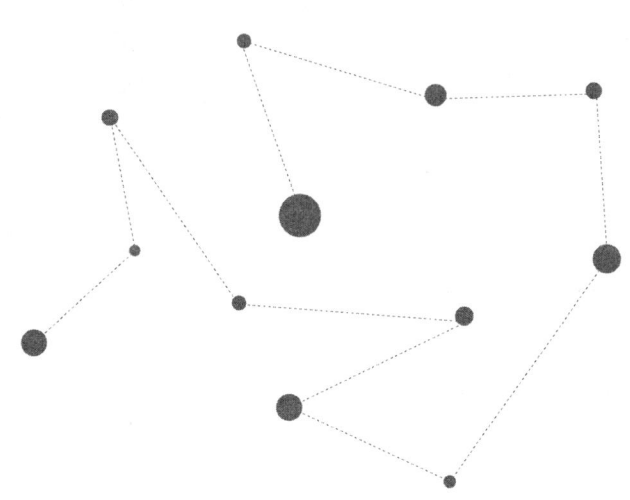

图书在版编目（CIP）数据

税费改革支持实体经济发展研究 / 梁云凤，郭迎锋，王成仁著 .—北京：经济管理出版社，2019.12

ISBN 978-7-5096-6815-3

Ⅰ.①税… Ⅱ.①梁…②郭…③王… Ⅲ.①税费—税收改革—关系—中国经济—经济发展—研究 Ⅳ.① F812.422 ② F124

中国版本图书馆 CIP 数据核字（2019）第 253390 号

组稿编辑：杨雅琳
责任编辑：李红贤
责任印制：黄章平
责任校对：董杉珊

出版发行：经济管理出版社
（北京市海淀区北蜂窝 8 号中雅大厦 A 座 11 层　100038）
网　　址：www.E-mp.com.cn
电　　话：（010）51915602
印　　刷：三河市延风印装有限公司
经　　销：新华书店
开　　本：710mm×1000mm/16
印　　张：14.5
字　　数：300 千字
版　　次：2019 年 12 月第 1 版　2019 年 12 月第 1 次印刷
书　　号：ISBN 978-7-5096-6815-3
定　　价：68.00 元

·版权所有　翻印必究·

凡购本社图书，如有印装错误，由本社读者服务部负责调换。

联系地址：北京阜外月坛北小街 2 号
电话：（010）68022974　邮编：100836

前言
PREFACE

  党的十九大报告指出，建设现代化经济体系，必须把发展经济的着力点放在实体经济上，加快建设制造强国，加快发展先进制造业。在我国当前经济结构转型的过程中，需要不断深入开展供给侧结构性改革，而降低实体企业成本成为其中一项关键性的工作。本书从政府与市场关系的视角出发，对税费改革如何进一步降低实体企业的成本进行了系统研究。本书的主要内容如下：第一章和第二章立足于宏观视角，主要分析了我国当前实体经济发展的国内外背景、相关的研究成果、基本概念等；第三章和第四章立足于中观视角，主要分析了我国当前实体经济的主要税收负担概况及相应的国际比较；第五章至第八章立足于微观视角，分类型对实体企业所面临的税收负担、被征收的费用以及融资成本（与税收相关）进行了分析；第九章至第十章主要研究了税费改革支持实体经济发展的总体思路及相应的配套政策。文后专题报告就世界上主要国家的增值税进行了比较研究。

  本书的出版特别感谢中国国际经济交流中心学术委员会刘克崮副主任的指导，全书由梁云凤统稿。具体分工如下：梁云凤负责总报告的撰写；郭迎锋负责第一章、第二章、第七章和第八章的撰写；王成仁负责第三章和第四章的撰写；崔长彬负责第五章的撰写；柯法业负责第六章的撰写；胡一鸣负责第九章和第十章的撰写；巴海鹰负责专题报告的撰写。

目 录
contents

总报告 ·· 001
 一、我国实体经济发展现状及存在的主要问题 ············ 001
 二、我国实体经济税费总体概况及国际比较 ··············· 005
 三、支持实体经济发展的总体思路及税费改革建议 ······ 010

第一章 我国实体经济发展的基本情况 ························· 019
 一、实体经济的概念界定 ·· 019
 二、实体经济发展历程 ··· 020
 三、支持实体经济发展的重要意义 ······························· 022
 四、税收与费用影响实体经济发展 ······························· 026

第二章 我国实体经济发展的基本形势与挑战 ················ 030
 一、我国实体经济发展面临的国际形势 ······················· 030
 二、国际社会支持实体经济发展的经验借鉴 ················ 034
 三、我国实体经济发展面临的国内形势 ······················· 037
 四、我国实体经济发展现状与具体问题 ······················· 040

第三章 我国实体经济税费概况 046
一、我国实体经济税费总负担情况 046
二、我国实体经济税收负担情况 049
三、我国实体经济费用情况 052
四、我国实体经济其他成本概况 056
五、我国实体经济在发展中面临的税费问题及原因 062
六、完善实体经济税费体制的政策建议 066

第四章 实体经济税费国际比较及经验借鉴 068
一、实体经济税费负担国际比较 068
二、典型国家税费改革支持实体经济发展的主要做法 075
三、典型国家税费改革支持实体经济发展的经验 086
四、对完善我国税费体制的启示 087

第五章 合理降低社保费用，减轻实体企业负担 088
一、我国实体企业社保费用高 088
二、我国降低社保费面临的主要问题 092
三、降低企业基本养老保险负担面临问题的限制条件 099
四、对策建议 100

第六章 优化政府非税收入政策支持实体经济发展问题研究 105
一、概念界定 106
二、政府非税收入管理的历史沿革 115
三、我国非税收入的现状及存在的问题 117
四、优化非税收入政策支持实体经济发展的政策建议 133

第七章 金融服务实体经济发展的现实困境 137
一、与金融和实体经济相关的宏观经济发展环境 137
二、金融业的发展概况及服务实体经济的先天"短板" 141
三、实体企业发展困境 146

第八章	我国实体经济融资税收分析及建议	149
	一、与实体经济融资相关的税收政策	149
	二、金融机构服务实体经济的税收难题	152
	三、降低我国实体经济的融资成本的建议	155
第九章	支持实体经济发展的经济政策协调基本框架	161
	一、市场与政府的协调配合	162
	二、财税等经济政策与实体经济的关系	170
第十章	支持实体经济发展的经济政策协调建议	174
	一、国际经验教训	174
	二、政策协调支持实体经济的总体思路及主要措施	178
	三、加强规划、财政、货币、价格等政策协调	182
专题报告	世界主要国家增值税比较研究	191
	一、增值税界定	191
	二、主要国家增值税的发展历程	194
	三、主要国家的增值税要素比较	200
	四、主要国家的税收收入与税收结构趋势	211
参考文献		221

总报告

实体经济是一国经济的立身之本,是财富创造的根本源泉,是国家强盛的重要支柱。党的十九大报告指出,建设现代化经济体系,必须把发展经济的着力点放在实体经济上,加快建设制造强国,加快发展先进制造业,推动互联网、大数据、人工智能和实体经济深度融合,实现实体经济、科技创新、现代金融、人力资源协同发展,使科技创新在实体经济发展中的贡献份额不断提高,现代金融服务实体经济的能力不断增强,人力资源支撑实体经济发展的作用不断优化。

税费等经济政策与实体经济之间的关系,实质上是政府与市场之间的关系,坚持使市场在资源配置中起决定性作用,更好地发挥政府作用。全面贯彻党的十九大精神,以习近平新时代中国特色社会主义思想为指导,遵循实体经济发展规律未来发展方向及要求,深入剖析实体经济存在的问题及税费负担状况、原因及影响,借鉴国际经验,提出有新意的对策建议。推动政府与市场协调配合,经济政策之间协调配合,支持实体经济发展才能有力、有效。

一、我国实体经济发展现状及存在的主要问题

(一)我国实体经济发展现状

改革开放以来,我国实体经济发展迅速,但是在国内生产总值(Gross Domestic Product,GDP)中的占比呈现不断下降的趋势。实体经济的总量规模从1978年到2017年增长了200倍,而以金融业和房地产业为代表的虚拟经济增长更加迅猛,分别增长了858倍和603倍。以金融危机为界限,实体经济的总量规模从2008年到2017年增长了147%,金融业和房地产业分别增长了259%和265%。如图0-1所示。

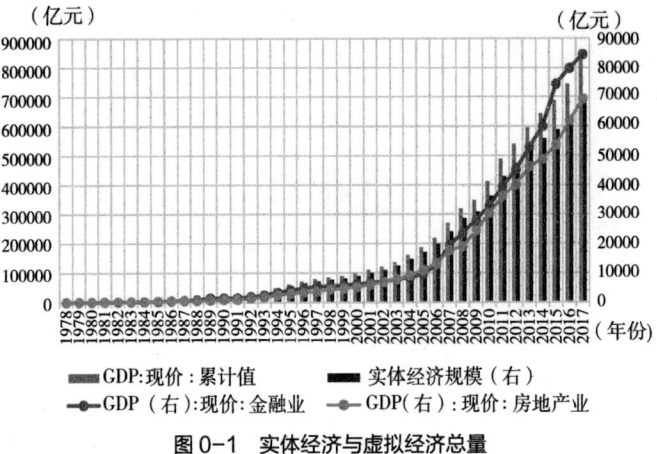

图 0-1 实体经济与虚拟经济总量

资料来源：国家统计局，万德数据库。

总体上来看，实体经济 GDP 占比在下降，而以金融业和房地产业为代表的虚拟经济的 GDP 占比逐年上升；具体来看，2016 年实体经济 GDP 占比和虚拟经济 GDP 占比分别达到了最低点（85.18%）和最高点（14.82%），在 2017 年，实体经济 GDP 占比有所回升，为 85.54%，较 2016 年上升了 0.36%；虚拟经济 GDP 占比为 14.46%，较 2016 年下降了 0.36%。如图 0-2 所示。

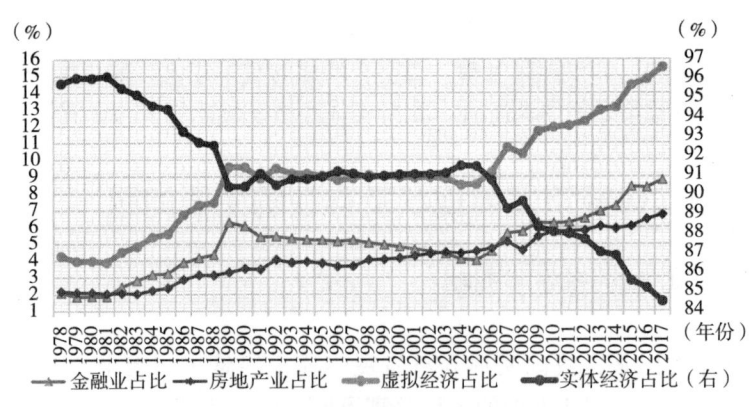

图 0-2 实体经济与虚拟经济 GDP 占比

资料来源：国家统计局，万德数据库。

从图 0-2 可以看出，2016 年以后，随着供给侧结构性改革的深入推进，党中央、国务院将实体经济放到整个国民经济发展的基础地位，未来，随着《中国制造 2025》的颁布与落实，制造业等实体经济目标逐步实现，创新引领战略逐步推进，经济结构逐步转型升级，实体经济 GDP 占比预计会逐步企稳。

这种逐步企稳态势也符合发达国家的工业化进程中金融危机之后的"再工业化"的发展趋势。

（二）我国实体经济发展存在的主要问题

1. 与世界主要发达国家相比，我国的金融业发展过快

从我国与世界主要发达国家金融业增加值的 GDP 占比的比较来看，我国金融业的发展过快，不但远远高于以制造业为支柱产业的德国，也超过了现代金融业高度发达的美国和英国。如图 0-3 所示。我国的金融业增加值占比发展趋势与发达国家显著不同，一是增长迅速，在 2005 年达到最低点 3.99% 之后一直保持迅速增长的发展趋势，2015 年迅速攀升至 8.4%，2016 年和 2017 年回落，分别为 8.35% 和 7.95%。二是目前的金融业增加值 GDP 占比已经显著高于英国和美国等发达国家的水平，并远远高于 2012 年我国《金融业发展和改革"十二五"规划》所提出的金融业增加值 GDP 占比 5% 的水平。我国金融业发展过快，远远高于世界发达国家的现象说明我国济规模发展迅速，相比虚拟经济增速相对较缓，表明了金融业与实体经济发展的整体失衡状态。

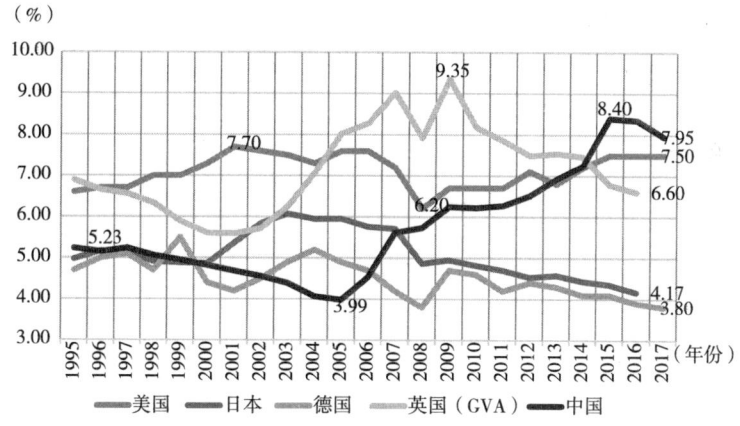

图 0-3 主要发达国家与中国金融和保险业增加值占 GDP 比重

资料来源：美国的资料来源于美国经济分析局；日本的资料来源于日本内阁府；德国的资料来源于欧盟统计局；英国的资料来源于英国统计局；中国的资料来源于国家统计局。

2. 与金融业、房地产业相比，实体企业资本回报率下降趋势明显

近年来，我国宏观经济总体放缓，实体经济增长乏力，但是金融业、房地产业等虚拟经济产业的发展规模却迅速膨胀，行业利润依然保持强劲增长的发

展态势。这种行业利润严重失衡的状况十分令人担忧,正是由于虚拟经济利润大,企业"脱实向虚"倾向越发明显。

3. 我国制造业大而不强

我国制造业大而不强的问题可以从世界500强和全球制造业500强的排名来考察。第一,在世界500强的排名上,美国、中国和日本位居前三,我国从2002年的11家增加到2017年的103家(不含港、澳、台地区),分析行业分布可以发现,虽然我国在上榜公司数量上远远超越排在第三位的日本,除了金融业,日本企业的上榜主体是10家电子和通信行业公司以及10家汽车制造业公司,来自具备创新能力的优势行业;而我国上榜的企业除了金融业,最多的行业分布是19家能源、炼油、采矿公司和14家房地产、工程与建筑公司。另外,在利润榜的分布上,前五名分别为美国苹果公司、中国工商银行、建设银行、农业银行和中国银行,由此可见,我国制造业的盈利能力显著弱于金融业。第二,在全球制造业500强的分布上,我国入选的57家企业,位列美国、日本之后。以营业收入计算的排名,我国有中国石化、中国石油和上汽集团,但以利润计算的前10名中没有一家中国企业。

4. 社会价值缺失,企业家精神衰减

企业家精神是时代和社会造就的产物,当前,企业家们的创新思想退化、冒险意识淡薄、担当精神缺失。主要体现在以下几个方面:第一,投机严重,缺乏实业精神。国内众多上市公司、银行以及民营企业纷纷抛开本业,通过委托贷款或相互放贷的形式赚取主营业务外收入。第二,唯利是图,漠视社会责任。近年来,以瘦肉精、毒奶粉、有毒胶囊、假疫苗为代表的不卫生食品与假冒伪劣药品等事件,不仅说明企业社会责任感的缺失,更反映了政府制度规范的缺位。第三,信用缺失,无视商业道德。当前我国市场经济体制尚未完善,关系就是商机、财富和生产力。不重信用只重关系的"原罪"就成为企业家挥之不去的烙印。

5. 实体经济税收及制度性成本费用过重

经营成本高企是导致实体企业生产经营困难的重要原因。近年来,我国实体企业特别是中、小、微企业,已经全方位进入了"高成本时代",不同程度地存在用工成本上升、融资难、融资贵和税费负担沉重等问题。

二、我国实体经济税费总体概况及国际比较

（一）我国实体经济税收负担情况

在现行税费体系下，企业的税费负担主要由以下几个部分组成：一是税收，根据企业性质和行业不同分别适用增值税、营业税、消费税、企业所得税、城市维护建设税、房产税、城镇土地使用税等。二是对全部或部分行业（企业）无偿征收的专项收入和政府性基金。其中普遍征收的有教育费附加、地方教育费附加、残疾人就业保障金；根据地方政府的规定，很多省份还征收水利建设基金（销售收入的1‰左右）、价格调节基金、河道工程修建维护费（销售收入的1‰左右或征收附加税）、工会经费等；针对特定行业征收的有文化建设事业费（娱乐业、广告业销售收入的3%）、水资源费、排污费等基金或收费项目。三是由企业承担的各项社会保险费，主要包括养老、医疗、失业、工伤、生育保险费等，由企业承担的部分约占工资总额的32%。四是行政事业性收费，包括政府部门或拥有行政管理职能的事业单位收取的管理类、登记类和证照类的各种费用。

表0-1　直接税与间接税占比情况（2016年）

直接税占比：42%		间接税占比：58%	
税种名称	2016年比重	税种名称	2016年比重
财产税	8%	商品与劳务税	58%
城镇土地使用税	2%	国内增值税	31%
房产税	2%	国内消费税	8%
印花税	2%	进口货物增值税、消费税	10%
契税	3%	出口货物退增值税、消费税	-9%
所得、利润和资本利得税	33%	营业税	9%
企业所得税	22%	城市维护建设税	3%
个人所得税	8%	烟叶税	0%
土地增值税	3%	资源税	1%
		耕地占用税	2%

续表

直接税占比：42%		间接税占比：58%	
		船舶吨税	0%
		车船税	1%
		车辆购置税	2%
		关税	2%

与经济合作与发展组织（Organization for Economic Co-qeration and Development，OECD）国家直接税和间接税（含社保税费）相比，OECD 国家直接税与间接税比例关系为 7∶3，我国含社保税费的直接税与间接税比例关系为 56∶44，不含社保税费的比例关系为 42∶58。我国直接税比重显著偏低。

据财政部数据，2016 年全国税收占比依次为国内增值税（31.23%）、企业所得税（22.13%）、其他税收（12.44%）、个人所得税（7.94）、国内消费税（7.84%）、进口货物增值税、消费税（9.8%）。由此可见，企业所得税在全部税收占比排在第二位。

（二）我国实体经济制度性成本费用负担情况

第一，企业依法承担的税外费有工会会费、残疾人保障金和职工"五险一金"等依据工资缴纳的费用。其中，工会会费为工资总额的 2%；残疾人保障金视本企业残疾人就业情况计算；职工"五险一金"包括工伤保险、养老保险、失业保险、医疗保险、生育保险和住房公积金，企业缴纳比例为工资总额的44.1%。以上费用合计应不超过工资总额的 47%。当然，还有一些企业未按要求给职工缴纳养老保险等。还有依据正税征收的教育附加费，以"增值税+消费税+营业税"为计税依据，包括国家附加和地方附加两种。还有防洪护堤费等。

第二，我国社会保障基金是通过收费形式收取的，包括五种保险，不同省、自治区、直辖市之间的标准略有差异。以北京市为例，2016 年养老保险企业要缴纳工资总额的 20%、个人承担上年平均工资的 8%；基本医疗保险单位要缴纳工资的 9%、个人要承担工资的 2%（企业另外上缴工资的 1%、个人每月交 3 元的大额互助保险）；失业保险单位要缴纳工资的 0.8%、个人要承担工资的 0.2%；工伤保险全部由单位承担，按照工资的 0.2%~1.9% 缴纳；生育保险也全部由单位承担，按照工资的 0.8% 缴纳。五种保险加在一起，企业承担部分要占工资总额的 42.8%~44.5%。

第三，物流成本。中国物流与采购联合会、中国物流信息中心发布的

《2017年物流运行情况分析》显示，2017年我国物流运行总体向好。运行数据显示，物流发展质量和效益稳步提升，社会物流总费用与GDP的比率持续下降。2017年社会物流总费用与GDP的比率为14.6%，比2016年下降0.3个百分点。即每万元GDP所消耗的社会物流总费用为1460元，比2016年下降2.0%，社会物流总费用占GDP的比率进入连续回落阶段。

第四，电力等资源要素成本。从电力价格看，在目前各省执行的标杆电价水平中，最高的是广东，为0.45元/度，最低的是新疆，为0.25元/度。全国平均销售电价为0.643元/度，最高的销售电价为北京的0.777元/度，最低的为青海省的0.381元/度。我国工业用天然气价格呈现缓慢上升态势，近两年有下降趋势。2010年以来，工业天然气价格从2.58元/立方米，上升到2017年的3.25元/立方米。其中，工业天然气价格在2015年达到最高峰，为3.65元/立方米。

第五，融资成本。企业融资成本包括银行贷款的间接融资成本和发债、股票等直接融资成本，针对实体企业的融资成本降低问题，需要定向对银行、资本市场专门针对实体企业的服务和产品少征税。清华大学中国社会融资成本指数研究项目数据显示，当前，我国社会企业融资平均成本为7.6%。其中，银行贷款平均融资成本为6.6%，承兑汇票平均融资成本为5.19%，企业发债平均融资成本为6.68%，融资性信托平均融资成本为9.25%，融资租赁平均融资成本为10.7%，保理平均融资成本为12.1%，小贷公司平均融资成本为21.9%，互联网金融（网贷）平均融资成本为21%，上市公司股权质押平均融资成本为7.24%。社会平均融资成本为7.6%，仅是利率成本，如果加上各种手续费、评估费、招待费等，社会平均融资成本将超过8%。中、小企业融资成本大部分高于10%。

第六，企业的用地成本。实体经济用地成本主要包括土地取得成本和土地开发成本，可细分为土地出让金、土地占用和使用相关税金、相关行政事业性收费以及自行开发的投入。

第七，企业社会保险成本。社会保险通常意义上分为基本养老保险、基本医疗保险、失业保险、生育保险、工伤保险及住房公积金，俗称"五险一金"，其中，养老保险、医疗保险和失业保险是由企业和个人共同缴纳的保费，工伤保险和生育保险完全是由企业承担的，个人不需要缴纳。"五险"是企业具有法定的缴纳义务，而"一金"是企业自愿为企业职工所缴纳的，不具有法定缴纳义务。

第八，企业制度性交易成本。目前来看，主要是针对企业的行政审批成本问题。主要包括以下几项：①投资审批事项和审批时限，含投资项目立项、报建、验收阶段涉及的行政许可、公共服务和其他事项等。②规划、环境影响评价等审批手续的产业园区，其符合条件的入园建设项目可简化或免予办理相关手续。③行政审批中介服务事项。

（三）我国实体经济税费负担国际比较

1. 税收负担国际比较

根据世界银行《世界发展报告》和国际货币基金组织《政府财政统计年鉴》所列的 100 多个国家和地方的中央政府财政收入构成情况看，大多数国家非税收入所占比重在 10%~20%。许多高收入国家低于 10%。中国的非税收入与其他国家相比，其所占政府收入的比例还是比较大的，基本上占政府收入的 20%。

采用中口径广义宏观税负进行国际比较，能够准确地反映政府收入规模。①比较对象选择：人口 1000 万以上的中偏上收入国家。为了提高国际比较的准确性，选择同类国家进行比较。比较对象选择包括人均国民收入和人口两个因素。②比较方法选择：中位数法。③结论：我国广义宏观税负与比较对象国家中位数大体相当。2011 年我国广义宏观税负为 32.01%。中偏上收入且人口大于 1000 万的国家组的广义宏观税负中位数为 31.14%。我国广义宏观税负水平高于该组 0.87 个百分点。

2. 费用水平国际比较

根据 OECD 的统计，2014 年，政府的非税收入（使用费收入，Userfees）占 GDP 的比重，美国（州）为 3.87%，瑞典（地方）为 2.56%，奥地利（联邦）为 2.3%，丹麦（中央）为 2.1%，芬兰（地方）为 5.3%，法国（中央）为 2.1%，葡萄牙（中央）为 2.7%。

3. 其他经营性成本比较

从融资成本看，发达国家对实体经济，特别是中小企业融资都有较好的优惠政策，企业融资成本均较低。以日本为例，其他城市燃气企业长期贷款利率稳定在 1.5% 左右，且多数时候，企业拿到的长期贷款实际利率为 0。与之相比，我国企业贷款利率均在 5% 左右的水平。再如德国，针对中小企业由其政策性银行提供低息贷款。

从电力成本看，发达国家，如法、英、美、韩等国工业电价水平较低，均在 0.1 美元 /kWh 左右（见图 0-4）。特别是美国，一直稳定在 0.07 美元 /kWh 以下的水平。从现有数据看，俄罗斯的工业电价水平在 0.05 美元 /kWh 左右。与国外相比，我国大部分地区非居民用电价（不含政府性基金）约为 0.6

元/kWh，加上政府性基金后，达到0.8元/kWh的水平，部分地区的商业电价水平更高，均在1元/kWh以上。换算成美元电价的话，在0.1～0.18美元/kWh。相当于美国工业电价的2倍、俄罗斯电价的3倍左右。

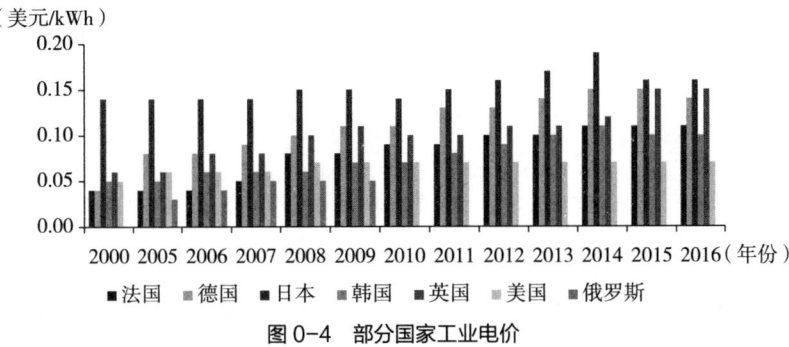

图0-4 部分国家工业电价

从天然气价格看，加拿大、韩国、英国、美国等国家发电用天然气价格出现分化，以韩国为代表的亚洲国家，受溢价因素影响，天然气热值计价的水平在30~66美元/MWh。英国略高，为12~28美元/MWh。美国发电用天然气价格水平呈持续下降趋势，特别是美国页岩气革命以后，其发电用天然气价格更是低于10美元/MWh（见图0-5）。

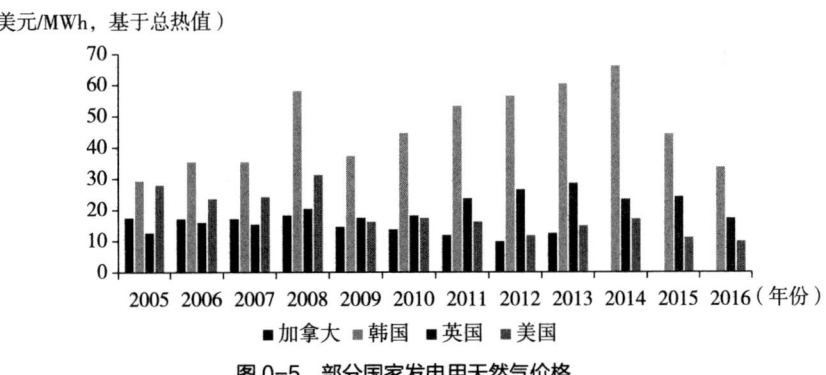

图0-5 部分国家发电用天然气价格

从工业用天然气价格看，日本、韩国等亚洲国家仍是价格较高的国家，在30~75美元/MWh。美国、英国、加拿大等国工业用天然气价格水平明显较低。特别是美国工业用天然气价格一路下降，由2005年的28美元/MWh下降到2016年的11.6美元/MWh。俄罗斯更是因其为产气大国，工业用天然气价格一直处于10美元/MWh以下的水平（见图0-6）。

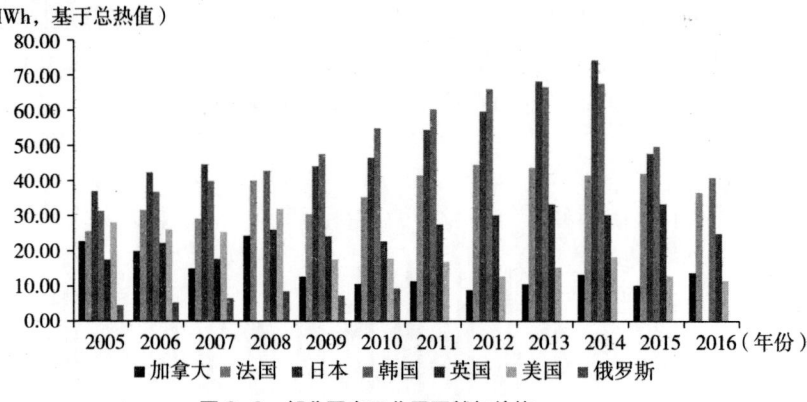

图0-6 部分国家工业用天然气价格

从物流成本看，数据显示，我国物流成本占GDP比重较发达国家仍然偏高。日本物流成本约为当年GDP的11%，美国物流成本约为当年GDP的8%。我国物流成本占GDP的比重由2008年的18.1%，下降到2017年的14.6%，虽已大幅下降，但较发达国家仍高出3~7个百分点。

三、支持实体经济发展的总体思路及税费改革建议

（一）支持实体经济发展的总体思路

党的十九大对发展实体经济提出新要求，综合来看，可以概括为一个"协同"、两个"加快"、三个"不断"。一个"协同"指实现实体经济、科技创新、现代金融、人力资源协同发展。两个"加快"指加快发展先进制造业，推动互联网、大数据、人工智能和实体经济深度融合，加快发展现代服务业。三个"不断"指使科技创新在实体经济发展中的贡献份额不断提高，现代金融服务实体经济的能力不断增强，人力资源支撑实体经济发展的作用不断优化。党的十九大报告明确提出，创新和完善宏观调控，发挥国家发展规划的战略导向作用，健全财政、货币、产业、区域等经济政策协调机制。

充分发挥市场在资源配置中的决定性作用和更好地发挥政府的作用，优化实体经济发展的相关体制机制，让各类市场要素特别是人才和资金更多地向实体经济领域聚集，推进实体经济健康发展。创新和企业家精神是实体经济发展的内生动力，支持实体经济发展，应通过技术创新提升实体经济发展的技术进步率和劳动生产率，以制度创新提升实体经济发展的资源配置效率。激发企业家精神和工匠精神，大力提升中国制造的质量、品质和技术标准。以深化供给侧结构性改革，加快实体经济结构性调整。以全面深化改革营造有利于实体经

济发展的法治化营商环境。通过市场主体再造、市场机制完善、法治环境营造以及经济政策协调配合，支持实体经济发展。

支持实体经济的总体思路应该是在两个"加快"和三个"不断"上下功夫。财税政策如何改，才能使先进制造业加快发展？并且推动互联网、大数据、人工智能和实体经济深度融合。使科技创新在实体经济发展中的贡献份额不断提高，现代金融服务实体经济的能力不断增强，人力资源支撑实体经济发展的作用不断优化。实现实体经济、科技创新、现代金融、人力资源协同发展。加强政策的整体性、协调性，建立规划、财税、货币、产业等政策的协调机制，营造良好的政策生态。

发展实体经济需要政府和市场协调起来。发展实体经济，必须要落实到企业之上，涉及政府和企业的关系，实质是政府和市场的关系。财税政策是政府通过财政收支总量和结构的变化调控宏观经济，使经济目标得以实现的经济政策。或者说，财税政策是通过政府课税及支出的行为，以影响社会的有效需求，促进就业水准的提高并避免通货膨胀或者通货紧缩，并实现其余国家职能而达成经济发展与稳定的政策。财税政策是以宏观经济目标为指导，而立足于微观经济主体的政策方式与手段。

以马克思主义理论为指导，深入贯彻落实党的十九大报告精神，牢牢把握发展实体经济这一坚实基础，营造鼓励脚踏实地、勤劳创业、实业致富的社会氛围。贯彻落实创新驱动发展战略，把使市场在资源配置中起决定性作用和更好发挥政府作用有机结合起来，形成战略性新兴产业和传统制造业并驾齐驱、现代服务业和传统服务业相互促进、信息化和工业化深度融合的产业发展新格局。要大力发展集战略性新兴产业和先进制造业于一身的高端装备制造业，培育新兴装备制造产业集群，同时大力培育支撑中国制造、中国创造的高技能人才队伍。

制定实体经济发展战略规划。要在加快转变经济发展方式的过程中促进实体经济实现又好又快发展，充分发挥实体经济在创造社会财富、保障和改善民生等方面的重要作用。要统筹考虑农业、工业和服务业等不同实体经济部门的产业特点、发展基础和发展前景等因素，制定实体经济发展战略规划，科学描绘我国主要实体经济部门的发展路线图，合理设定各个阶段的具体发展目标，并在此基础上进一步做好各地区实体经济发展的中长期规划与年度计划，以期做优农业、做强工业、做实服务业，并实现实体经济各部门的协调、有序、持续和快速发展。要建立健全实体经济发展部际协调机制，加大宏观调控力度，优化配置政策资源，使各种资源流入实体经济部门。

推动实体经济转型升级。深化收入分配制度改革，建立工资与效益良性增长机制，努力实现居民收入增长和经济发展同步、劳动报酬增长和劳动生产率提高同步，提高居民收入在国民收入分配中的比重，提高劳动报酬在初次分配中的比重，从而切实增加低收入者收入，增加中等收入者比重，提高居民收入水平，为我国的消费增长奠定坚实基础。健全覆盖城乡的社会保障体系，多管齐下拓宽就业渠道，提高就业质量和水平，通过加大教育经费投入、完善城乡居民最低生活保障制度、健全城乡医疗保险和养老服务体系、构建多层次的住房保障体系等措施，不断提高我国社会保障的发展水平，加快推进我国居民消费结构升级的步伐，充分释放老百姓的消费潜力，使之成为实体经济可持续发展的强大动力。

加快现代财政制度建设。现代财政制度建设有利于实体经济尽快摆脱困境。利用宏观经济分析及微观实证结论，发挥财政制度中长期调节资源配置、稳定经济运行、促进企业转型和改善社会福利水平等积极作用。走出政府财务管理的狭小空间，放大财政功能，体现财政价值。找准现有财政制度与实体经济之间的摩擦点。降低实体企业税费负担，关键是找到收入替代，全面分析如何有效并合理地向电子商务、金融证券和其他新兴经济形式筹集收入，扩大税基，减轻实体经济压力。提高财税政策支持实体经济的精细化和精准化，做好财税政策效果预测和评估。财税政策应为实体经济创新发展创造可能，引进更多的优质科研成果与优秀人才。

加快完善国家政策支撑体系，推进制造业全面发展。一是强化国家制造强国建设领导小组战略谋划、统筹协调、项目落地等职能作用，提高政府服务水平，为制造业发展的塑造一个良好的行政管理环境。二是采取加大对制造业企业的税收扶持力度、技术研发投入强度、金融支持力度以及优化国内能源结构等政策措施，进一步降低制造业企业运营成本。三是强化对外贸易政策，引导企业积极拓展海外贸易市场，积极参与先进制造业贸易规则和竞争规则的制定，进一步提高制造业产品的国际竞争力。四是加强国际技术合作，通过积极引进国际先进技术、领军人才和提高自主创新水平等措施，缩小我国与发达国家之间的技术差距，实现技术赶超。

（二）支持实体经济发展的财税政策改革建议

财税政策改革应全面贯彻落实党的十九大精神，坚持习近平新时代中国特色社会主义思想。适应主要矛盾变化，坚持新发展理念，有利于建设现代化经济体系。

1. 推动税制改革，降低企业成本

税收本身构成了企业的生产经营成本，是企业财务成本、经营利润的重要

影响因素。因此，减税是降低企业财务成本、提高企业经营利润的重要途径，当然也是提升实体经济竞争力的重要策略。依据现阶段我国的税收优惠思想，"减税"主要体现有税收豁免、纳税扣除、税收抵免、优惠税率、延期纳税、盈亏相抵等形式，归结为两个政策导向是税款免征和直接减税。

降低税负的同时也需要进行收费制度改革。从某种程度上讲，地方政府所拥有的收费权力造就了现阶段实体经济乱收费制度的祸根，彻底清除各种显性和隐性乱收费，是当前提升实体经济发展水平、净化实体经济发展环境的重要举措。治理政府的乱收费制度，要积极转变政府职能，由市场经济的组织者、干预者积极转变为市场经济的服务者、调控者。对于实体经济而言，政府理应降低收费水平，使之符合实体经济发展需要。

2. 实行政府支出改革，提高政府支出效率

在市场主体可参与的领域，转变财政投入的方式，包括科技、教育、农业等领域的财政支出改革。这方面需要考虑三个层次的问题：一是直接财政投入还是间接财政投入；二是消耗性的财政投入还是循环性的财政投入；三是全国性的财政投入还是散点式的财政投入，中央干中央的，地方干地方的，还是建立一个蛛网式的财政投入格局，来统筹全国在某一事项上的财政投入资金。相比而言，间接式财政投入、循环式财政投入、蛛网式财政投入有利于吸引社会资金流向这些领域，更有利于节约财政资金，扩大财政支持范围和效率。

（三）继续规范涉企收费

目前收费名目较多、乱收费、部分垄断行业收费行为不规范等问题依然突出，加重了企业负担，是企业和社会关注的焦点之一，应继续加大涉企收费监管力度。2017年7月21日，国家发改委曝光十起涉企违规收费案件，引起各界广泛关注。持续加大对涉企乱收费行为的查处力度，要求取消、停征或者减免的收费逐项落实到位，不得变换、自立收费项目，切实减轻企业负担。

取消不合理收费项目、降低收费标准。对不具备竞争条件、确需政府定价管理的极少数经营服务性收费，列入政府定价收费目录清单，要规范定价程序，准确核定成本，降低偏高标准。国家层面，重点是对金融、铁路、进出口、检验检测检疫、人才流动、物流等领域和环节加强规范。各地也要结合本地区实际情况，对所有政府定价管理的经营服务性收费标准重新进行审核，特别是对企业反映突出、问题较多的重点收费项目，加强成本调查和监审，严格核定收费标准，对偏高的收费标准，要坚决降低。加强收费政策执行情况的后评估工作，调查掌握收费单位执行政策的规范性、收费标准的合理性、政策执

行的有效性，及时发现偏高收费标准，动态调整，减轻企业负担。

坚决遏制交通运输领域乱罚款、乱收费。进一步明确公安、交通等部门对道路货运违规行为的管理职责、执法权限，制定全国统一的道路违规行为处罚标准。规范道路货运行业管理和行政执法行为。规范货运市场秩序。完善道路运输准入制度，严格资质条件，引导运输企业走集约化、规模化经营之路，鼓励运营车辆更新改造，提高道路货运装备水平。加强信息共享平台建设，加强物流园区之间的协同作业，为货物运输提供运营支持保障。

加大对向企业乱收费、乱罚款和各种摊派行为的监督检查力度，严格执行收费公示制度，加强社会和舆论监督。从扩大市场主体运行空间、优化其生存发展条件的要求出发，集中抓好对涉企行政事业性收费督查，以收费年审为契机，协调组织财政、经贸、审计、监察等相关部门，对所有涉企行政事业性收费项目，全面进行清理检查。对于违规收费的部门和单位，一经发现即予严肃处理。加强对中介性机构、各类协会等涉企收费的督查。重点检查以为企业服务为名，行转移行政职能收费为实的涉企收费行为，从行政、经济等方面做出明确规定，规范其收费行为。加强对垄断经营性服务收费的督查，采取切实措施进一步规范。

依法开展检查，推动清理规范工作。各级价格主管部门要牢牢把握清理规范的工作目标、清理范围、主要措施和时间要求，有计划、有步骤地扎实推进。各级价格主管部门要会同有关部门严格落实《国务院办公厅关于清理规范国务院部门行政审批中介服务的通知》（国办发〔2015〕31号）精神，根据行政审批前置中介服务事项目录清单对中介服务收费进行清查，坚决取消违规收费。对审批部门在审批过程中委托开展的技术性服务活动，服务费用一律由审批部门支付并纳入部门预算，坚决取消向企业收费。电子政务平台免费向社会开放，各级行政机关、代行政府职能的事业单位、社会团体及其他组织不得利用电子政务平台从事商业活动，坚决取消以技术维护费、服务费、电子介质成本费等名义收取的任何经营服务性费用。

规范市场经营服务性收费行为。要按照"清理与规范相结合、清理与查处相结合、清理与减负相结合"和"双随机、一公开"要求，开展重点检查，严肃查处各类违法违规收费行为，督促相关单位、部门从源头上加强整改，积极构建涉企收费监管长效机制。查处工作的重点：一是行政审批中介服务。重点查处违反《国务院办公厅关于清理规范国务院部门行政审批中介服务的通知》（国办发〔2015〕31号）文件规定，审批部门在审批过程中委托开展的技术性服务活动的费用，转嫁给申请人承担等行为。二是行业协会商会收费。重点查处行业协会商会依靠代行政府职能或者利用行政资源擅自设立收费项目、提高收费标准；强制企业入会并收取会费等违规收费行为。三是进出口环节收费。

重点查处海关、口岸、出入境检验检疫、港口等部门和单位自立项目、自定标准收费；继续收取已经明令取消的收费等行为。四是金融机构收费。督促商业银行认真对照《商业银行收费行为执法指南》加强内部收费管理。重点查处与贷款捆绑强制收费，只收费不服务，超范围、超标准收费等行为。五是电子政务平台收费。重点查处违反《财政部　发展改革委　工业和信息化部关于规范电子政务平台收费管理的通知》（财综函〔2011〕14号）规定，利用电子政务平台从事商业经营活动并收费等行为。六是建设领域收费。建设领域收费主体多、链条长、环节复杂，要认真梳理、全面检查住建、规划、国土等行业从申报立项到竣工验收等各环节、全流程的涉企收费情况。严格落实《国务院办公厅关于清理规范工程建设领域保证金的通知》（国办发〔2016〕49号）等文件要求，重点查处继续收取已取消的保证金或者违规新设保证金项目；利用行政权力指定服务、强制收费等行为。

（四）加强相关经济政策的协调配合

1. 加大行政审批中介服务事项清理力度

一要对仍需保留的中介服务事项实行标准化、清单化管理，并加大公开力度。比如，明确事项设定依据、办理事项和流程、收费标准、举报电话等，并向社会公布。二要深化行政审批中介服务市场化改革。放宽准入，进一步割断中介服务机构和行政审批部门的各种联系。三要继续加大对基层行政审批中介服务事项清理力度。明确不得设定为中介服务的情形，合并相同或类似的事项，加大对中介服务事项的合法性、合理性和必要性审查。四要加大对中介服务机构的监管力度。建立健全"双随机、一公开"、信用奖惩等监督管理制度，规范收费标准和服务标准。

2. 推动完成各类价格改革，打破行业垄断

价格杠杆是调节利益关系最直接、最灵敏、最有效的手段。价格机制是市场机制的核心，市场决定价格是市场在资源配置中起决定性作用的关键。要紧紧围绕使市场在资源配置中起决定性作用和更好发挥政府作用，在价格形成机制、调控体系、监管方式上探索创新，全面深化改革，完善重点领域价格形成机制，健全政府定价制度，加强市场价格监管和反垄断执法，充分发挥价格杠杆作用，为经济社会发展营造良好价格环境，促进经济转型升级和提质增效。围绕使市场在资源配置中起决定性作用，加快价格改革步伐，推进农产品、水、石油、天然气、电力、交通运输等领域价格改革，放开竞争性环节价格。

一是统筹利用国际国内两个市场，注重发挥市场形成价格作用，农产品价

格应主要由市场决定。

二是按照"管住中间、放开两头"的总体思路，推进电力、天然气等能源价格改革，促进市场主体多元化竞争。择机放开成品油价格，尽快全面理顺天然气价格，加快放开天然气气源和销售价格，有序放开上网电价和公益性以外的销售电价，建立主要由市场决定能源价格的机制。把输配电价与发售电价在形成机制上分开，单独核定输配电价，分步实现公益性以外的发售电价由市场形成。按照"准许成本加合理收益"的原则，合理制定天然气管网输配价格。全面梳理天然气各环节价格，降低过高的省内管道运输价格和配气价格，同时要减少供气中间环节，整顿规范燃气行业收费行为，降低企业用气成本。

三是逐步放开铁路运输竞争性领域价格，扩大由经营者自主定价的范围；完善铁路货运与公路挂钩的价格动态调整机制，简化运价结构；构建以列车运行速度和等级为基础、体现服务质量差异的旅客运输票价体系。逐步扩大道路客运、民航国内航线客运、港口经营等领域由经营者自主定价的范围，适时放开竞争性领域价格，完善价格收费规则。

四是健全生产领域节能环保价格政策。建立有利于节能减排的价格体系，逐步使能源价格充分反映环境治理成本。对风力发电、垃圾发电、生物质能发电等清洁能源和可再生能源上网电价给予支持。继续实施并适时调整脱硫、脱硝、除尘等环保电价政策，对公用燃煤热电企业脱硫设施进行在线监测和脱硫考核，促进燃煤电厂脱硫设施运行。鼓励各地根据产业发展实际和结构调整需要，结合电力、水等领域体制改革进程，研究完善对"两高一剩"（高耗能、高污染、产能过剩）行业落后工艺、设备和产品生产的差别电价、水价等价格措施，对电解铝、水泥等行业实行基于单位能耗超定额加价的电价政策，加快淘汰落后产能，促进产业结构转型升级。在调整和满足日益增长的污水处理成本的基础上，用差别水价引导产业升级和结构调整，逐步优化水价结构比例，积极推广再生水使用，按低于自来水价格的一定比例合理确定再生水价格，对直接使用再生水的用户，免征水资源费和城市公用事业附加费。完善排污费政策。市政绿化及景观使用再生水的，免征污水处理费。逐步提高主要污染物排污费征收标准，并将主要污染物范围逐步扩大到电磁辐射、光污染等。完善城市施工工地扬尘排污费征收政策，逐步扩大试点城市范围，并适当提高试点城市扬尘排污费征收标准。

3. 加强价格与财政、货币、投资、产业、进出口、物资储备等政策手段的协调配合

合理运用法律手段、经济手段和必要的行政手段，形成政策合力，努力保持价格总水平处于合理区间。加强通缩、通胀预警，制定和完善相应防范治理

预案。健全价格监测预警机制和应急处置体系，构建大宗商品价格指数体系，健全重要商品储备制度，提升价格总水平调控能力。

创新促进区域发展的价格政策。对具有区域特征的政府和社会资本合作项目，已具备竞争条件的，尽快放开价格管理；仍需要实行价格管理的，探索将定价权限下放到地方，提高价格调整灵活性，调动社会投资积极性。加快制定完善适应自由贸易试验区发展的价格政策，能够下放到区内自主实施的尽快下放，促进各类市场主体公平竞争。

积极采取促进服务业发展的价费政策。在我国经济发展的现阶段，服务业尤其是现代服务业的发展非常关键。认真贯彻落实国务院《进一步推进物流降本增效促进实体经济发展的意见》，以减负担降成本、提高效率效益为核心，坚持问题导向与发展导向并举，把降低物流企业成本与降低全社会物流成本结合起来，深化"放管服"改革、加大降税清费力度、加强重点领域和薄弱环节建设、加快推进物流仓储信息化标准化智能化、深化联动融合、打通信息互联渠道、推进体制机制改革。要积极采取价费优惠政策，加大对服务业发展的扶持力度。进一步减少物流运输环节相关收费，减少或降低高速公路收费、国道省道公路收费、渡口收费、路桥收费。做好收费公路通行费"营改增"相关工作，选择部分高速公路开展分时段差异化收费试点，使之与鼓励物流业发展要求相适应。改革完善停车业和物管业收费管理办法。对具有重要链接作用的中介服务业，要分门别类加强价费管理，其中垄断性的中介服务业是管理的重点，其他中介服务业，可探索建立成本公示约束机制，或者明确服务中准价或价费调节幅度，由供需双方协商议定，并引导建立规范的书面协议，重点在督促和约束收费行为的规范。

4. 加强市场价格监管和反垄断执法

清理和废除妨碍全国统一市场和公平竞争的各种规定和做法，严禁和惩处各类违法实行优惠政策行为，建立公平、开放、透明的市场价格监管规则，大力推进市场价格监管和反垄断执法，反对垄断和不正当竞争。加快建立竞争政策与产业、投资等政策的协调机制，实施公平竞争审查制度，促进统一开放、竞争有序的市场体系建设。

在经营者自主定价领域，对经济社会影响重大特别是与民生紧密相关的商品和服务，要依法制定价格行为规则和监管办法；对存在市场竞争不充分、交易双方地位不对等、市场信息不对称等问题的领域，要研究制定相应议价规则、价格行为规范和指南，完善明码标价、收费公示等制度规定，合理引导经营者价格行为。

规范电信资费行为，推进宽带网络提速降费，为"互联网+"发展提供有

力支撑。指导、推动电信企业简化资费结构，切实提高宽带上网等业务的性价比，并为城乡低收入群体提供更加优惠的资费方案。督促电信企业合理制定互联网接入服务资费标准和计费办法，促进电信网间互联互通。严禁利用不正当定价行为阻碍电信服务竞争，扰乱市场秩序。加强资费行为监管，清理宽带网络建设环节中存在的进场费、协调费、分摊费等不合理费用，严厉打击价格违法行为。

强化反垄断执法。密切关注竞争动态，对涉嫌垄断行为及时启动反垄断调查，着力查处达成实施垄断协议、滥用市场支配地位和滥用行政权力排除限制竞争等垄断行为，依法公布处理决定，维护公平竞争的市场环境。建立健全垄断案件线索收集机制，拓宽案件来源。研究制定反垄断相关指南，完善市场竞争规则。促进经营者加强反垄断合规建设。

加强成本监审，成本监审是提升政府价格监管水平、促进经营者加强管理、保护消费者合法权益的一项重要制度，是政府定价的重要程序，是价格监管的主要内容。加强定价成本监审是价格工作定位转型的重要方向，特别是对提升政府价格监管水平，推进政府定价公开透明非常重要。对于极少数保留的政府定价项目要规范定价程序，加强成本监审，推进成本公开，要坚持成本监审原则，将成本监审作为政府制定和调整价格的重要程序，不断完善成本监审机制。

第一章
我国实体经济发展的基本情况

实体经济既是我国国民经济的基础和支柱,也是国家综合实力和竞争力的重要体现,党的十九大报告指出:"建设现代化经济体系,必须把发展经济的着力点放在实体经济上,把提高供给体系质量作为主攻方向,显著增强我国经济质量优势。"但当前我国经济发展的突出问题表现为经济"脱实向虚",面对我国实体经济困境,中央把着力振兴实体经济作为近几年经济工作的主要任务之一。振兴实体经济需以问题为导向,其中,当前我国实体经济的税收与费用承担需要系统研究,从企业成本角度分析我国实体经济中存在的主要问题以及分析这些问题出现的原因,通过在财税及费用成本方面的多措并举来化解实体经济发展困境,并改善其发展环境,从而重塑实体经济竞争优势,最终实现其转型升级。

一、实体经济的概念界定

实体经济可以用马克思的资本循环理论来解释,实体经济是一切为满足人民各种物质、文化需求而进行的商品与服务的生产、流通活动。马克思在《资本论》中论述了资本循环的过程,资本家用货币资本通过交换去雇用工人、购买原材料、购买机器设备、建厂房,然后通过生产变成产品,产品通过流通变成商品,商品经过交换再变成增值货币,这一过程中的经济活动可以称为实体经济。在这个过程中,产业资本是其基本要素,产业资本运动依次经过购买、生产、销售三个阶段,相应地采取货币资本、生产资本、商品资本三种职能形式。货币资本的职能是购买生产资料和劳动力,为剩余价值生产创造条件;生产资本的职能是使生产资料和劳动力相结合,产生剩余价值;商品资本的职能是通过商品的出售,收回预付资本的价值和实现剩余价值。

从经济运转过程中的实体经济表现来看,实体经济是一切为满足人民各种

物质、文化需求而进行的商品与服务的生产与流通活动,既包括第一、第二产业,也包括第三产业中的运输、批发与零售等生产性服务业,是经济运行过程中的价值增值活动。

二、实体经济发展历程

新中国成立以来,我国以工业化为代表的实体经济的发展取得了伟大的成就。计划经济时代,较为完整的工业体系的建立为改革开放之后我国经济的腾飞奠定了坚实的基础。改革开放之后,我国实体经济总量增长迅速,但从实体经济[①](以制造业为代表)与虚拟经济(以金融和房地产为代表)比较来看,可以发现实体经济与虚拟经济以1989年、2005年和2016年为分界点,经历了四个发展阶段,在这四个阶段中实体经济的发展既取得了一定成绩也产生了一系列问题。

(一)计划经济时代我国实体经济的发展

我国计划经济时代最伟大的成绩是建立了以重工业为主的完整工业体系,是我国人民在我国共产党领导下英勇奋斗的伟大成果,是社会主义制度优越性的生动体现,具有极其重要的战略意义,它为我们继续推进社会主义建设开拓了可以依靠的阵地,为实现现代化的伟大事业奠定了初步的物质基础。但同时,重工业的优先发展战略也有负面影响。重工业对资金的占用量多、周期长,市场自然发展的空间就受到挤压,关切民众日常消费和生活的农业、轻工业比例失调。

(二)改革开放以来我国实体经济的规模演变

对我国实体经济的规模,可以从两个方面来考察:第一,从实体经济总量来考察,测算我国实体经济发展规模的演变。可以看出,实体经济发展迅速,但相比虚拟经济增速较缓,实体经济的总量从1978年到2017年增长了200倍,而以金融业和房地产业为代表的虚拟经济增长更加迅猛,分别增长了858倍和603倍。以金融危机为界限,实体经济的总量从2008年到2017年增长了

---

① 本报告将实体经济简单界定为除房地产和金融业之外的经济部门与活动,虚拟经济简单划定为房地产和金融业。其数值为实体经济总量是指除去金融业及房地产业之后的各行业生产总值(GDP),而虚拟经济总量则是指金融业及房地产业的 GDP 总值。

147%，金融业和房地产业分别增长了259%和265%。

第二，从实体经济总量占我国GDP比重，测算我国实体经济所占比重GDP的变化。可以看出，我国实体经济在GDP中的占比呈现出不断下降的趋势，而以金融业和房地产业为代表的虚拟经济的GDP占比则逐年上升，实体经济GDP占比和虚拟经济GDP占比在1978~2017年总共下降和上升了10.21个百分点。具体来看，2016年实体经济GDP占比和虚拟经济GDP占比达到了最低点（85.18%）和最高点（14.82%），但在2017年实体经济GDP占比和虚拟经济GDP占比有所回升，分别为85.54%和14.46%，较2016年分别上升和下降0.36%。

（三）实体经济与虚拟经济关系发展的四个阶段

从图0-2的实体经济与虚拟经济的结构分析中可以清晰看出，实体经济和虚拟经济的发展可以划分为四个阶段。

1. 第一阶段：1978~1989年，实体经济占GDP比重迅速下滑

这个时期内，我国的实体经济占GDP比重从1978年的95.75%下滑至1989年的90.42%，下降了5.33个百分点。以金融业和房地产业为代表的虚拟经济膨胀迅速，虚拟经济GDP占比从1978年的4.25%迅速上升至1989年的9.58%。相应地，虚拟经济占GDP比重上升了5.33个百分点，这一时期内虚拟经济内部的金融业发展较房地产发展更快，在1982年占GDP的比重超过了房地产占GDP的比重。

2. 第二阶段：1989~2005年，实体经济与虚拟经济平衡发展

在这一时期内，实体经济的占比小幅度上升，从1989年的90.24%上升至2005年的91.47%，上升了1.23个百分点。相应地，以金融业和房地产业为代表的虚拟经济的GDP占比小幅度下降，从1989年的9.68%下降至2005年的8.53%，相对下降了1.15个百分点。应该注意的是，在这一时期内房地产业的GDP比重在2003年超过了金融业的GDP比重。在这一时期内，实体经济与虚拟经济的发展和我国GDP的增长基本保持同步，虚拟经济与实体经济基本处于均衡发展态势。2005年之前的金融业与房地产规模增速和实体经济规模增速基本保持同步。

3. 第三阶段：2005~2016年，实体经济占GDP比重下滑趋势显著

在这一时期内又可以简单地以2008年金融危机爆发为临界点划分为两个

区间，第一个区间是2006年之后到金融危机爆发之前，实体经济所占GDP比重下滑严重，从2005年的91.47%迅速下滑至2007年的89.27%，短短2年时间萎缩了2.2个百分点。相应地，以金融业和房地产业为代表的虚拟经济膨胀迅速，虚拟经济GDP占比从2005年的8.53%迅速上升至2007年的10.73%，相应地上升了2.2个百分点，金融业所占GDP比重再次超过了房地产所占GDP比重，说明在虚拟经济比重的上升过程中金融业的权重超过了房地产权重。第二个区间是2008年至今，金融危机之后，我国实体经济GDP占比在2008年短暂回升至89.66%，但在2008年之后下降幅度加快，从2008年至2016年的8年时间下降了4.48%。相应地，虚拟经济占GDP的比重在2008年短暂回落至10.34%，之后上升趋势加速，2008~2016年上升了4.48%。

4. 第四阶段：2016年以后，实体经济占GDP比重逐步企稳

2016年以后，随着供给侧结构性改革的深入推进，党的十九大报告指出："建设现代化经济体系，必须把发展经济的着力点放在实体经济上。"党中央国务院将实体经济放到整个国民经济发展的基础地位，未来随着"中国制造2025"关于制造业等实体经济目标的逐步实现，创新引领战略的逐步推进，经济结构逐步转型升级，实体经济GDP占比预计会逐步企稳。这种逐步企稳态势也符合发达国家的工业化进程中金融危机之后的"再工业化"发展趋势。

三、支持实体经济发展的重要意义

实体经济是一国经济的立身之本，是财富创造的根本源泉，是国家强盛的重要支柱。党的十九大报告中提出"建设现代化经济体系，必须把发展经济的着力点放在实体经济上"，这是党的十九大做出的重大部署。

（一）实体经济是实现高质量发展的根本

党的十九大报告指出，我国经济已由高速增长阶段转向高质量发展阶段。也就是说，中国特色社会主义进入了新时代，我国经济发展也进入了新时代，其基本特征是由高速增长阶段转向高质量发展阶段。建设现代化经济体系，必须把着力点放在发展实体经济上，把提高供给体系质量作为主攻方向，坚持质量和数量统一的原则，牢固树立"质量第一、效率优先"理念，将以往主要依靠增加物质资源消耗实现的粗放型高速增长，转变为主要依靠技术进步、改善管理和提高劳动者素质实现的集约型增长，增强发展"质"的含金量。因此，实体经济既是高质量发展的主体，也是经济强国的根基。

推动实体经济高质量发展，根本要强化实体经济吸引力，提升"获得感"。推动人才、资金等各类要素更多向实业聚集，营造鼓励脚踏实地、崇尚实业的氛围至关重要。工信部数据显示，2017年，"放管服"改革累积效应持续显现，减税降费新措施全年为企业减负超过1700亿元[①]。其中，广东、四川、广西等地出台降成本实施细则，实现省（区）定政府性基金和涉企行政事业性收费"零收费"。实体经济企业，特别是中小微企业扶持力度加大。当前政府部门进一步提供政策供给能力，对实体企业在税费方面持续做"减法"，加大力度推动降费减税，降低实体经济成本，推进更多的社会资本流向实体企业。

（二）振兴实体经济是推进供给侧结构性改革的核心

我国经济的持续健康发展需要解决深层次的结构性矛盾和问题，深化供给侧结构性改革是其必由之路，在这个过程中推动制造业加快实现质量效益提高、产业结构优化、发展方式转变、增长动力转换是其主要内容，需要围绕解决实体经济结构性供需失衡问题而有序推进供给侧结构性改革。

首先，解决实体经济结构性供需失衡的问题，目前仍要坚定不移地推进"去产能"工作，特别是更加强化"市场化""法治化"去产能的机制，防止已经化解的过剩产能死灰复燃，探索建立化解过剩产能的长效机制。我国东北、河北和山西等传统能源产业大省面临着"去产能"的艰巨任务，即如何按照国家在安全、环保、能耗等方面的新标准，有序开展产能置换、兼并重组、环保搬迁等工作，淘汰关停落后产能企业是其中的重点和难点环节。另外，如何把调存量同优增量、推动传统产业改造升级同培育新兴产业有机统一起来，也是需要统筹处理好的关系。

其次，供给侧结构性改革的最终目的是满足需求，主攻方向是提高供给质量，减少无效供给、扩大有效供给，着力提升整个供给体系质量。实体经济是供给体系的主体内容，实体经济供给质量的提高，无疑是供给侧结构性改革的重中之重。要立足于现有的生产和供给如何满足国内消费升级带来的品质提升需求。近年来，随着我国居民收入水平的不断上升，对消费品质量提升的需求越来越明显。所以，振兴实体经济主战场在制造业。要抓住"中国制造2025"战略实施的机遇，全面推进制造业部门的转型升级。要牢固树立质量第一的强烈意识，全面加强标准和质量管理。引导企业发扬"企业家精神""工匠精神"，加强品牌建设，努力打造"百年老店"，增强产品竞争力。

---

① 实现高质量发展，实体经济如何发力［EB/OL］.新华网，http：//www.xinhuanet.com/mrdx/2017-12/26/c_136852329.htm.

最后，解决供给与需求结构失衡问题的核心是创新。要处理好"新"和"老"的关系，既要推动战略性新兴产业蓬勃发展，也要注意用新技术、新业态、新商业模式全面改造提升传统产业，实现"老经济"焕发"新活力"。在解决实体经济的创新战略实施过程中，需要统筹部署创新链和产业链，把创新能力提升与产业竞争力提升有机结合起来，这也是目前我国经济发展过程中需要探索的一个大课题。

（三）实体经济是实现"两个一百年"目标的基础

党的十九大报告指出，实现第二个百年目标分为两个阶段：一是到2035年基本实现社会主义现代化，二是到2050年建成富强民主文明和谐美丽的社会主义现代化强国。在这个过程中，以工业制造业为代表的实体经济是实现我国"两个一百年"目标的基础。随着我国逐步建立现代化经济体系，虽然工业占GDP的比重会逐步降低，但工业依然会对我国的现代化经济体系发挥主导、支撑和带动作用。

首先，发达国家的现代工业化历程值得我们借鉴。发达国家的工业化中后期，工业占GDP的比重会在达到高峰后逐渐下降，但是工业对国民经济仍然发挥着主导、支撑和带动作用，工业制造业依然是其国民经济的基础。金融危机后，发达国家纷纷提出"再工业化""重振制造业""本土回归"等战略举措，制定了一系列抢占制造业制高点的新战略、新规划，并取得了成效。世界银行的数据显示，2008年以后美国、日本、德国、英国和韩国的工业增加值占GDP的比重有所回升，而中国的工业增加值占GDP的比重呈明显下降趋势，如图1-1所示。同时，广大的发展中国家也纷纷提出"工业强国"，抢占制造业的中低端，使我国面临着发达国家和发展中国家的双重压力与挑战。

其次，建设制造强国在实现我国"两个一百年"目标的大局之中具有基础地位。针对我国工业经济存在的发展不平衡、不充分的差距，党的十九大报告再次强调"必须把发展经济的着力点放在实体经济上"，"加快建设制造强国，加快发展先进制造业"。当前《中国制造2025》是实现制造强国的第一个十年行动纲领，具体表述为2020年基本实现工业化，制造业大国地位进一步巩固，信息化水平大幅提升；2025年迈入制造强国行列，在全球价值链中地位明显提升；2035年达到世界制造强国阵营中等水平，全面实现工业化；2050年建成全球领先的技术体系和产业体系，迈入世界制造业强国第一方阵。因此，《中国制造2025》与我国的"两个一百年"目标契合程度较高，下一步应该进一步优化完善制定2035年、2050年的目标任务与路线实施图，构成我国"两个一百年"目标实现的战略实施内容。

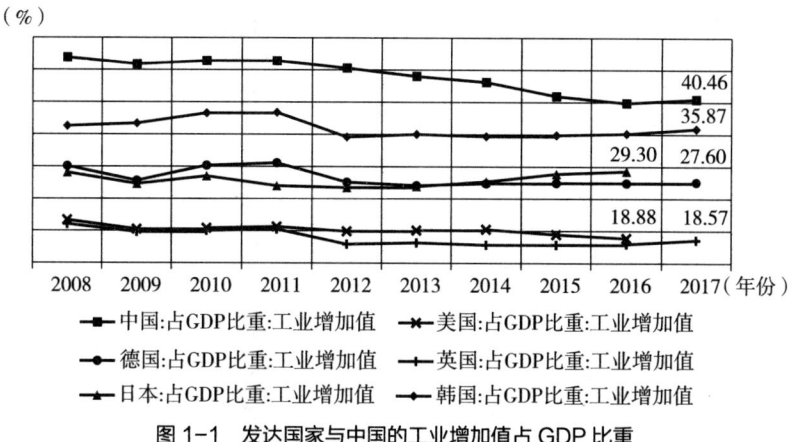

图 1-1　发达国家与中国的工业增加值占 GDP 比重

资料来源：世界银行。

（四）实体经济是提高国家综合实力的根本保障

一个国家综合实力的提升，最主要的是要夯实该国的实体经济基础，实体经济的基础牢固了，才能保证综合实力的稳步提升，尤其是对中国这样的大国而言，构建完整的经济体系尤为重要，而完整的经济体系是以制造业为主的实体经济为基础的。为了提高我国的综合实力，需要做到以下几点：

第一，深刻认识到当前大国之间的综合国力竞争重点在于发展以制造业为主体的实体经济。国家工信部部长苗圩曾谈到，发展实体经济，重点在制造业，难点也在制造业。当前国际社会间的实体经济发展环境已经发生了新的变化，制造业重新成为全球经济竞争的焦点。全球经济发展进入深度调整期，数字经济、共享经济、产业协作正在重塑传统实体经济形态，全球制造业正处于转换发展理念、调整失衡结构、重构竞争优势的关键节点。在这种新的竞争格局下，必须把发展实体经济摆在突出重要的战略位置，促进我国产业迈向全球价值链中高端，努力抢占新一轮产业竞争制高点。

第二，深入贯彻党的十九大报告提出的"加快建设制造强国，加快发展先进制造业"要求。深入贯彻新发展理念，坚持质量第一、效益优先，以供给侧结构性改革为主线，大力实施《中国制造 2025》，加快建设实体经济、科技创新、现代金融、人力资源协同发展的现代化产业体系。

第三，优化实体经济的外部发展环境，尤其是税费环境。良好环境是发展实体经济、建设制造强国的重要前提和有效保障。降低实体经济企业成本是其中的重要环节。成本高是影响当前制造业竞争力的重要因素。要全面推进依法行政，深化"放管服"改革，强化涉企收费目录清单管理，最大限度地降低制

度性交易成本和企业税费负担。深化生产要素市场化改革和国有企业改革，促进市场竞争，持续推进网络提速降费，加快发展普惠金融，多措并举降低企业用能、用地、用网、用工以及融资和物流成本。具体而言，要强化财税金融支持制造业发展，实行有利于制造业转型升级的财政税收政策，建立完善支持企业技术改造的长效机制和政策体系。落实金融支持实体经济相关政策，增强金融服务实体经济能力，深化产融合作，鼓励有条件的地方建立信贷风险补偿机制。创新财税金融支持方式，采取产业投资基金等形式，促进战略性、基础性、先导性产业加快发展。运用大数据、互联网等新型技术改善融资服务，积极发展多层次资本市场，丰富直接融资工具。实施更加精准的产业政策，促进产业政策与财税支持、金融服务良性互动。

四、税收与费用影响实体经济发展

（一）企业的税收负担

企业的税收是构成企业经营成本的必要支出，在当前实体企业整体利润率和资本回报率偏低的情况下，企业税收负担的减轻会给企业的经营困境带来较为显著的缓解作用。除了税收结构上的间接税、直接税等税制改革外，还应当处理好中央税和地方税的关系，例如，地方政府可以在国家规定的税额幅度内，降低城镇土地使用税适用税额标准，将车辆车船税适用税额降低到法定税率最低水平，同时降低符合核定征收条件企业的购销合同印花税核定征收标准。

（二）企业的用地成本

实体经济用地成本主要包括土地取得成本和土地开发成本，可细分为土地出让金、土地占用和使用相关税金、相关行政事业性收费以及自行开发的投入。

1. 土地出让金

依据有关法律法规和政策规定，土地使用者为获得若干年限土地使用权的让渡，向土地所有者的代表即市县人民政府所支付的费用。

2. 与土地占用和使用相关的税金

可以理解为用地成本的税收，主要包括土地使用税、耕地占用税、契税和房地产税。城镇土地使用税按年计算、分期缴纳。2013年修订的《中华人民共和国城镇土地使用税暂行条例》对全国不同级别城市明确了税额标准，如每平方米用地大城市为1.5元至30元，中等城市为1.2元至24元，小城市为0.9元至18元，县城、建制镇、工矿区为0.6元至12元。各地在执行过程中，又对本地不同地区实行差别化税率。耕地占用税是占用耕地建房或者从事非农业建设的单位或个人所应缴纳的税种，以纳税人实际占用的耕地面积为计税依据，按照规定的适用税额一次性征收。契税的纳税义务人是在我国境内转移土地、房屋权属承受的企业或单位，其中包括土地使用者。对企业而言，房地产税主要是对企业自用房产按原值进行征税。

3. 土地使用费

主要是土地管理部门、财政部门等政府部门依据国家法律、法规和省以上财政部门的规定行使其管理职能，向用地企业收取的费用。目前涉及土地使用方面的收费主要包括两大类：一是资源补偿类收费。如果土地使用者获得使用权的土地属于新增建设用地或农耕地转化用地，按照国家及省级政府规定需要缴纳相应的新增建设用地有偿使用费、农耕地占补平衡费、土地复垦费等。二是行政管理类收费。包括征地管理费、土地出让业务费，以及土地权属调查、地籍测绘、注册登记、发证等方面的收费。

4. 企业对土地再开发的投入

主要是企业实际拿到的土地不能直接满足经济活动的需要，对土地进行二次开发增加的相关配套设施建设投入。

（三）企业社会保险成本

社会保险通常分为基本养老保险、基本医疗保险、失业保险、生育保险和工伤保险以及住房公积金，俗称"五险一金"，其中基本养老保险、基本医疗保险和失业保险是由企业和个人共同缴纳的保费，工伤保险和生育保险完全是由企业承担的，个人不需要缴纳。"五险"是企业具有的法定缴纳义务，而"一金"是企业自愿为企业职工所缴纳的，不具有法定缴纳义务。

1. 基本养老保险

基本养老保险是指依法由社会保险行政主管部门负责组织和管理，由用人单位和劳动者个人共同承担养老保险费缴纳义务，员工退休后依法享受养老保险待遇的基本养老保险制度。

2. 基本医疗保险

基本医疗保险是为了保障员工和退休人员患病时得到基本医疗，享受医疗保险待遇，根据国家有关规定，结合保险统筹地区实际情况而制定的保险制度。

3. 失业保险

失业保险是为了保障失业人员失业期间的基本生活，促进其再就业而制定的保险制度。

4. 工伤保险

工伤保险是为了保障因工作遭受事故伤害或者患职业病的员工获得医疗救治和经济补偿，促进工伤预防和职业康复，分散用人单位的工伤风险而制定的保险制度。

5. 生育保险

生育保险是为保障企业员工生育期间得到必要的经济补偿和医疗保障，根据有关法律、法规，结合保险统筹地区实际情况而制定的保险制度。

6. 住房公积金

住房公积金是国家机关、国有企业、城镇集体企业、外商投资企业、城镇私营企业及其他城镇企业、事业单位、民办非企业单位、社会团体及其在职职工缴存的长期住房储金。

（四）企业用电成本、能源成本和物流成本等

这三类成本是企业日常经营中必不可少的成本支出，由于我国的国情，发电企业、石油天然气企业和高速公路企业等由具有垄断性质的国有企业构成，国家为了实现更优的资源配置，一定程度上可以比西方国家更容易实现企业的用电成本、能源成本和物流成本的降低，但现实情况下的实体企业的用电成本、能源成本和物流成本依然较高。应该逐步加快扩大售电侧改革措施推进、逐步取消普通公路收费、降低高速公路通行费、取消省与省之间的高速公路通行关卡等。

（五）企业融资成本

企业融资成本包括银行贷款的间接融资成本和发债、股票等直接融资成

本，针对实体企业的融资成本降低问题，需要定向对银行、资本市场专门针对实体企业的服务和产品少征税。例如，开发相应的创新型信贷产品、上市融资的中介费用（会计审计费、资产评估费、法律服务费、券商保荐费等）和企业发债的中介费用（评级费用、承销费用等），有针对性地对这些产品和服务实行定向减税措施等。例如，广东鼓励银行、商业保理公司、财务公司等机构为制造业核心企业产业链上下游中、小、微企业提供应收账款融资，对帮助中、小、微企业特别是小、微企业应收账款融资的相关企业择优进行支持。鼓励企业利用股权出质方式拓宽融资渠道。支持省、市进一步建立健全中小微企业融资政策性担保和再担保机构。鼓励各地设立中、小、微企业设备融资租赁资金，通过贴息、风险补偿等方式给予中、小、微企业融资支持。

（六）企业制度性交易成本

主要是针对企业的行政审批成本问题。包括：①投资审批事项和审批时限，含投资项目立项、报建、验收阶段涉及的行政许可、公共服务和其他事项等。②规划、环境影响评价等审批手续的产业园区，其符合条件的入园建设项目可简化或免予办理相关手续。③行政审批中介服务事项。

第二章
我国实体经济发展的基本形势与挑战

我国实体经济发展面临着复杂多变的国际经济形势，世界经济结构正处于经济结构大调整时期，世界产业分工体系正面临着深度调整，同时，世界经济也正处于技术革命向商业化转变的关键期。中国正面临着发达国家的再工业化战略的"高端挤压"和新兴市场国家传统制造业的"低端挤出"双重压力。在这种局面下，中国为了建设以实体经济为基础的现代化产业体系需要借鉴发达国家支持实体经济的经验。同时，我国实体经济正面临着由高速增长阶段转向高质量发展、产业结构亟待升级的局面下，降成本成为我国当前深入开展供给侧结构性改革的主要着力点，需要着重解决经济"脱实向虚"、我国制造业大而不强、企业家精神衰退等问题，尤其要高度重视我国实体经济税费和融资成本负担过重的问题。

一、我国实体经济发展面临的国际形势

2008年全球金融危机之后，发达国家纷纷提出"再工业化"或"制造业回流"战略，在新的技术平台上提升制造业、环保的等绿色产业，以核心技术和专业服务持续强化其全球价值链的高端环节的垄断地位和竞争优势，冲击着我国的世界工厂的地位，对我国提升产业层次、发展先进制造业形成巨大压力。同时，新兴市场国家也在加快产业升级，利用其低成本优势，加紧与我国在传统国际市场展开竞争。因此，从当前国际经济发展和产业布局来看，对中国而言出现了"高端挤压"和"低端挤出"的效应和现象，中国面临着发达国家抢占战略制高点和发展中国家抢占传统市场的双重压力。

（一）世界经济结构大变局

1. 全球实体经济正逐步复苏

当前，发达经济体私人部门资产负债表逐步得到修复、劳动力市场开始改善、企业利润也得以回升，社会信心逐渐恢复，带动了全球经济复苏动能增强。国际货币基金组织（IMF）《世界经济展望》连续两次上调2017年、2018年全球经济增长预期至3.6%和3.7%，改变了过去几年来IMF多次持续下调增长预期的状况。世界经济出现由收缩向复苏的转变，无论从2017年的全球贸易增长、外商直接投资还是全球就业形势和通胀水平的主要数据表现来看都能得到验证。尤其是全球制造业有所回暖更加体现了全球实体经济的复苏。主要经济体制造业PMI指数达阶段性高点，其中美国制造业扩张强劲，制造业PMI达60.8，为近13年来新高，欧元区制造业加速扩张，PMI达58.1，为2011年来的高点，日本制造业PMI达52.9。全球经济逐步摆脱"低增长、低通胀、低利率"的"三低"状态。

2. 世界产业分工体系正面临着深度调整

2008年国际金融危机之后，世界经济结构深度调整，使中国必须加快经济结构调整步伐，加快经济结构的转型。全球金融危机之前，在世界供求格局和产业分工体系中，一般而言存在三种类型的经济：一是以美欧发达经济体为代表的消费型国家；二是以中印发展中经济为代表的生产型国家；三是以中东、俄罗斯、巴西、澳大利亚、加拿大等为代表的资源型国家。以欧美为代表的发达国家，是靠金融扩张来支持赤字消费的，他们出口高科技产品，然后大量进口劳动密集型产品，居民储蓄率低，依靠信贷消费。以中国、印度为代表的发展中国家，国内生产大于国内需求，生产的大量劳动密集型产品只能依赖出口。金融危机以后，世界原有供求关系发生巨大的变化，去杠杆化使欧美等发达国家开始改变高负债的消费方式，政府缩减财政支出，居民压缩消费增加储蓄，由此对劳动密集型产品进口需求下降，这给予发展劳动密集型产业的中国带来了极大的挑战。因为，中国配置了太多的劳动密集型产业的产能，生产了很多发达国家现在减少甚至停止购买的产品。因此，加大了中国劳动密集型产业的发展压力，而这些劳动密集型产业基本是由实体经济所组成的，对我国的传统制造业造成了较大冲击。

3. 世界经济处于技术革命向商业化转变的关键期

当前，世界经济处于技术革命向商业化转变的关键期。从长波周期看，以页岩油气革命为代表的新能源技术取得较大突破，以移动支付为代表的新一代信息技术快速发展，以人工智能为引领的智能制造方兴未艾，节能环保以及生物工程等技术的研发正在如火如荼地进行中，全球技术革命逐渐由单一领域"裂变"引领转向多领域"聚变"，支撑第六长波的技术革命已现端倪。从短波周期看，全球经济以制造业复苏为支撑逐渐步入上行周期，经济活力不断增强，经济增速在2016年达到近六年来的低点后，2017年开始出现明显回升。在长波周期和短波周期的叠加效应下，预计2018年全球经济将继续保持回暖势头。但也应注意到，全球经济尚未完全摆脱对高信贷增长以及宽松政策的依赖，前期全球过度宽松的货币环境滋生了"资产泡沫"，而今美国等主要经济体货币政策同步回归正常化，存在刺破资产泡沫、引发金融市场动荡的风险；特朗普税改计划可能引发全球恶性减税竞争，贸易保护主义抬头，以及地缘政治局势动荡等因素给全球经济复苏带来一定的冲击。

（二）发达国家"再工业化"战略与具体实施

从国家发展模式的角度出发，可以将发达国家支持实体经济的做法分为英美模式、德国模式、北欧国家模式和日韩模式等几种典型发展路径。这些国家在金融危机之后，通过"再工业化"战略部署实施了产业政策、政府与市场关系处理等措施与手段支持实体经济的发展。

1. 美国：金融危机后"再工业化"战略促进实体经济回升

金融危机之前，美国资本市场为主体的虚拟经济占主导，重要制造业日趋空心化，"离制造业化"和"离本土化"的产业空心化趋势明显，形成了制造业份额的长期下降趋势和实体经济与虚拟经济的持续失衡，金融业和房地产业在国民经济中的比重显著提升，在金融危机之前金融业利润占全部公司利润的比例已高达40%，并且美国高度发达的资本市场进一步促成了虚拟经济的膨胀和资产泡沫的形成。经济系统稳定性受到严重威胁。金融危机之后，2010年美国政府瞄准新一轮产业结构升级所带来的机遇，正式启动"再工业化"战略，进行"互联网+工业"的新科技革命，其重点是大数据与云计算，在新能源、3D打印、航天科技、生物、新材料等高端制造业和智能化领域进行前沿技术创新的扶持。美国这种再工业化战略的实施，是由美国的创新驱动战略所引领的，坚持将上述新能源、生物科技、智能制造和人工智能等新兴产业的创新作为发展核心。美国在2009年、2011年和2015年分别发布了具有战略延续性的《美国国家创新战略》三个版本：《美国国家创新战略：推动可持续增长和高质量就业》（2009）、《美国国家创新战略：确保我们的经济增长与繁荣》（2011）和《美国国家创新战略：营造创新生态环境》（2015），为这些高科技创新性产业的发展营造了良好的竞争环境。同时，可以看出，美国所支持的这些创新性高科技产业，对其他产业的发展具有引领与辐射作用，以此可以确保美国在全球的产业链分工布局中长久地居于顶端。

2. 德国：大力培育制造业新兴产业的发展

德国是举世闻名的制造业强国，进入21世纪后，德国持续推动制造业领域新兴产业的发展。尽管德国的实体经济受到了2008年国际金融危机的短暂影响，但其在2008年国际金融危机之后的产业政策依然秉承全力打造"制造业"实体产业和全力支持"中小企业"发展的思想。分别于2006年、2010年和2014年出台三个版本的国家高技术战略。其中，2006年版《国家高技术战略》面向2010年的发展提出了产学研联合攻关的安全研究、健康与医学、环境技术、信息与通信、航空航天、车辆交通与技术、微系统技术、纳米技术、生物技术和材料技术等17个重点领域的发展任务；现在德国的制造业一直延续着2006年所颁布的《国家高技术战略》，并在2010年和2014年分别颁布了《国家高技术战略2020》和《新的高技术战略：创新为德国》，其当前德国政府正在开展和实施的"工业4.0"计划由《国家高技术战略2020》所推动和支持。具体来看，金融危机之后，随着国际竞争市场的不断变化，德国政府围绕着制造业和中小企业不断调整其产业结构、技术结构和产品结构。传统的汽车制造、机械制造、化工、电子工业优势一直支撑着德国经济稳定而健康的发展，同时在德国政府的产业政策支撑下，自动化工程、信息科学、生物及遗传工程、环保等技术位于世界前列。与日韩的全方位并深入企业微观层面扶持企业的做法不同，德国政府的作用仅仅是维持市场竞争秩序、稳定币值等宏观经济环境，提供社会经济基本条件和社会保障制度，立足点在于为保护企业间竞争和产业的协调发展提供相应的制度框架。

3. 日本：积极应对新一轮的科技和产业革命

从第二次世界大战后日本的崛起历程来看，日本的发展离不开其产业政策的支持。金融危机之前，日本也认识到了全球正在经历新一轮的技术革命，因此，开始积极筹划相关的产业规划，并发展新的高科技产业技术，在工业机器人、环境健康产业、人工智能和物联网等领域内积累了领先世界的技术。例如，对于日本传统的优势产业电子业来说，虽然日本电子企业在大众市场衰退，但在上游核心部件和商用领域里的话语权却在提升，而且，这种优势随着新技术的普及，将会转化为大众消费市场的竞争力。金融危机之后，日本分别在2012年、2015年和2016年制定了《日本再生战略》《机器人新战略》《第五期科学技术基本计划（2016~2020）》的相关产业规划。日本的这些产业规划确立了"超智慧社会"的战略目标,为了实现这个目标,首先,要具有战略性、前瞻性,灵活地应对各种市场环境;其次,要在国际化的市场体系中坚持创新发展,建立各个创新主体能力的激励体系框架;最后,坚持发展先进制造业,运用大数据信息通信技术,最终在世界率先构建能够实现经济发展与社会问题同步解决的新型社会经济形态——"超智慧社会"。

(三)新兴发展中国家对中国的"低端挤出"

中国迈向高收入国家的过程中,传统的劳动密集型制造业的转型升级是必由之路,在这个过程中,一些新兴经济体依靠低成本优势,积极承接国际产业转移,加快工业化步伐,致力于打造新的"世界工厂"。从实际情况来看,2008年国际金融危机之后,洪都拉斯、越南、孟加拉国、印度、斯里兰卡、埃塞俄比亚等发展中国家,利用比中国更加低廉的土地资源和劳动成本,生产与中国相同的劳动密集型产品,并向美欧等发达国家出口。这种发展趋势就像当年亚洲金融危机后中国替代"亚洲四小龙"一样。这种变化,对中国来说是一个严峻的挑战,中国的经济结构调整受到了新兴发展中国家发展劳动密集型产业的"低端挤出"效应。

二、国际社会支持实体经济发展的经验借鉴

(一)支持实体经济的产业政策尤为重要

国际金融危机之后的各个国家的新兴产业政策尤为显著,美国、德国、日本等国明确新兴产业发展重点,推动相关领域加快突破,加快培育新的经济增长点,在促进经济复苏的同时努力抢占全球科技产业竞争制高点、培育新动能,纷纷出台国家层面的新兴产业发展战略。虽然主流观点认为美国倡导自由与竞争,但美国任何一项足以引领世界新技术变革的发明、开发和实施都离不开美国政府的支持,代表了美国政府对美国引领世界最前沿科技产业的支持。

(二)实体经济的做大做强是经济发展的基础

考察主要发达国家实体经济和虚拟经济的关系,德国以及北欧三国等国家以制造业为代表,美国以房地产及金融业为代表,日本20世纪80年代之前存在严重的过度虚拟化的现象,但由于制造业领域的创新能力其经济发展逐步转向了以实体经济为主。具体从实体经济与虚拟经济的关系进行分析,德国对房

地产执行了准公共产品的政策,其金融业的产权结构是以储蓄银行为代表的国有资本为主,其以制造业为主体的经济体系以实体经济的制造业为主,不存在虚拟经济过度发展的问题;美国在后工业化时代其经济结构长期具有显著的"去制造业化"的金融化现象,但由于美元作为世界货币而存在,美国的金融化体现为国际金融资本为代表的全球资源配置能力,美国"再工业化"战略如果能顺利实施,会推动新一轮的以新技术为特征的制造业,会重新恢复美国实体经济与虚拟经济的平衡;日本经济进入后工业化阶段在日元升值的催生下本土产业空心化的问题较为严重,但也应看到,日本本土由于"去本土化"所造成的实体经济与虚拟经济的整体失衡状态会随着制造业领域的创新能力的推动逐步实现平衡。

(三)中小企业和创业企业是实体经济发展的关键

美国、德国和日本等发达国家对中小企业的支持,尤其是创业企业的支持力度非常大,近年来的政策支持力度不断加强。第一,战略与规划层面对中小企业和创业企业的发展予以重视。美国三个版本的《美国国家创新战略》中对美国中小企业和创业企业的支持较以往更加重视,在创业指导与培训、相关税收减免、贷款便利、成果转化和产业基金等方面均提出了具体的落实政策。德国政府一直认为,由中小企业为主体构成实体经济是保证就业、外贸平衡、经济增长、物价稳定四个目标实现的基础。因此,德国对中小企业的扶持力度较其他发达国家更大,2013年德国政府新组阁的党派谈判文中进一步明确了要加强产业和中小企业的构成比例的稳定增长。第二,对中小企业和创业企业执行更加优惠的税收政策。金融危机之前美国、德国、日本和英国对中小企业(由本国认定的中小企业)的所得税率就普遍低于一般企业,金融危机之后对中小企业的税收优惠和减免力度更大,同时在纳税方式上,美国、日本等国对中小企业也实行了灵活选择的权利。第三,有专门的政策渠道解决中小企业和创业企业的融资难、融资贵的问题。首先,健全中小企业融资信用担保体系。美国中小企业管理局对中小企业最主要的资金帮助就是担保贷款。日本的信用保证协会和信用保险公库,民间设有52个信贷担保公司,致力于为中小企业提供信贷担保服务。韩国有专门为中小企业融资担保的信用保证基金。其次,发达国家均设有专门针对中小企业的融资服务机构,美国中小企业管理局(SBA)在1953年就已成立,直接参与美国中小企业的商业融资,向中小企业提供经营性贷款、提供贷款担保服务和风险投资基金。日本具有完善的中小企业服务金融机构,主要包括中小企业金融公库、商工组合金融公库、国民金融公库、中小企业信用担保公司、民间信用担保协会等。德国从联邦政府到州政府及行业协会内建立了广泛的支持中小企业的金融机构，包括德国复兴信贷银行（KFW）、州政府所有的储蓄银行、具有行业融资功能的合作银行等。

（四）良好的营商环境是改善实体经济发展的重要支撑

发展实体经济离不开良好的环境。从美国、德国、日本三国推进实体经济的做法看，改善发展环境是推进实体经济发展的重要支撑。一是有完善的政策环境。美国出台了《美国复苏和再投资法案》《制造业促进法案》等有关法案，以此推进实体经济回归，促进经济可持续发展；德国在推进"工业4.0"战略中，制定了《国家高科技战略2020》的具体实施战略计划。在推进实体经济发展的过程中，应该制定相关的政策体系，确保发展有序推进。二是基础设施建设是必要条件。基础设施建设既是推进实体经济的重要组成部分，也是加快实体经济发展的重要"润滑剂"。三是营商环境必须适合实体企业的发展。金融危机的发生需考虑从体制、机制、政策等方面规范虚拟经济发展，将虚拟经济投资回报率保持在合理的区间内，进一步防范"脱实向虚"等倾向。允许不同所有制企业公平竞争，提高全社会的资源配置效率。按照建设服务型、高效型政府的要求，切实转变政府职能和工作作风，强化政府服务理念和服务职责，切实帮助企业解决面临的实际困难和问题，形成"亲""清"的政企关系。

（五）创新驱动力是实体经济发展的重要政策

经过金融危机对西方经济与社会的冲击，当前发达国家在促进制造业回流和重新振兴制造业的过程中，开始重视构建创新型政府和社会环境，从以前的单纯的自由主义和国家干预的凯恩斯主义开始了新思维、新方法支持实体经济的发展。

第一，美国等发达国家利用信息技术和大数据的开发运用，对微观层面的企业经营活动的干预手段逐步技术化。在资本市场为了保护投资者权益，不但对上市公司提出风险管理和内部控制的合规监管要求，也对在美国开展业务的跨国公司的内部事务开展基于提高透明度和开放度为目标的审查和监督。第二，利用信息化技术手段加强了对劳动力市场的兜底政策，开展了相应的网上就业培训等政策以恢复就业，对冲了金融危机之后由于放松对企业的直接干预所造成的对劳动力市场保护减弱的局面。第三，利用信息化手段和技术加强对企业知识产权的保护。第四，新技术带来了新思维，并促进了制度创新，为实体企业创造了良好的创业环境，为本国公民提供了更好的公共服务。美国2015年的《美国国家创新战略》在这方面的目的非常明确：政府不但大量投资基础研究，加强下一代数字基础设施建设，而且通过培育创新文化营造全社会的创新氛围。第五，通过构建全新的创新社会蓝图，打造服务型政府，引领技术创新、社会创新，并促进企业管理创新、建立新的产业标准，实现国家的长久发展。德国 2014 年《新的高技术战略：创新为德国》所提出的"创新德国"理想蓝图在这方面的作用正逐步显现。

三、我国实体经济发展面临的国内形势

（一）中国经济由高速增长阶段转向高质量发展阶段

党的十九大报告指出，"我国经济已由高速增长阶段转向高质量发展阶段"。应该说我国经济已由经济快速下降阶段过渡到稳定提质阶段，未来工作的重点将集中到提高经济发展质量上来。高质量发展阶段主要强调更高质量、更有效率、更加公平和更可持续的发展，要坚持质量第一、效益优先，以供给侧结构性改革为主线，推动经济发展质量变革、效率变革、动力变革，提高全要素生产率。

一是推动经济发展方式显著转变。我国顺应经济发展基本规律，通过深化改革和激励创新来推动发展方式的切实转变，经济逐步由要素投入型向创新驱动型转变；由技术引进型向自主创新型转变；由高碳型经济向低碳型经济转变；由资源消耗型向环境友好型转变；由"少数人先富"向"共同富裕"型社会转变。

二是推动供给质量显著提升。以供给侧结构性改革为主线，把发展经济的着力点放在实体经济上，把提高供给体系质量作为主攻方向，显著增强我国经济质量优势。加快建设制造强国，大力发展先进制造业，推动互联网、大数据、人工智能和实体经济深度融合发展。支持传统产业优化升级，加快发展现代服务业，瞄准国际标准提高水平。促进我国产业迈向全球价值链中高端，努力培育若干世界级先进制造业集群。

三是推动增长动力显著转换。我国以科技创新为核心带动全面创新，以健全教育体系培养人才，以打造人才队伍支撑创新，推动产业链、创新链、人才链、教育链有机衔接，促进经济发展更多依靠创新驱动。大力推动大众创业、万众创新，积极推进"中国制造 2025""互联网 +"行动计划，新产品新服务快速成长，平台经济、分享经济、协同经济等新模式广泛渗透，跨境电商、智慧家庭、智能交流等迅速成长，新旧动能加速转换，为经济提质增效不断注入新的强劲动力。

（二）产业结构合理性亟待提高

产业"空心化"是发达国家在产业结构演进中企业行为和资本流动应对外部产业环境变化的结果，具有普遍的规律性。一般而言有三种共性：①从企业行为的层面看，无论国内劳动力成本的提高、自然资源供给的紧张还是汇率的变动都可能引起群体性的企业生产和投资对本土制造业等实体经济部门的远离。②从产业资本流动的层面看，产业环境约束会导致产业资本在本土制造业等实体经济部门的回报率下降，从而出现向更高资本回报率的区域和产业流动的倾向，并最终引起产业"空心化"的出现。③产业资本的流动呈现出"离本土化"和"离制造业化"的趋势。在这两种趋势下，大量产业资本从本土流向海外，从实体经济部门流向虚拟经济部门，这意味着企业本土的制造业等实体经济部门出现了资本的流失和投资的不足，两者都产生了产业空心化，后一种"离制造业化"的产业资本流向了虚拟经济部门产生资产泡沫就形成了支持实体经济的发展。

对于我国而言，在尚未达到后工业化阶段的背景下，产业空心化的形成途径有两种，即"离本土化"和"离制造业化"，同时产业空心化会形成流动性过剩、信用过剩和产能过剩三种过剩现象。

第一，从工业化国家的产业空心化的共性原因来看，是产业结构演进中企业行为和资本流动应对外部产业环境变化的结果。如前文所述，在我国具体表现为发生在本土制造业的"两端挤压"效应上，即从当前的国际经济发展和产业布局来看，对我国而言出现了"高端挤压"和"低端挤出"的效应和现象，我国面临着发达国家抢占战略制高点和发展中国家抢占传统市场的双重压力。金融危机之后，发达国家所提出的"再工业化"或"制造业回流"战略，在新的技术平台上提升了制造业、环保等绿色产业，以核心技术和专业服务持续强化其全球价值链的高端环节的垄断地位和竞争优势，冲击着我国的世界工厂的地位，对我国提升产业层次、发展先进制造业形成巨大压力。同时，新兴市场国家也在加快产业升级，利用其低成本优势，加紧与我国在传统国际市场展开竞争。在"高端挤压"和"低端挤出"的效应和现象出现之后，实体经济部门的回报率下降，我国的传统制造业企业等向更高资本回报率的区域和产业流动也是资本逐利的必然结果，我国沿海地区作为率先完成工业化的区域，这种现象表现得尤为明显，江浙一带有较强研发能力和资本实力的民营企业开始向东南亚国家投资"离本土化"，或者向财务公司、融资租赁等金融业态和房地产布局，从实际的资本回报率来看也远远大于当前的传统制造业，支持实体经济在东部沿海发展有其必然性。

第二，按照马克思资本循环理论，货币执行支付手段的职能一方面把商品交换从现金交换中解放出来，扩大和方便了商品的流通，为商品经济的运行创造条件；另一方面又发展了商品经济的内在矛盾。在信用制度下，货币支付手段所形成的债务链条一旦被打破，会导致商品生产、经营无法顺利进行。同时，货币资本的过剩会驱使生产过程突破界限产生流动性过剩、信用过剩、产能过剩。①流动性过剩。在传统的粗放型经济发展模式下，我国的经济增长过度依赖投资，导致我国的货币大量超发，通过 M2 和 GDP 比较来看，M2 与 GDP 的比值不断上升，金融危机之后，该比值从 2009 年的 179% 迅速上升至 2016 年的最高值 208%，到 2017 年虽然回落至 202%，但也说明我国在 2016 年以前货币存在超发情况，货币供应一直以来脱离实体经济发展，流动性过剩出现有其发生的必然性。②信用过剩。一般认为，股市和房市泡沫是信用极度膨胀的产物，信用是实体经济与再生产过程联系的中介，资产泡沫就是在这个过程中形成的。马克思在资本论中分析了信用固有的"二重性"：一方面在信用经济中，再生产过程的不同过程都以信用为中介，生产过程的发展促使信用扩大，而信用又引起工商业活动的扩展。信用制度是生产过剩和商业过度投机的主要杠杆，可以把伸缩的再生产过程强化到极限。另一方面，随着投机和信用事业的发展，它还开辟了千百个突然致富的源泉，导致更多的产业资本家实体经济发展困境。③产能过剩。一方面，产业转型升级过程中，利润率下降趋势规律形成的周期性产能过剩和体制性产能过剩；另一方面，消费升级与产业转型升级不协调导致的结构性产能过剩。

（三）降成本成为我国当前深入开展供给侧结构性改革的主要着力点

深化供给侧结构性改革被列为 2018 年八项重点经济工作之首。当前，结构性矛盾的根源是要素配置扭曲，根本途径在于深化要素市场化配置改革，重点在"破""立""降"上下功夫。

"破"就是大力破除无效供给，把处置"僵尸企业"作为重要抓手，用市场化、法制化手段化解过剩产能。目前，煤炭、钢铁行业"去产能"已取得实质性进展，但是水泥、平板玻璃、炼油、造船和电解铝等行业产能过剩压力依然较大。未来破除无效供给，处置"僵尸企业"，推动化解过剩产能仍是重要任务。

"立"就是大力培育新动能，强化科技创新，推动传统产业优化升级，培育一批具有创新能力的排头兵企业。近年来新旧动能转换过程中"青黄不接"是我国经济不断下行的重要原因。为解决这一问题，一方面需要不断培育壮大新经济动能，另一方面需要加快推动传统行业技术改造、转型升级，从而提升整体供给体系质量。

"降"就是大力降低实体经济成本，降低制度性交易成本，继续清理涉企收费，加大对乱收费的查处和整治力度，深化电力、石油天然气、铁路等行业改革，降低用能、物流成本。当前，在美国出台30年来最大规模减税政策的背景下，我们必须正视全球性减税的现实，切实深入研究制定我国普遍性减税和完善税制的应对之策。只有降低实体经济成本取得实质性进展，制造企业才有盈利空间，制造业投资、民间投资才能成为经济稳定增长的坚实动力。

四、我国实体经济发展现状与具体问题

（一）我国实体经济发展所取得的成绩

一是制造业产出和主要工业品产量位居世界前列。二是我国工业企业规模增速显著。国家统计局所统计的内资工业企业相关数据显示，我国工业企业无论是在企业数量上，还是资产总额、业务收入和利润总额等经营数据，抑或是工业增加值上均取得了快速的增长。从2000年到2016年[①]，资产总额增长了7.69倍，年均增速达到了14.6%；业务收入总额增长了13.75倍，年均增速达到了18.74%；利润总额增长了16.46倍，年均增速达到了21.06%；工业增加值增长了5.16倍，扣除价格因素，年均增速达到了9.99%，规模以上工业企业年均增速更高，达到了12.51%。三是我国企业竞争力显著增强。从我国出口情况来看，在2009年以12016亿美元成为世界第一大贸易出口国，在2013年我国进出口总额首破4万亿美元，超越美国成为世界第一大贸易国，从2000年到2016年我国的货物出口年均增长达到了15.29%，进出口总额年均增长达到了14.75%。

（二）我国实体经济的研发与可持续性发展能力提高

近年来，我国以企业为主体、市场为导向、产学研相结合的技术创新体系正在稳步形成，科技创新能力显著增强，日益成为实体经济发展的强大引擎。首先，我国研发投入快速增长。我国积极实施创新驱动发展战略，科研经费大幅度增加，技术创新水平得到提升。数据显示，我国的研发投入从2006年到2016年增长了6.14倍。其次，我国研发水平的国际地位显著提高，2011年我国发明专利申请量首次超过美国，跃居世界第一位，占全球总量的1/4。2013年我国PCT国际专利申请量已跃居世界第三位。我国科技创新能力得到

---

① 截至2018年5月31日，国家统计局尚未公布2017年我国内资工业企业的相关数据。

快速提升，某些领域与欧美发达国家技术创新水平的差距趋于缩小，已经从以前的"望尘莫及"大幅提升至如今的"望其项背"。在影响未来研发走向的十大关键性领域中，我国有8项进入研发领先国家前五位，其中农业和食品生产、军事航天、国防安全、能源生产与效率、信息与通信等，领域进入前三位。最后，我国企业研发投入加大，研发能力增强。2011年开始我国研究开发人员已经居世界首位。2016年我国企业500强研发投入同比增长7.4%，研发强度为1.48%，同比提升0.19个百分点。目前，我国以企业为主体的技术创新体系日臻完善，充满活力，在实体经济发展中发挥着越来越重要的作用。

（三）我国实体经济所面临的现实问题

1. 与世界主要发达国家相比，我国的金融业相对实体经济的发展过快

党的十九大报告指出，增强金融服务实体经济能力，但如果金融业发展过快，就会脱离实体经济的发展基础，形成金融的"自我膨胀"和内部循环。从纵向发展来看，我国的实体经济发展迅速，但相比金融业增速较低；另外，从横向对比来分析，与世界主要发达国家的金融业增加值占比GDP的比较来看，我国金融业的发展过快，不但远远高于以制造业为支柱产业的德国，也超过了现代金融业发展高度发达的美国和英国。

德国由于是典型的以制造业为主的产业发展模式，金融业发展处于服务实体经济的地位，金融业增加值的GDP占比一直在发达国家中居于靠后的位置，而且自金融危机之后一直处于下降的趋势，2017年的GDP占比为3.8%，已经达到了2008年的最低水平；美国和英国的金融业GDP占比一直在发达国家中居于前列，但两者的发展趋势显著不同。美国金融业GDP占比在2008年金融危机达到最低点6.2%之后，处于增长趋势，2016年和2017年都达到了7.5%，接近于2001年最高点；英国金融业增加值GDP占比在2008年达到最低点之后与美国不同，在2009年达到最高点9.35%之后迅速下滑，2016年的金融业GDP占比为6.60%，改变了自2004年以来其金融业增加值GDP占比高于美国的趋势。日本金融业增加值GDP占比自2003年达到最高值6.07%之后一直下滑，2017年为最低点的4.17%。

我国的金融业增加值占比发展趋势与发达国家显著不同，一是增长迅速，在2005年达到最低点的3.99%之后一直保持迅速增长的发展趋势，2015年迅速攀升至8.4%，2016年和2017年分别回落至8.35%和7.95%。二是目前的金融业增加值GDP占比已经显著高于英、美等发达国家的水平，并远远高于2012年我国《金融业发展和改革"十二五"规划》所提出的金融业增加值

GDP 占比的 5% 水平。

我国金融业发展相对过快，远远高于世界发达国家的现象印证了本章的主要结论"实体经济发展迅速，但相比虚拟经济增速较缓"，表明了金融业与实体经济发展的整体失衡状态。

2. 与金融业房地产业相比，实体企业资本回报率下降趋势明显

近年来，我国宏观经济总体放缓，实体经济增长乏力，但是金融业、房地产业等虚拟经济产业的发展规模却迅速膨胀，行业利润依然保持强劲增长的发展态势。这种行业利润严重失衡的状况令人十分担忧，正是由于虚拟经济利润大，企业"脱实向虚"倾向越发明显。从整体数据上来看，近几年受产能过剩、成本上升等因素影响，制造业权益资本回报率（ROE）从 2006 年的 6.7% 下降至 2015 年的 5.4%。相比之下，房地产业和金融业的投资回报率较高，吸引了大量社会资金流入，例如，上市房地产企业的 ROE 从 2006 年的 8.2% 上升至 2013 年的 13.6%，尽管近年有所下降，但仍然保持在 10% 以上。金融业的投资回报率同样较高，2015 年，证券公司的 ROE 约为 19.6%；1 年期股权类信托理财产品收益率平均为 8.3%。

3. 我国制造业大而不强

我国制造业大而不强的问题可以从世界 500 强和全球制造业 500 强的排名来考察。第一，在世界 500 强的排名上，美国、中国和日本位居前三，我国从 2002 年的 11 家增加到 2017 年的 103 家（不含港澳台地区），但分析行业分布可以发现，虽然我国在上榜公司数量上远远超越排在第三位的日本，但除了金融业，日本企业的上榜主体是 10 家电子和通信行业公司及 10 家汽车制造业公司，来自具备创新能力的优势行业；而我国除了金融业，最多的行业分布是 19 家能源、炼油、采矿公司和 14 家房地产、工程与建筑公司。另外，在利润榜的分布上，前五名分别为美国苹果公司、中国工商银行、建设银行、农业银行和中国银行，由此可以看出我国制造业的盈利能力显著弱于金融业。第二，在全球制造业 500 强的分布上，我国大陆入选的企业 57 家，位列美国、日本之后。以营业收入计算的排名，我国有中国石化、中国石油和上汽集团，但以利润计算的排名前 10 名中没有一家中国企业。

4. 实体经济税费和融资成本负担相对过重

经营成本高企是导致实体企业生产经营困难的重要原因。近年来，我国实体企业特别是中、小、微企业，已经全方位进入了"高成本时代"，不同程度地存在用工成本上升、融资难融资贵和税费负担沉重等问题。2013 年 9 月 23

日发布的《全国企业负担调查评价报告》显示,2013年企业效益增速普遍回落,一半以上的企业存在人工成本攀升、原材料价格上涨、资金压力紧张、融资成本高、招工难等问题。税费高企导致企业不堪重负,有的被迫撤离实体经济领域,有的甚至被迫关闭和停产,企业经营环境有待优化。

(1)用工成本上升。众所周知,改革开放以来,丰富廉价的劳动力是支撑我国实体经济不断发展壮大的关键因素。但是,2004年以来我国劳动力供给逐渐从无限供给向局部短缺转变,企业面临日益严峻的"用工荒"。据统计,2012年我国15~59岁劳动年龄人口为93727万人,比2011年减少345万人,占总人口的比重为69.2%,比2011年末下降0.6个百分点,这是我国劳动年龄人口比重首次出现下降,并且在2030年以前仍会逐渐减少。同时,我国普通劳动者的薪酬逐年上升,实体企业负担沉重。

(2)中小实体企业融资难融资贵。资金是实体经济的"血液"。在企业利润日趋微薄的背景下,融资难融资贵问题长期困扰我国实体企业的发展,与其社会贡献十分不匹配,近年来备受社会关注。一是融资难问题。由于资产抵押品不足,经营状况也缺乏稳定性,即使资金严重短缺,广大中小企业也很难从正规金融机构获得信贷资源。全国工商联发布的数据显示,2016年我国95%的小微企业未曾从金融机构获得过贷款。融资难问题阻碍实体企业开展正常的生产经营活动,十分不利于企业转型升级。二是融资贵问题。银行贷款是企业获得资金的重要来源,但是高额的融资成本已经成为企业的沉重负担。目前我国中小企业融资成本包括贷款利息、浮动利息、保证金利息、担保费用、融资顾问费用、抵押物登记费用、评估费用,等等,合计高出银行贷款利率约50%,实际资金成本超过10%,有的地方高达15%~20%;有的中小企业由于抵押物少、规模受限等原因,贷款申请遭拒率高达56%,资金不足已严重制约实体企业的发展。此外,如果广大小微企业得不到正规金融机构的贷款,只好转而求助于民间高利贷。有些地区民间借贷的平均利率高达30%,极大地增加了小微企业的融资成本。如果融资难融资贵问题继续侵蚀实体企业的经营效益,最终必将阻碍实体经济发展。

(3)税费负担沉重。主要表现在两个方面:一是实体企业自身税收负担过重。近年来我国加快税改步伐,企业税负有所减轻。但是,重复征税、"高征低扣"、所得税扣除比例过低等问题仍然严重制约实体企业的发展。综合考虑税收、政府性基金、各项收费,当前我国企业税费负担较重。二是实体经济相对虚拟经济的税收负担过重。目前从课题组所了解的实体企业的税负情况来看,税负过重成为大部分实体企业会谈及的话题,例如,认为"营改增"的减税效果并不明显,社保公积金缴存比例下调等政策落实不到位。我国税收领域改革进展缓慢,目前的税收体制依然延续了计划经济时期以企业为主要征收对象的形式，仍然以间接税为主，税基比较窄，而税率比较高，由此导致我国实体企业的税负相对较重。与实体企业相比，虚拟经济在税收方面存在一定优势，例如我国仅对利率、股息、红利等征税，并不对资本利得征税，这大幅降低了资产交易类企业的税负。同时房产税征收的相对滞后，也缺少对投资或投机房地产的税负手段，造成了资本利得税在投资不动产方面的缺失，这也成为实体企业相对金融和房地产两大部门的投资回报率偏低的直接原因之一。关于房地产投资方面的资本利得税的征收德国有良好的经验供我国借鉴，在德国与房地产相关的税种主要是所得税、资本利得税、土地税、土地交易税等。为了限制炒房和投机，德国法律规定将持有的一套房产在自住10年以后卖出不用缴纳所得税（不视为投资房地产所得），如果在10年内将持有的1套或2套房产卖出，对其所得收入征收所得税（视为投资所得），如果在5年内卖出3套及以上房产，除对其征收所得税外，还对获利部分征收25%的资本利得税（视为经营性质）。

5. 社会价值缺失，企业家精神衰减

企业家精神是时代和社会造就的产物，只有在合适的社会环境中，才能发芽成长、开花结果。但目前我国急功近利、金钱至上、人心浮躁。这种环境导致了企业家的创新思想退化、冒险意识淡薄、担当精神缺失。

（1）投机严重，缺乏实业精神。国内众多上市公司、银行以及民企纷纷抛开本业，通过委托贷款或相互放贷的形式赚取主营业务外收入。在银根持续紧缩导致的资金流动性不良的情况下，这无疑能赚取超出实体经济多倍的利润。然而这种短视行为终将导致实体经济萎缩，通货膨胀加剧。一旦经济环境发生变化，企业家往往做出短期利益最大化的选择，这种选择往往造成社会整体利益的损失。同时从广大毕业生的就业渠道来看，首选去当政府公务员，工作舒适轻松，收入有保障，社会地位高；其次是垄断性国企，大型国有企业代替了外资企业、民营企业，成为高收入、高福利的好归宿；选择私企被看作无奈的权宜之计；愿意选择自主创业的比例少之又少。从长远来看，这种缺乏创业精神和担当意识的局面对我国实体经济的发展会造成严重影响。

（2）唯利是图，漠视社会责任。近年来，以瘦肉精、毒奶粉、有毒胶囊、假疫苗为代表的不卫生食品与假冒伪劣药品、企业活动造成的环境污染、各种产品质量与售后服务事件，因缺乏防护造成的职业病和生产事故等层出不穷。这些问题的产生，不仅说明企业社会责任感的缺失，更反映了政府制度规范的缺位。

（3）信用缺失，无视商业道德。当前由于现金流断裂所导致的跑路问题在江浙、山东等地区层出不穷。这些问题的出现虽然有社会整体性因素和企业经

营外部环境的原因，但企业家契约精神的丧失却是不容置疑的事实。企业家如果不能坚持基本的道德底线，更遑论履行对其他利益相关者的社会责任了。中小企业吸纳了大量人员就业，一旦企业资不抵债导致破产，或者企业主扔下烂摊子玩跑路，隐患将是巨大的。表面上是"跑路"危机，但实际上却是商业文化和信仰危机，即企业家精神的湮灭。当前我国市场经济体制尚未完善，关系就是商机、财富和生产力。不重信用只重关系的"原罪"就成为企业家挥之不去的烙印。目前，我国的企业诚信建设缺乏统一引导，信用市场环境建设急需加强，诚信管理服务非常滞后。企业因信用缺失而付出的法律成本极为低廉，付出的社会成本也微不足道。这些问题都需要解决以逐步形成我国社会主义企业家精神。

第三章
我国实体经济税费概况

对我国实体经济税费负担的分析,需要从宏观和微观两个角度出发。既分析国家总负担的情况,也要从分类税费角度来考察实体经济税费负担,进而做出总体评价。

一、我国实体经济税费总负担情况

对我国实体经济税费负担情况的分析,首先要分析国家总体负担,即宏观税负情况,再进一步剖析实体经济,即企业负担情况,包括其内部的税负结构以及费用情况等。

(一)国家总负担的内涵

宏观税负是指一个国家的税负总水平,通常以一定时期(一般为一年)的税收总量占国民生产总值(GNP)或国内生产总值(GDP)或国民收入(GNI)的比例来表示。生产力发展水平、政府职能的范围以及政府非税收入规模等是决定宏观税负水平高低的主要因素。宏观税负问题始终是税收政策的核心,宏观税负水平合理与否对于保证政府履行其职能所需的财力,发挥税收的经济杠杆作用有着重要意义。

在我国由于政府收入形式不规范,单纯用税收收入占GDP的比重并不能说明我国的宏观税负问题。根据统计政府所取得的收入的口径不同,我国通常有三个不同口径的宏观税负衡量指标:①税收收入占GDP的比重,即小口径的宏观税负。②财政收入占GDP的比重,即中口径的宏观税负。"财政收入"是指纳入财政预算内管理的收入,包括税收收入和少量其他收入(如国有资产收入、变卖公产收入等)。③政府收入占GDP的比重,即大口径的宏观税负。这里的"政府收入",不仅包括"财政收入",而且包括各级政府及其部门向企业和个人收取的大量不纳入财政预算管理的预算外收入,以及没有纳入预算外管理的制度外收入,等等,即包括各级政府及其部门以各种形式取得的收入的总和。

在这三个指标中,大口径的指标最为真实、全面地反映政府集中财力的程度和整个国民经济的负担水平。而中、小口径指标则更能说明在政府取得的收入中,财政真正能够有效管理和控制的水平。在分析我国宏观税负水平时,需要将这三种不同口径的指标综合起来进行考察。

(二)国内外几种口径说明

1. 国际组织的口径——财政负担

国际货币基金组织(IMF)在其《2001年政府财政统计手册》中明确界定了"财政负担"(Fiscal Burden)的概念,即"广义政府部门单位对经济的其他部门实行强制性转移的数量,可用税收收入和社会保障缴款之和作为近似值"。亚太经济合作组织(OECD)在其统计中使用"税收收入占GDP的比重"来描述一国的税收规模。OECD口径中,社会保障缴款属于税收,作为社保税处理,所以其计算口径与IMF口径一致。

在IMF政府财政统计年鉴中还对政府收入进行了描述,将政府收入分为四个部分,即税收收入、社会保障缴款、赠与收入、其他收入。在其他收入中,主要包括财产性收入、利息收入、出售商品和服务收入以及罚金等。由此可见,中义宏观税负(财政负担)口径并未包含全部政府收入。政府的财产性收入、利息和股息收入、罚金等政府收入并未纳入其中。

2. 国家税务总局宏观税负口径——狭义和中义宏观税负

国家税务总局宏观税负采用两个口径,我们将仅包含全部税收收入的宏观税负称为"狭义宏观税负";将包含全部税收收入和社保基金收入的宏观税负称为"中义宏观税负"。2011年,我国狭义和中义宏观税负分别为19%和24.4%。两个口径的主要差异在于社保基金收入的处理。由于我国社保基金不是税收,因此在狭义宏观税负中并未包含社保基金收入。中义宏观税负口径与国际组织的口径一致,将社保基金收入纳入宏观税负的计算中。

3. 财政部宏观税负口径——小口径广义宏观税负

财政部宏观税负包括公共财政收入(税收收入和非税收入)[①]、社保基金收

[①] 专项收入、行政事业性收费、罚没收入、其他收入。

入、政府性基金收入（不含国有土地使用权出让收入）以及国有资本经营收入，即"小口径广义宏观税负"。

4. 主要研究机构宏观税负口径——大口径广义宏观税负

社科院和北大—林肯研究中心也对我国广义宏观税负进行了估算。所采用的口径是在财政部口径基础上增加全部国有土地使用权出让收入后的政府收入，即"大口径广义宏观税负"。

（三）宏观税负水平评价

林赟等（2009）将调整后的宏观税负数据与24个OECD国家进行比较发现，我国宏观税负目前仍处于世界较低水平，但增长趋势明显，税负差距逐步缩小。以OECD测算口径为标准，2012~2015年我国中口径宏观税负为23.4%，而发达国家平均水平为35.5%；以IMF数据测算，2012~2015年我国宏观税负为18.5%左右，2013年发达国家的宏观税负为25.9%。虽然我国中、小口径的宏观税负低于世界平均水平，但按全口径计算的中国政府财政收入占GDP的比重并不低（高培勇，2010）。如果考虑我国税收之外的政府收费，实际税费负担相当沉重（杨斌，2005），即企业承担的"费负"压力较大。王小鲁（2010）根据公布的财政预算数据，发现政府财政收入占GDP的比例在1992~2008年从12.9%上升到19.5%。但如果在常规的预算收入之外，再加上政府的社保基金收入、土地出让金收入、预算外资金收入和其他没有列入以上项目的地方政府收入，占GDP的比例可能从目前财政预算账目的20%上升到40%。马海涛（2011）通过与世界各国相比发现，目前我国税负水平高于中上等收入国家，大口径宏观税负水平过高。董根泰（2014）通过面板数据模型回归分析实证分析发现，我国宏观税负被低估了，大口径宏观税负已经高于美国和日本。李万甫（2017）以IMF数据计算，2012~2015年我国大口径宏观税负在30%左右，低于发达国家42%的平均水平。除"费负"压力较大之外，增速也较快，2011年至2016年，全国非税收入增速分别为财政收入增速和税收收入增速的3倍多和6倍多（张德勇，2017）。可见，降低我国实体经济的成本，不单是降低"税负"成本，更是降低"费负"成本（吴珊等，2017）。在降低实体企业成本以创造有效供给时，减税政策的着力点在涉企收费和政府性基金两方面，由于该政策主要对地方政府造成财政压力，因此需要通过配套改革弱化地方财政压力。

在分析一国税负轻重时，不应只考察宏观税率指标，而应结合一国公共支出水平来进行分析。如孟加拉国的宏观税率在2013年仅为9%，在世界上属于较低的水平，但很少有人会认为孟加拉国的税负合理，因为该国政府提供的公共产品也十分有限。就拿公共卫生支出来说，2013年孟加拉国政府财政的卫生支出仅占全国卫生总支出的28%，占财政总支出的5.5%，占GDP的0.8%。而丹麦的宏观税率很高，2013年达到47.2%，但丹麦的公共福利制度也十分发达，其政府财政卫生支出占全国卫生总支出的85.3%，占财政总支出的16.8%，占GDP的9.6%。两国政府在公共卫生领域的财政投入不同，进而使两国公共卫生的状况也有很大的差异：2015年，孟加拉国每万人中仅有专业医务人员5.7名，丹麦则高达202.7名；同年孟加拉国的新生儿死亡率为2.3%，而丹麦仅为0.25%。面对上述两国公共卫生境况的巨大反差，人们很难得出孟加拉国税负轻而丹麦税负过重的结论。再拿我国的情况与孟加拉国进行对比，结论也是一样：2013年，我国的宏观税率为20.1%，当年政府财政的公共卫生支出占全国卫生总支出的55.8%，占财政总支出的10.3%，占GDP的3%；我国每万人口中专业医务人员31.5人，新生儿死亡率为0.55%。可见，我国政府对公共卫生的财政投入远大于孟加拉国，公共卫生状况也明显好于孟加拉国。所以，不能因为我国的宏观税率比孟加拉国高就简单地得出我国的税负比孟加拉国重的结论[①]。

事实上，我国企业承担了90%以上的各种税费，而个人承担各类税费占比不足10%。但我国是以流转税为主的税制结构，流转税（如增值税等）占我国税收比重2/3左右。流转税依附于价格，受市场供求关系的影响，企业可以实现税收成本的部分或全部转嫁，纳税人与负税人分离，企业只履行缴税义务，并非最终负担者。流转税为主体的税制结构下，税收负担充当了"调节器"的角色，对于有核心竞争力的企业，可顺利地将税收成本转嫁，而对于实力不强、缺少核心竞争力的企业，只能转嫁部分成本，表现为企业负担较重。

目前，我国开始按照国际货币基金组织（IMF）的数据公布特殊标准（SDDS）要求发布年度广义政府财政收入数据，即一般公共预算收入、政府性基金收入（不含国有土地使用权出让收入）、国有资本经营收入、社会保险基金收入的合并数据，并剔除了重复计算部分，这为衡量宏观税负提供了依据。宏观税负应为"广义政府财政收入+国有土地使用权出让收入"占GDP的比重。由此计算，2013~2016年我国宏观税负分别为35.1%、35%、33.5%、32.8%，呈逐年降低趋势，体现减税政策的降负效应。因此，可以做出基本判断：我国宏观税负仍有必要进一步降低，要注意调整宏观税负结构。

二、我国实体经济税收负担情况

在现行税费体系下，企业的税费负担主要由以下几个部分组成：一是税

---

① 朱青.对当前我国税负问题的看法[J].税务研究，2017（3）.

收，根据企业性质和行业不同分别适用增值税、营业税、消费税、企业所得税、城市维护建设税、房产税、城镇土地使用税等。二是对全部或部分行业（企业）无偿征收的专项收入和政府性基金。其中普遍征收的有：教育费附加、地方教育费附加、残疾人就业保障金；根据地方政府的规定，很多省份还征收水利建设基金（销售收入的1‰左右）、价格调节基金、河道工程修建维护费（销售收入的1‰左右或征收附加税）、工会经费等；针对特定行业征收的有文化建设事业费（娱乐业、广告业销售收入的3%）、水资源费、排污费等基金或收费项目。三是由企业承担的各项社会保险费，主要包括养老、医疗、失业、工伤、生育保险费等，由企业承担的部分约占工资总额的32%。四是行政事业性收费，包括政府部门或拥有行政管理职能的事业单位收取的管理类、登记类和证照类的各种费用。

（一）我国税收制度基本情况

现行工商税收共有30个税种，按性质和作用可分为六类：

一是流转税类。以商品生产环节和流通环节的金额或数量和非商品营业额为对象所课征的税种，包括产品税、增值税、营业税、特别消费税。

二是所得税类。就企业单位生产经营所得和其他应计所得，以及个人所得征收的税种，包括国营企业所得税、国营企业调节税、集体企业所得税、私营企业所得税、城乡个体工商业户所得税、个人收入调节税。

三是资源税类。对采掘利用自然资源形成的级差收入征收的税种，包括资源税、盐税、城镇土地使用税。

四是特别目的税类。为达到宏观调控和其他特定目的，对某些特定行为征收的税种，包括固定资产投资方向调节税、奖金税、工资调节税、烧油特别税、城市维护建设税。

五是财产和行为税类。包括房产税、车船使用税、印花税、牲畜交易税、集市交易税、屠宰税、筵席税，这些税的收入多归地方财政。

六是涉外税类。为适应对外开放的需要，设置和沿用的税种包括外商投资企业和外国企业所得税、个人所得税及工商统一税、城市房地产税、车船使用牌照税。

（二）企业税收种类及结构

1.企业税收种类

目前我国面向企业征收的主要税种有：

（1）增值税，一般纳税人税率17%，但扣除进项后，平均在4%~8%，小规模纳税人执行6%。

（2）所得税25%。

（3）资源税，包括矿产、水、石油等产品，税率不一，有从量征收、有从价征收的。

（4）营业税，一般3%~5%，但是国家逐步推行营改增，很多行业营业税逐渐停收。

（5）土地使用税，按面积征收，区域不同价格不同，每平方米0.6~30元不等。

（6）城建附加税，以增值税等为依据，城市、镇和农村分别为"增值税＋消费税＋营业税"的7%、5%、1%。

（7）消费税，只对烟酒、石油、汽车、一次性筷子、化妆品、珠宝等征收，税率不等。

（8）印花税，13个税目，按标的额的0.05‰~1‰征收。

（9）交易税，包括房、车、证券等的交易税，税率不等。

（10）排污税，对废水、废渣进行从量征收，税率不一。

（11）车船使用税，不只对企业征收。

（12）关税。

（13）车辆购置税。还有耕地占用税和契税等小税种。

在这些税种中，增值税、消费税和所得税是我国税收的主要来源（营业税随着"营改增"逐渐减少）。在征税的同时，我国鼓励出口和企业基建，实行出口退税、基建补贴、贷款贴息等一系列政策，在一定程度上实行了对企的转移支付，冲减了企业负担。

表3-1 我国税种一览表（18种）

税种类别	税种内容
流转税（3种）	增值税、消费税、关税
所得税（2种）	企业所得税、个人所得税
财产税类（3种）	房产税、车船税、船舶吨税
行为目的税类（6种）	印花税、土地增值税、城市维护建设税、耕地占用税、契税、车辆购置税
资源税类（3种）	资源税、城镇土地使用税、环境保护税
农业税类（1税）	烟叶税

2. 直接税与间接税结构

从直接税与间接税的结构来看，我国直接税占比为42%，间接税占比为58%。

与OECD国家直接税和间接税（含社保税费）相比，OECD国家直接税与间接税比例关系为70∶30，我国含社保税费的直接税与间接税比例关系为56∶44，不含社保税费的比例关系为42∶58。我国直接税比重显著偏低。

据财政部数据显示，2016年全国税收占比依次为：国内增值税（31.23%）、企业所得税（22.13%）、其他税收（12.44%）、个人所得税（7.94）、国内消费税（7.84%）、进口货物增值税、消费税（9.8%）。由此可见，企业所得税在全部税收占比排在第二位。

三、我国实体经济费用情况

（一）费用的内涵及类别

企业依法承担的税外费有工会会费、残疾人保障金和职工"五险一金"等依据工资缴纳的费用，其中工会会费为工资总额的2%，残疾人保障金视本企业残疾人就业情况计算。职工"五险一金"包括工伤保险、养老保险、失业保险、基本医疗保险、生育保险和住房公积金。企业缴纳比例为工资总额的44.1%。

以上费用合计应不超过工资总额的47%。当然还有一些企业未按要求给职工缴纳养老保险等。还有依据正税征收的教育附加费，以"增值税+消费税+营业税"为计税依据。包括国家附加和地方附加两种，还有防洪护堤费等。

（二）不同费用的征收情况

中国的社会保障基金是通过收费形式收取的，包括五种保险，不同省、自治区、直辖市之间的标准，但基本相同。以北京市为例，2016年养老保险企业要缴纳工资总额的20%、个人承担上年平均工资的8%；基本医疗保险单位要缴纳工资的9%、个人要承担工资的2%（企业另外上缴工资的1%、个人每月交3元的大额互助保险）；失业保险单位要缴纳工资的0.8%、个人要承担工资的0.2%；工伤保险全部由单位承担，按照工资的0.2%~1.9%缴纳；生育保险也全部由单位承担，按照工资的0.8%缴纳。五种保险加在一起，企业承担部分要占工资总额的42.8%~44.5%。

（三）费用水平及构成

当前，我国企业"四险一金"负担重，如表 3-2 所示，北京市城镇职工"四险一金"缴费负担合计约为 67%。养老保险名义费率高达 27%，但费基不实，征收不公平；住房公积金费率个人和单位合计高达 24%，名为强制，但实际仅覆盖城镇就业人员 30%。其中，70% 的缴存职工没有使用公积金贷款。

从我国宏观总税负来看，我国广义宏观税负与比较对象国家中位数大体相当。2011 年我国广义宏观税负为 32.01%。中偏上收入且人口大于 1000 万的国家组的广义宏观税负中位数为 31.14%。我国广义宏观税负水平高于该组 0.87 个百分点。

表 3-2　2016 年北京市城镇职工社会保险缴费负担水平①

项目		养老保险	失业保险	工伤保险	生育保险	基本医疗保险		住房公积金	总负担率
						基本医疗	大额互助		
本市城镇职工	单位	19%	0.8%	核定比例 0.2%~1.9%	0.8%	9%	1%	12%	42.8%~44.5%
	个人	8%	0.2%	0%	0%	2%	3 元	12%	22%+3 元
合计		27%	1%	0.2%~1.9%	0.8%	11%	1%+3 元	24%	65.0%~66.7%+3 元

造成企业税费负担较重的原因，更多表现在收费上（见表 3-3）。根据中国财政科学研究院"降成本"课题组的调查分析②，就缴费情况而言，缴纳排污费的企业户数、缴费金额及其占营业收入和成本费用的比重均呈上升态势。缴纳诉讼费的企业户数、缴费金额及其占营业收入和成本费用的比重均呈上升态势，且增幅明显。缴纳协会、商会等会员费的企业户数呈上升趋势，但缴费金额及其占营业收入和成本费用的比重 2016 年较 2014 年有所上升，但低于 2015 年。缴纳报纸杂志费的企业户数呈上升趋势，但缴费金额占营业收入和

---

① 中国国际经济交流中心 2016 年"社保税费（五险一金）改革"课题专题报告《加快实施职工基本养老金全国统筹，进一步完善"统账结合、两支柱、多层次"养老金体系》（指导人：刘克崮）。
② 中国财政科学研究院"降成本"课题组. 降成本：2017 年的调查与分析［J］. 财政研究，2017（10）.

成本费用的比重有所下降。就税费负担主观感受而言，无企业认为"税费负担较轻"，6.7%的企业认为"税费负担非常重"，51.5%的企业认为"税费负担合理"，41.8%的企业认为"税费负担较重"。其中，46.6%的企业认为"税费负担重在税收"，39.2%的企业认为"税费负担均重"。

表3-3 2016年涉企行政事业收费项目

序号	收费项目	序号	收费项目
1	非刑事案件财物价格鉴定费	37	卫生监测费
2	证照费	38	委托性卫生防疫服务费
	（1）机动车号牌工本费	39	防空地下室易地建设费
	（2）机动车行驶证、登记证、驾驶证工本费	40	诉讼费
	（3）临时入境机动车号牌和行驶证、临时机动车驾驶许可工本费	41	商标注册收费
3	口岸以外边防检查监护费	42	产品质量监督检验费（含工业产品生产许可证发证检验费）
4	机动车抵押登记费	43	特种设备检验检测费
5	矿产资源补偿费（不含煤炭、原油、天然气、钨、钼、稀土）	44	计量收费
6	土地复垦费	45	出入境检验检疫费（不含出口货物、运输工具和集装箱检验检疫费）
7	土地闲置费	46	设备监理单位资格评审费
8	土地登记费	47	登记费
9	耕地开垦费		（1）进口废物环境保护审查登记费
10	地质成果资料费		（2）化学品进口登记费
11	房屋登记费	48	核安全技术审评费
12	住房转让手续费	49	排污费
13	污水处理费	50	城市放射性废物送贮费
14	城镇垃圾处理费	51	环境监测服务费
15	城市道路占用、挖掘修复费	52	民用航空器国籍、权利登记费
16	白蚁防治费	53	航空业务权补偿费
17	车辆通行费（限于政府还贷）	54	适航审查费
18	船舶登记费	55	计算机软件著作权登记费
19	船舶及船用产品设施检验费	56	林权勘测费（含林权证书工本费）
20	长江干线船舶引航收费	57	植物新品种保护权收费

续表

序号	收费项目	序号	收费项目
21	无线电频率占用费	58	药品注册费
22	电信网码号资源占用费		（1）新药注册费
23	水资源费		（2）仿制药注册费
24	河道采砂管理费（含长江河道砂石资源费）		（3）补充申请注册费
25	河道工程修建维护管理费		（4）再注册费
26	水土保持补偿费		（5）加急费
27	植物新品种保护权收费	59	医疗器械产品注册费
28	国内植物检疫费		（1）首次注册费
29	农药、兽药注册登记费		（2）变更注册费
	（1）农药登记费		（3）延续注册费
	（2）新兽药审批费		（4）临床试验申请费
	（3）进口兽药注册登记审批、发证收费		（5）加急费
	（4）《进口兽药许可证》审批费	60	认证费
	（5）《兽药典》《兽药规范》和兽药专业标准收载品种生产审批费		（1）GMP认证费
	（6）已生产兽药品种注册登记费		（2）GSP认证费
30	农药实验费	61	药品保护费
31	检验检测费		（1）药品行政保护费
	（1）新饲料、进口饲料添加剂质量复核检验费		（2）中药品种保护费
	（2）饲料及饲料添加剂委托检验费	62	检验费
	（3）新兽药、进口兽药质量标准复核检验费		（1）药品检验费
	（4）进出口兽药检验费		（2）医疗器械产品检验费
	（5）兽药委托检验费	63	麻醉、精神药品进出口许可证费
	（6）农作物委托检验费	64	专利收费
	（7）农机产品测试检验费	65	集成电路布图设计保护收费
	（8）农业转基因生物检测费	66	清真食品认证费
	（9）渔业船舶和船用产品检验费	67	银行业监管费

续表

序号	收费项目	序号	收费项目
32	农机监理费（含"九二"式拖拉机牌证费）	68	证券、期货业监管费
	（1）拖拉机号牌（含号牌架、固封装置）费	69	保险业监管费
	（2）拖拉机驾驶证、行驶证（含临时）、登记证费	70	海洋废弃物倾倒、检测费
	（3）安全技术检验费	71	海洋工程污水排污费
33	渔业资源增殖保护费	72	测绘成果成图资料收费
34	渔业船舶登记或变更登记费	73	测绘产品质量监督检验费
35	农业转基因生物安全评价费	74	测绘仪器检测收费
36	草原植被恢复费	75	仲裁收费

资料来源：国家海关总署，2016年1月。

四、我国实体经济其他成本概况

（一）融资成本

清华大学中国社会融资成本指数研究项目数据显示，当前，我国社会企业融资平均成本为7.6%。其中，银行贷款平均融资成本为6.6%，承兑汇票平均融资成本为5.19%，企业发债平均融资成本为6.68%，融资性信托平均融资成本为9.25%，融资租赁平均融资成本为10.7%，保理平均融资成本为12.1%，小贷公司平均融资成本为21.9%，互联网金融（网贷）平均融资成本为21%，上市公司股权质押平均融资成本为7.24%。

社会平均融资成本为7.6%，仅是利率成本，如果加上各种手续费、评估费、招待费等，社会平均融资成本将超过8%。这只是平均融资成本，平均融资成本更多的是被较低的银行融资成本所拉低。中小企业融资成本大部分高于10%。

从我国社会融资的不同方式占比权重来看，目前，在企业社会融资中银行贷款占比为54.84%，承兑汇票占比为11.26%，企业发债占比为16.50%，融资性信托占比为7.66%，融资租赁占比为3.95%，保理占比为0.44%，小贷公司占比为0.87%，互联网金融（网贷）占比为1.10%，上市公司股权质押占比为3.39%。

（二）物流成本

中国物流与采购联合会、中国物流信息中心发布的《2017年物流运行情况分析》显示，2017年我国物流运行总体向好。运行数据显示，物流发展质量和效益稳步提升，社会物流总费用与GDP的比率持续下降。2017年社会物流总费用与GDP的比率为14.6%，比2016年下降0.3个百分点。即每万元GDP所消耗的社会物流总费用为1460元，比2016年下降2.0%，社会物流总费用占GDP的比率进入连续回落阶段。

图3-1　2008~2017年社会物流总费用与GDP的比率

从构成看，物流降本增效、货畅其流取得初步成效，物流各环节的协同性不断增强。在社会物流总费用中，运输费用6.6万亿元，占54.7%，同比提高0.9个百分点；保管费用3.9万亿元，占32.4%，下降0.8个百分点；管理费用1.6万亿元，占12.9%，下降0.1个百分点。从变化情况看，运输环节在社会物流总费用中的比重持续提高，保管环节则连续下降，表明当前物流流转速度提升，库存、资金占用时间及成本有所下降。

运输物流效率稳中有升。一是运输物流协调性增强。2017年，各种运输方式互联互通取得进展，运输费用占GDP的比率为7.99%，比2016年下降0.02个百分点。其中，铁路运输持续高位运行，航空货邮运量增速提高，水运及港口货物和集装箱吞吐量保持平稳增长，多式联运、甩挂运输、江海直达运输等加快发展，主要港口集装箱铁水联运量增长超过10%，装卸搬运费用占比连续两年小幅回落，比2016年下降0.1个百分点。二是运输物流时效持续提升。在简政放权、信息化应用、交通运输基础设施建等多举措带动下，运输环节时效持续提升。特别是电商物流等重点领域持续高效运行，2017年物流时效指数平均为121.2点，比2016年提高6.4点。库存周转效率保持较高水平。在"去产能"的大背景下，社会库存整体保持较低水平，库存周转效率保持高位。2017年中国仓储指数中的平均库存周转次数指数平均为52.1点，全年均处在扩张区间，表明仓储物流企业周转效率持续保持较快增长。

（三）电力等资源要素成本

电力、天然气等能源要素的使用成本对实体经济影响较大。从历年我国电力价格来看，随着电力市场化改革的推进，我国工业用户用电价格逐步下降，对降低实体经济成本运行起到积极作用。同时，天然气价格受国际油价、亚洲溢价等因素影响，由原来的2.4元/立方米左右，上升到目前的3.2元/立方米。其间经历了价格高峰，近两年呈现下降趋势。随着我国天然气消费量的大幅提升，进口天然气比重逐渐加大，受国际天然气价格波动的影响也越来越紧密。而且，此前我国进口大量长协天然气，价格较高，仍需要较长时间消化，可以预见，受供求因素和天然气市场因素影响，我国工业用天然气价格仍将保持较高水平。

1. 电力价格情况

从电力价格看，可主要从标杆电价和销售电价两个维度来考察。标杆电价方面，目前各省执行的标杆电价水平中，最高的是广东，为0.45元/度，最低的是新疆，为0.25元/度（见表3-4）。

表3-4　2016年各地燃煤机组标杆电价

单位：元/kWh（含税、含脱硫）

华北电网		东北电网	
北京	0.3515	辽宁	0.3685
天津	0.3514	吉林	0.3717
河北（北网）	0.3634	黑龙江	0.3723
河北（南网）	0.3497	内蒙古东部	0.3035
山东	0.3729	西北电网	
山西	0.3205	陕西	0.3346
内蒙古西部	0.2772	甘肃	0.2978
华东电网		青海	0.3247
上海	0.4048	宁夏	0.2595

续表

浙江	0.4153	新疆	0.25
江苏	0.378	南方电网	
安徽	0.3693	广东	0.4505
福建	0.3737	广西	0.414
华中电网		云南	0.3358
湖北	0.3981	贵州	0.3363
河南	0.3551	海南	0.4198
湖南	0.4471		
江西	0.3993		
四川	0.4012		
重庆	0.3796		

注：标杆上网电价含脱硫、脱销和除尘电价。
资料来源：国家发改委。

从销售电价方面，全国平均销售电价为 0.643 元/度，最高的销售电价为北京的 0.777 元/度，最低为青海省的 0.381 元/度（见表 3-5）。

表 3-5 2015 年中国各地平均销售电价

单位：元/MWh

全国平均	643.33		
北京	777.33	重庆	648.45
天津	725.50	辽宁	613.06
河北（北网）	587.68	吉林	630.54
河北（南网）	641.34	黑龙江	547.14
山东	697.75	内蒙古东部	513.20
山西	510.26	陕西	554.73
内蒙古西部	420.77	甘肃	453.00
上海	760.34	青海	381.37
浙江	747.25	宁夏	393.74
江苏	688.79	新疆	436.81
安徽	676.17	广东	697.65

续表

全国平均		643.33	
福建	644.76	广西	557.29
湖北	669.60	云南	419.22
河南	606.83	贵州	492.88
湖南	576.06	海南	734.24
江西	711.61	广州	770.09
四川	531.64		

注：平均销售电价不含政府性基金和附加。

资料来源：国家能源局，2015年度全国电力企业价格情况监管通报。

2. 天然气价格情况

近年来，我国工业用天然气价格呈现缓慢上升态势，近两年有下降趋势。2010年以来，工业用天然气价格从2.58元/立方米，上升到2017年的3.25元/立方米。其中，在2015年达到最高峰，为3.65元/立方米（见图3-2）。

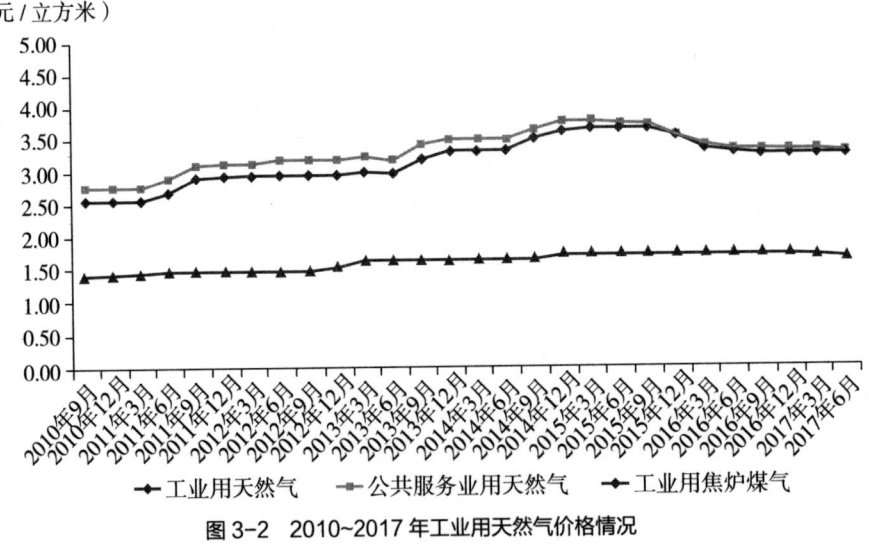

图3-2　2010~2017年工业用天然气价格情况

工业用天然气价格与公共服务业用天然气价格呈现趋同态势。2017年6月，我国工业用天然气价格为3.25元/立方米，公共服务业用天然气为3.29元/立方米。工业用焦炉煤气价格一直稳定在1.5元/立方米的水平。2017年6月为1.67元/立方米（见表3-6）。

表 3-6　36 个大中城市非民用天然气价格

单位：元/立方米

时间	工业用天然气	公共服务业用天然气	工业用焦炉煤气
2010 年 9 月	2.58	2.76	1.43
2010 年 12 月	2.57	2.75	1.45
2011 年 3 月	2.57	2.76	1.47
2011 年 6 月	2.69	2.91	1.50
2011 年 9 月	2.92	3.11	1.50
2011 年 12 月	2.95	3.14	1.51
2012 年 3 月	2.96	3.14	1.51
2012 年 6 月	2.97	3.20	1.50
2012 年 9 月	2.96	3.21	1.50
2012 年 12 月	2.97	3.22	1.56
2013 年 3 月	3.00	3.24	1.66
2013 年 6 月	2.97	3.20	1.64
2013 年 9 月	3.21	3.43	1.65
2013 年 12 月	3.32	3.50	1.65
2014 年 3 月	3.32	3.50	1.67
2014 年 6 月	3.32	3.50	1.67
2014 年 9 月	3.51	3.65	1.67
2014 年 12 月	3.60	3.75	1.73
2015 年 3 月	3.65	3.77	1.73
2015 年 6 月	3.65	3.74	1.73
2015 年 9 月	3.65	3.71	1.72
2015 年 12 月	3.52	3.55	1.72
2016 年 3 月	3.33	3.40	1.73
2016 年 6 月	3.29	3.34	1.72

续表

时间	工业用天然气	公共服务业用天然气	工业用焦炉煤气
2016年9月	3.26	3.32	1.72
2016年12月	3.26	3.32	1.72
2017年3月	3.27	3.34	1.69
2017年6月	3.25	3.29	1.67

资料来源：中国价格协会能源供水价格专业委员会，能源市场价格行情。

五、我国实体经济在发展中面临的税费问题及原因

（一）实体经济主要税费问题

1. 企业总税率与盈利能力不相匹配

近20年，我国宏观税负增长迅速。1996年，我国宏观税负仅为9.6%，到2012年已涨至18.6%，短短16年的时间增长了近1倍。从税负构成及承担者来看，我国企业承担了90%以上的各种税费，个人承担的各类税费占比不足10%。相比较而言，西方国家个人所得税和社会保险税（费）占比较高，企业直接负担的税费显得并不高。

根据世界银行和普华永道会计师事务所发布的《2017年全球营商环境报告》显示，2016年中国总税率高达68%，远高于世界平均水平，位列世界第12。其中，总税率排在中国前面的国家大多是来自非洲和南美洲的欠发达国家；主要发达国家总税率则明显低于中国，如美国、日本的总税率分别为44%和48.9%；同为发展中国家的印度总税率也较高，为60.6%。虽然各国税费和社保体制差异较大，横向比较有失偏颇，但不可否认的是，总税率指标反映出一个重要问题，即同大多数国家相比，中国企业的税负水平与其盈利能力并不匹配。

在我国，增值税收入占税收比重高达25%左右，"营改增"之后该比值将更高，若考虑进增值税影响企业利润的因素，那么我国企业所缴纳税费占商业利润的比例将会增大，企业的获利空间进一步缩小。西方发达国家的税收绝大多数来自直接税，在总税率的计算过程当中并未把增值税列入，这是我国总税率高于发达国家的另一主要原因。"营改增"过程中，企业发生无法取得可以抵扣的进项税票、应收账款坏账损失、由于缴纳增值税而计算缴纳的城市维护建设税和教育费附加等情况都会对企业利润产生影响。

2. 企业缴纳社会保险费偏高

从税负的转嫁性来看，收费往往与政府提供公共产品和服务有关，与企业具体的经营活动相关联，难以转嫁。我国社保缴费大部分由企业承担，该部分费用占商业利润的比重高达48%以上，这是导致我国总税率过高的主要原因之一。而一些高福利的发达国家，如美国，只有一半的社保缴费由企业承担，此项费用占商业利润的比重仅为10%左右。"五险"增加了企业的经营成本，特别是劳动密集型企业负担很重。社会保险缴费偏高不仅给企业造成很重的负担，由于职工拿到的现金更少，也对提升社会消费有一定的抑制作用。

根据毕马威会计师事务所的统计，2016年部分发达国家雇主缴纳的社会保险费费率分别为意大利30%、奥地利21.5%、德国19.33%、荷兰18.47%、卢森堡15.2%、日本14.59%、英国13.8%、美国7.65%、加拿大7.58%。目前世界上只有墨西哥（51.15%）、法国（43.4%）、斯洛伐克（35.2%）三国企业雇主的社会保险费费率超过中国[①]。

3. 非税项目繁多

目前，我国各级政府面向中小企业征收的行政收费项目多达五六十类。一是行政事业性收费。对中小企业征收各种费用的部门较为复杂，收费项目繁多。二是费用摊派支出。如要求捐款、摊派绿化费、强制订报纸杂志、收取行业协会会费等。三是非正常费用负担，如针对有关部门请客公关，费用一般占企业产值的3%~10%。除教育费附加、地方教育费附加外，许多省份以销售收入等为税基向企业征收水利建设基金、价格调节基金、河道工程修建维护费，按照安置残疾人就业的数量征收残疾人就业保障金。这些非税收入项目加重了企业负担。[②] 近20年来，我国政府非税收入增长迅速。1996年，我国非税收入占GDP的比重仅为0.7%，2015年已增至4.0%，增长了近6倍。2016年，随着政府减费政策的推出，该比重减至3.9%，较2015年减少了0.1个百分点。

据全国工商联粗略统计，目前向中小企业征收行政性收费的部门有18个，收费项目达69个大类，负担较重。我国于2009年1月1日、2013年1月1日和2013年8月1日三次取消和免征部分行政事业性收费共163项。尽管如此，许多企业仍反映，真正降低企业收费负担仍面临难题。

---

① KPMG. Employer social security tax rates［EB/OL］. https：//home.kpmg.com/xx/en/home/services/tax/tax-tools-and-resources/tax-rates-online/social-security-employer-tax-rates-table.html，2017-03-07.

② 张斌. 我国小微企业税费负担的现状、问题与对策［J］. 国际税收，2015（3）.

（二）造成实体经济税费问题的原因

1. 税收结构不合理

对18个税种所组成的现行税制体系而言，其中直接税占比仅25%左右，而间接税占比高达75%；93%的税收收入由企业缴纳，来自居民缴纳的税收收入占比很低；针对居民个人征收的财产税尚属"空白"。这表明，中国现行税制缺乏调节收入分配的手段。同时环境税尚未出台，资源税税率偏低；而以经济调节为主要功能的特别消费税，征收范围较窄，征收环节单一，税率结构欠优化等问题，也使其在节能环保、收入分配方面的调节作用较弱。

2. "营改增"适应过程

目前，"营改增"红利未充分释放。"营改增"等改革对国家、企业的管理水平要求比较高，有些企业因为自身管理没有跟上，抵扣链条又不是很完整，操作比较困难。一方面，无法完全抵扣的情形在短时间内存在，将表现为企业税收负担比原来较高；另一方面，部分企业原有财务制度不健全，存在偷税漏税情形，使其原本应承担的税负没有承担，但因"营改增"改革而体现出来，表现为税负增高。

3. 企业为职工缴纳社会保险费的负担过重

我国企业要为职工缴纳养老、医疗、失业、工伤和生育保险（俗称"五险"）的社会保险费，这部分社会保险费是国家依法强制征收的，它按职工工资总额的一定比例缴纳。由于职工工资具有较强的刚性特征，因而企业缴纳的社会保险费难以向职工转嫁，只能作为成本费用由自己负担，冲减企业的利润。在这种情况下，社会保险费对企业利润的影响与企业所得税是相同的。

目前，国际上都把社会保险缴费视为一种税收。在世界上180多个国家中，约有25个国家的社会保险费是按税收进行征收管理的，例如美国、英国、加拿大、挪威、瑞典、芬兰、冰岛、荷兰、斯洛文尼亚、匈牙利等国，社会保险费都由税务机关负责征收。

根据世界银行和普华会计师事务所联合发布的《纳税（2017）》[①]，我国企业为工人缴纳的各种税费过高（主要是企业为职工缴纳的"五险一金"），相当于企业实现利润的48.8%，而这个指标除了法国（53.5%）和比利时（48.9%）比中国高以外，其他许多国家如瑞典（35.4%）、奥地利（34.2%）、德国（21.3%）、荷兰（19.4%）、日本（18.4%）、韩国（13.6%）、英国（10.9%）、

---

① World Bank Group，Paying Taxes 2017，pp.103-122.

美国（9.8%）、丹麦（3.2%）等国都比中国低。而直接对企业利润课征的税收（企业所得税），其与企业利润之比2016年我国仅为10.8%，这个指标远低于奥地利（16.9%）、意大利（17%）、韩国（18.2%）、英国（18.3%）、丹麦（19%）、德国（23.2%）、日本（26.2%）、美国（28.1%）等发达国家的水平，也比一些发展中国家如越南（14.4%）、印度尼西亚（16.9%）、柬埔寨（19.5%）、印度（20.6%）、秘鲁（21.4%）、泰国（21.6%）、马来西亚（22.7%）、智利（23.9%）、巴西（24.9%）等要低很多。

4. 非税收费项目繁多是造成税负较重的主因

目前，我国涉企收费名目仍较多，费负高于税负。有企业反映现在民营企业发展困难，表面上办执照等很多费用都减少了，但是还有一些隐性费用依然存在。地方向民企收取的各种行政事业性收费、评估费、产品检测费、罚款和各种摊派比较多，有的企业统计，民营企业平均税负甚至是国有企业的2倍。

专项收入、涉企行政事业性收费和政府性基金隐蔽颇深、以非税形式存在的"费负"给实体经济造成较大压力。这三项费用名目繁多，有些费用甚至是经济发展特殊时期的产物，如新型墙体材料专项基金收入，随着科技进步过去新型的材料已经属于普遍性产品，但是收费项目依据存在（该项收入在2019年4月1日取消）；三项费用之间有重复收费，如排污费和污水处理费既是专项收费也是涉企行政事业性收费；收费项目明确的收费标准，在现有资料无法查阅到各省市的专项收入标准，导致实体经济所面对的费用成本具有不确定性；在专项收入、涉企行政事业性收费和政府性基金三项费用中，收费单位与企业信息不对称，导致乱收费现象仍然存在。①

5. 制度性交易成本偏高，加重税负

从企业经营实际来看，企业仍面临较高的制度性成本。具体表现为：一方面，获得人力、资金、技术、先进设备等要素资源的成本较高，这里面既包括资源本身的成本，还包括大量为获取该要素而额外付出的制度性成本。另一方面，虽然国家不断下放和简化审批程序，但企业办事仍存在各种"难"言之隐，行政效率不高、资源占用时间长、效果不确定等因素加重企业负担。

一些民营企业反映，党的十八大以来，经济发展的软环境有所好转，但政府"不作为"的问题更加突出②。一些部门的工作人员在岗不在状态，在位不做事，不担事、不管事、不担当、不负责，不该做的事不敢做，但应该做的事也

---

① 林木西，崔纯. 我国实体经济税费成本现状及财政政策建议［J］. 地方财政研究，2017（5）.
② 朱青. 对当前我国税负问题的看法［J］. 税务研究，2017，3（386）.

不去做。虽然政府单位的门好进了、工作人员脸好看了，但事情难办了。部分企业反映，很多大项目，即使条件都具备，各个方面都符合要求，但由于涉及的政府部门领导没有工作动力，不研究、不考察、无态度、无要求、无时限，因为不签字致使工程迟迟不能启动；即使签字了，也会因为相关审批手续周期过长，使企业无法第一时间投入生产运营，无形中增加了企业的成本。

六、完善实体经济税费体制的政策建议

（一）完善财政体制，优化税制结构

新一轮税费制度改革可持续优化税费结构。稳定宏观税负；清费，减费，降低费、金占比；扩大税收范围，提高税收占比；降低社保费、金负担；降低间接税比重，做大直接税。做小间接税，如增值税、消费税；增加环境、资源、财产税比重；做大地方税体系；全面提升税费征管能力。

1. 降低间接税比重

降低增值税税率。2012年实施"营改增"以来已累计减税近2万亿元。建议分期、逐步下调增值税税率。在宏观税负稳定的前提下，提高直接税占比。调整消费税税率，有升有降。降低一般消费品消费税税率。提高奢侈品消费税税率。降低养老保险负担、住房公积金负担。

2. 提高直接税比重

提高个人所得税比重。培养全民国家意识，互助情怀，纳税责任。做大个税，充分发挥调节功能：增加低收入者收入，扩大中等收入者比重，调节过高收入。实现普遍纳税，税率累进，负担公平，量能负担。同步推进个税扩面和增收。

做大房地产税，调节收入分配，提高土地资源利用效率，抑制土地浪费。构建地方税体系，优化地方政府收入结构，提升社区公共服务。提升资源、环境等税收的地位。

（二）清理收费、降低费用水平

一是进一步释放"营改增"政策红利。全面落实企业重组改制税收优惠政策，企业通过合并、分立、出售、置换等方式，转让全部或者部分实物资产以及与其相关联的债权、负债和劳动力的，涉及的货物转让不征增值税，涉及的

不动产、土地使用权转让暂不征收增值税。

二是适当降低纳税人城镇土地使用税负担，在一定期限内（如三年），各市政府可根据本地实际情况，在现行税额幅度内，提出降低城镇土地使用税适用税额标准的意见，报省政府批准后执行。

三是全面降低费负。降低民营企业尤其是小微民营企业税费负担，税务机关应根据企业实际情况和相关政策规定小微企业征收方式，不得强制要求小微企业进行税务代理；严格执行项目审批零收费制度，及时兑现各类惠企政策，任何单位不得强制企业以参加学会、协会、培训班和订阅报纸杂志、赞助活动等名义变相收取费用。

（三）降低制度性交易成本

一是推行"一站式"审批、集中审批和网上审批，减少涉企审批事项的人力与时间耗费。要使企业与政府的交往成本最小化，就要把涉及企业登记与审批的事项集中起来，使企业登记与审批事项不必分时间、分部门地逐一办理。

二是建立政府政策、制度发布平台，减少企业信息不对称。各级政府，尤其是基层政府，应当建立政府政策与制度的发布平台，使企业方便地掌握相关的政策与制度，减少企业与政府间的信息不对称。

三是促进部门间信息共享，减少因信息分割带来的交易费用。通过电子政务系统建设，推动非保密信息的共享，让企业提供自证材料的过程在政府间信息共享中解决。

第四章
实体经济税费国际比较及经验借鉴

从国内外税收制度改革实践来看，美国、英国、日本、印度、韩国等典型国家通过财税体制改革，支持实体经济发展。有必要对国外经验和实践做法进行总结，提炼对我国的启示。

一、实体经济税费负担国际比较

（一）税收负担国际比较

2016 年，世界银行和普华永道会计师事务所发布关于全球企业税负情况的报告，统计了 190 个国家和地区反映企业税费负担指标的总税率，2016 年所有国家（地区）平均总税率为 40.6%，而中国总税率为 68%，远高于平均水平，居世界第 12 位。总税率排在中国前面的国家主要来自非洲和南美洲的欠发达国家，如总税率世界最高的国家是非洲的科摩罗伊斯兰联邦共和国，高达 216.5，南美的巴西总税率为 68.4%，略高于中国。主要发达国家总税率也明显低于中国，如德国总税率为 48.9%，美国总税率为 44%，英国总税率为 30.9%。不过金砖国家总税率并非中国最高，如巴西高于中国，印度总税率也达到 60.6%，俄罗斯总税率为 47.4%。

2017 年 11 月，OECD 发布《2017 年度税收收入统计报告》指出，总的来看，经济合作与发展组织成员的税收收入占其国内生产总值的比率的平均值，在 2016 年再度上升到了 34.3%，2015 年为 34.0%。2016 年经济合作与发展组织国家中税收收入占国内生产总值比率最高的三个国家分别是丹麦、法国和比利时（分别是 45.9%、45.3% 和 44.2%），最低的三个国家分别是墨西哥、智利和爱尔兰（分别是 17.2%、20.4% 和 23.0%）。除了加拿大、爱沙尼亚、爱尔兰、卢森堡和挪威，所有国家的税收收入占国内生产总值的比率，从 2008 年全球危机后都增长了；大多数（18个成员国）达到或超过了其危机前的最高比率。2016年税收收入占国内生产总值的比率增幅最大的是希腊（2.2%）和荷兰（1.5%），跌幅最大的是奥地利和新西兰，各下跌1个百分点。从平均来看，税收收入占国内生产总值的比率显著达到了从1965年以来的最高值，其中在2000年和2007年都分别达到了最高值。

按照宏观税负为"广义政府财政收入＋国有土地使用权出让收入占GDP的比重"来计算，同口径下横向国际比较。根据IMF数据库2015年数据计算，美国、英国、法国、瑞典、巴西、俄罗斯的宏观税负分别为31.8%、38.5%、53.5%、49.8%、41.5%、41.1%。按此计算，我国宏观税率为33.5%，从数字上并不高于发达国家。但从收入支出构成看，发达国家，特别是欧洲国家福利支出相当高，对民众社会保障水平较高，导致其宏观税率高。与之相比，我国在福利支出上仍有差距，在比较宏观税负时应充分考虑支出结构差异。

（二）费用水平国际比较

各国非税收入类别有所差异。如美国联邦政府非税收入占经常性财政预算收入的5%左右，州政府非税收入占15%左右。而非税收入的主要来源有：捐赠、政府所有的企业和公共财产收入、公共设施使用费、行政性收费、罚款和没收资产收入，其中非税收入的主体是各种收费。加拿大政府由联邦、省和地方三级构成。1994~2012财年，加拿大联邦政府非税收入由110亿加元增加到330亿加元，年均增长6.9%，占联邦财政资源的比重由8.0%上升到13.2%。其非税收入来源主要有五个方面：国有自然资源收入；政府收费收入；商品与劳务的专卖收入；国有资产经营收益；博彩专营收入。

根据OECD的统计，2014年，政府的非税收入（使用费收入，Userfees）占GDP的比重，美国（州）为3.87%，瑞典（地方）为2.56%，奥地利（联邦）为2.3%，丹麦（中央）为2.1%，芬兰（地方）为5.3%，法国（中央）为2.1%，葡萄牙（中央）为2.7%。

近年来，随着清理涉企收费、取消或减免部分行政事业性收费等因素影响，我国政府非税收入持续下降。2017年，我国非税收入为2.82万亿元，比2016年下降6.9%，增速5.2%大幅回落。2017年非税收入占GDP的比重为3.4%。

（三）其他经营性成本比较

1. 融资成本比较

从融资成本看，发达国家对实体经济，特别是中小企业融资都有较好的优惠政策，企业融资成本均较低。根据世界银行数据，2010年以来，美国、英国和日本等发达国家贷款利率均低于我国贷款利率。其中，美国贷款利率稳定在3.25%~3.5%。英国贷款利率长期处在0.5%的较低水平。日本贷款利率呈逐年下降态势，从2010年的1.6%下降到2016年的1.04%。同时，德国贷款利率出现上升趋势，由2011年的3.68%上升到2016年的5.85%。韩国贷款利率呈下降趋势，由2010年的5.51%下降到2017年的3.48%。其他国家中，澳大利亚贷款利率由7.28%下降到5.24%，俄罗斯贷款利率出现明显上升，最高达到15.72%，到2016年下降到12.6%。越南贷款利率下降幅度较为明显，由2010年的13.14%下降到目前的7%左右。印度贷款利率由10%以上，小幅降到10%以下。与各国相比，我国贷款利率呈现下降趋势，特别是2015年以来，稳定在4.35%，虽然高于美、英、日等国，但与周边其他国家相比仍较低。

表4-1 2010~2017年各国贷款利率

单位：%

国家 年份	中国	美国	英国	德国	日本	韩国	澳大利亚	俄罗斯	越南	印度
2010	5.81	3.25	0.50		1.60	5.51	7.28	9.10	13.14	10.17
2011	6.56	3.25	0.50	3.68	1.50	5.76	7.74	9.30	16.95	10.17
2012	6.00	3.25	0.50	3.99	1.41	5.40	6.98	9.40	13.47	10.60
2013	6.00	3.25	0.50	5.17	1.30	4.64	6.18	9.47	9.63	10.29
2014	5.60	3.25	0.50	4.95	1.22	4.26	5.95	11.14	8.16	10.25
2015	4.35	3.26		5.08	1.14	3.53	5.58	15.72	6.96	10.01
2016	4.35	3.51		5.85	1.04	3.37	5.42	12.60	6.96	9.67
2017	4.35					3.48	5.24		7.40	9.51

资料来源：世界银行。

2. 电力等要素成本比较

从电力成本看，发达国家，如法、英、美、韩等国工业电价水平较低，均在0.1美元/度左右。特别是美国，一直稳定在0.07美元/度以下的水平。俄罗斯在0.05美元/度左右。与国外相比，我国大部分地区非居民用电价（不含政府性基金）约为0.6元/度，加上政府性基金后，达到0.8元/度，部分地区的商业电价水平更高，均在1元/度以上。换算成美元电价的话，为0.1~0.18美元/度。相当于美国工业电价的2倍，俄罗斯电价的3倍左右。

表 4-2　部分国家工业电价

单位：美元/kWh

年份\国家	法国	德国	日本	韩国	英国	美国	俄罗斯
2000	0.04	0.04	0.14	0.05	0.06	0.05	—
2005	0.04	0.08	0.14	0.05	0.06	0.06	0.03
2006	0.04	0.08	0.14	0.06	0.08	0.06	0.04
2007	0.05	0.09	0.14	0.06	0.08	0.06	0.05
2008	0.08	0.10	0.15	0.06	0.10	0.07	0.05
2009	0.08	0.11	0.15	0.07	0.11	0.07	0.05
2010	0.09	0.11	0.14	0.07	0.10	0.07	—
2011	0.09	0.13	0.15	0.08	0.10	0.07	—
2012	0.10	0.13	0.16	0.09	0.11	0.07	—
2013	0.10	0.14	0.17	0.10	0.11	0.07	—
2014	0.11	0.15	0.19	0.11	0.12	0.07	—
2015	0.11	0.15	0.16	0.10	0.15	0.07	—
2016	0.11	0.14	0.16	0.10	0.15	0.07	—

注：表内数据均为平均值，现价。美国不含税。
资料来源：IEA，Energy Prices & Taxes-2017Q2。

从图 4-1 中可看出，在各国的工业电价水平中，日本电价一直在较高的水平，为 0.14~0.19 美元/度。而美国的电价一直保持较低水平，这与其较高的电力市场化程度有关。

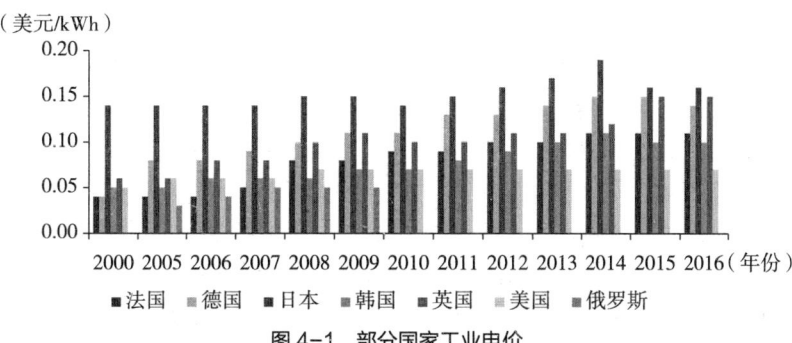

图 4-1　部分国家工业电价

从天然气价格来看，加拿大、韩国、英国、美国等国家发电用天然气价格出现分化，以韩国为代表的亚洲国家，受溢价因素影响，天然气热值计价的水平为 30~66 美元 /MWh。英国略高，为 12~28 美元 /MWh。美国发电用天然气价格水平呈现持续下降趋势，特别是美国页岩气革命以后，其发电用天然气价格更是低于 10 美元 /MWh。

表 4-3 部分国家发电用天然气价格

单位：美元 /MWh（基于总热值）

年份\国家	加拿大	韩国	英国	美国
2005	17.4	29.3	12.6	28.0
2006	17.1	35.4	15.9	23.6
2007	17.1	35.4	15.3	24.2
2008	18.2	58.1	20.4	31.2
2009	14.5	37.3	17.4	16.1
2010	13.6	44.5	18.1	17.3
2011	11.8	53.2	23.7	16.1
2012	9.8	56.4	26.5	11.7
2013	12.4	60.3	28.5	14.8
2014	—	66.1	23.4	17.0
2015	—	44.3	24.2	11.0
2016	—	33.6	17.2	9.8

资料来源：IEA，Energy Prices & Taxes-2017Q2。

从图 4-2 中可看出，韩国发电用天然气价格显著高于其他发达国家。而美国发电用天然气价格一直处于较低水平，近两年更是低于 10 美元 /MWh。

从工业用天然气价格来看，日本、韩国等亚洲国家仍是价格较高的国家，为 30~75 美元 /MWh。而美国、英国、加拿大等国工业用天然气价格水平明显较低。特别是美国工业用天然气价格一路下降，由 2005 年的 28 美元 /MWh 下降到 2016 年的 11.6 美元 /MWh。俄罗斯更是因其为产气大国，工业用天然气价格一直处于 10 美元 /MWh 以下的水平。目前，国内天然气仍未以热值计价。若将 2017 年我国工业用天然气价格 3.25 元 / 立方米按热值换算，价格为 292.5~325 元 /MWh，合 43.33~48.14 美元（2017 年平均 1 美元兑 6.75 元人民币计）。

（美元/MWh，基于总热值）

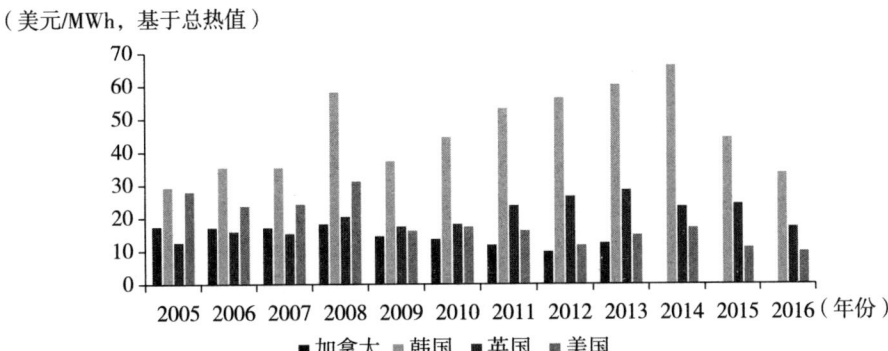

图 4-2　部分国家发电用天然气价格

表 4-4　部分国家工业用天然气价格

单位：美元/MWh（基于总热值）

国家 年份	加拿大	法国	日本	韩国	英国	美国	俄罗斯
2005	22.70	25.60	36.90	31.30	17.50	28.00	4.60
2006	19.90	31.60	42.30	36.70	22.20	26.00	5.34
2007	15.00	29.10	44.60	39.90	17.70	25.30	6.59
2008	24.30	40.00	—	42.80	26.00	31.90	8.54
2009	12.70	30.40	44.10	47.60	24.10	17.60	7.33
2010	10.60	35.20	46.50	54.90	22.70	17.80	9.37
2011	11.40	41.50	54.40	60.30	27.50	16.90	—
2012	8.90	44.60	59.60	66.00	30.10	12.80	—
2013	10.60	43.70	68.20	66.60	33.20	15.30	—
2014	13.30	41.50	74.20	67.60	30.20	18.30	—
2015	10.20	42.10	47.70	49.70	33.30	12.90	—
2016	13.80	36.50	—	40.90	24.90	11.60	—

注：表内数据均为平均值，现价。美国不含税。

资料来源：IEA，Energy Prices & Taxes-2017Q2。

（美元/MWh，基于总热值）

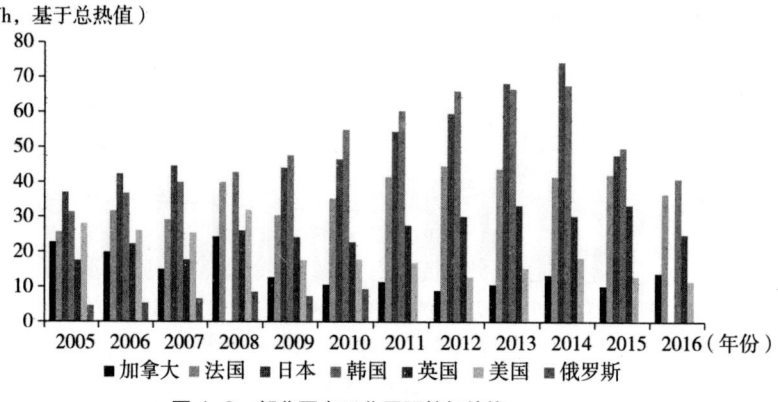

图4-3 部分国家工业用天然气价格

从图4-3中可看出，日、韩两国受亚洲溢价影响，工业用天然气价格明显高于其他发达国家。特别是日本，其天然气97%为进口，受国际天然气价格影响较大。法国同样面临相对较高的天然气价格。而美国、加拿大、英国、俄罗斯等工业用天然气价格显著较低。

3. 物流成本比较

从数据上看，我国物流成本占GDP的比重要高于发达国家，但这不能简单得出我国物流成本费用负担高于发达国家的结论。日本物流成本约为当年GDP的11%，美国物流成本约为当年GDP的8%。我国物流成本占GDP的比重由2008年的18.1%下降到2017年的14.6%，虽已大幅下降，但较发达国家仍高出3~7个百分点。

事实上，对物流成本的评价不仅要考虑单位GDP同等物流量条件下的比较，还要考虑同等物流量的运距和同样的仓储作业量、储存时间等因素，进行综合比较。根据王拥军（2016）的调查，物流成本占GDP的比例取决于三个因素：单位GDP的货运量、平均运距和物流费率。产生同样1美元的GDP，在不同的经济结构里产生的货运量是不一样的，不同国家的地理结构和人口分布会对平均运输距离产生非常大的差异；同样1吨货物运输1千米的物流费率也不相同。以中美物流成本为例，据测算，2015年美国GDP比中国高近1倍，但货运量只有中国的1/3。每万美元GDP，美国需要7.7吨货运量，而则中国需要48.7吨，美国约是中国的1/6。从平均运输距离看，中国425千米，美国552千米，美国比中国多30%。从吨公里物流费用率看，中国吨公里的物流总成本（包含运输、仓储、管理和其他增值服务）为0.09美元，而美国为0.21美元，约为中国的1倍。这一结果是把所有的物流总成本分摊到周转量的结果，并非简单的吨公里运输成本。可见，美国的物流成本要高于中国。

4. 总体评价

根据对融资成本、电力、天然气和物流成本等费用的分析，我国企业各类经营性成本明显高于其他国家。融资成本仍显著高于发达国家，特别是中小企业因缺少抵质押物，需支付担保等费用，其综合融资成本达到8%~10%，相当于日本的8倍左右。电力成本上，我国工商业电价仍较高，约为美国的2倍、俄罗斯的3倍，这既与电价中含有多项政府性基金和附加有关，也与电力市场化改革推进缓慢、市场机制不健全直接相关。天然气方面，虽然我国逐渐成为全球主要的天然气消费国和天然气增量需求最大的国家，但在国际天然气市场上并没有与之相匹配的话语权，往往被动接受高价，为美国、俄罗斯等国的4~5倍。特别是在"煤改气"等政策的影响下，进口LNG价格居高不下，大大增加了国内用气成本。物流成本方面，虽然近年来有明显下降，但物流成本占当年GDP的比重仍高于发达国家3~7个百分点，未来仍有较大下降空间。

总体来看，我国正处于经济向高质量发展、向绿色转型发展的时期，既要保证一定的经济增速，促进实体经济稳步发展，也要推进实体经济创新和绿色转型发展。这就需要逐步优化相关领域体制机制，切实降低实体经济运营成本，以支撑企业创新积累。改革现有融资体系，加大中小金融机构、风险投资、资本市场等建设力度；加快推进电力、天然气等能源体制机制改革，放开市场化环节，加大第三方准入力度，切实降低电价、气价；加快推进现代物流体系发展，提升物流周转效率和资源利用率，进一步降低物流成本在GDP中的比重。

二、典型国家税费改革支持实体经济发展的主要做法

（一）美国

美国目前总体奉行的是扩张性财政政策，包括减税、免税、增加公共投资等措施。美国2013财年预算案包括：短期内促进经济增长、增加就业机会；2013年对增加就业和提高工资水平的小企业提供10%的税收减免。而且，联邦政府还采取措施改善中小企业融资；国会参议院通过了总额高达1490亿美元的失业救助法案，延长失业保险和失业者医疗保险。

美国在《2014财年财政收入计划的总体说明》中提出：①为鼓励小企业增加新的职位以及提升工资，符合条件的工资的10%可以抵免企业所得税。

尽管在经历了严重的经济衰退后，美国经济正在缓慢复苏，私营企业也增加了就业岗位，但是税收抵免政策仍能刺激就业岗位和员工工资水平的增加，这将有助于更多的美国人重返就业岗位。②对于投资用在符合资格的先进能源制造项目的限定产权财产，为其提供另外的税收抵免政策。此外，美国总统奥巴马呼吁国会立即开始个人所得税和经营课税的改革工作，这将有助于削减赤字和创造更多的就业机会。

1. 美国税制的特点

美国是一个由三级政府（联邦、州和地方）构成的联邦制国家，三级政府各自行使属于本级政府的税收立法权和征收权①。联邦税以所得税和社会保险税为主体，州税以所得税和消费税为主体，而地方税以房产税为主体。概况来讲，美国税制有以下几个特点。

第一，美国的税收制度实行分税制。联邦、州和地方分别进行税收的立法和征管，相互独立、高度规范、法制化程度高。美国的税收以联邦税为主，州政府的税法需与联邦税法和利益一致。地方政府的税收立法权在州政府。

第二，美国税收收入中以直接税和所得税为主体。在诸多税种中，个人所得税能够很好地调节居民收入分配，在美国税收收入中占比70%以上。

第三，同多数国家一样，美国实行的也是多税制度。美国税收制度经过长期的不断改革和完善，逐步确立了以个人所得税、社会保险税为主体，涵盖公司所得税、遗产税、礼品税、消费税、财产税等主要税种的复合税收体系。

2. 美国税收收入结构

美国税收收入由联邦税收、州政府税收、地方税收三部分组成。三级政府税制相对独立，税收收入比重也相对稳定，大约为6∶2∶2。联邦税收由所得税（个人、企业）、社会保险税、消费税、遗产与赠与税、关税组成。

2016年，联邦税收收入在联邦总收入中的比例达到95.26%。个人所得税在联邦税收收入中占比最高，约为50%；其次是社会保险税约36%，企业所得税约10%。州政府税收主要由所得税、一般消费税和总收入税构成，2016年分别约占州政府税收收入40%和32%。财产税是地方税收的主要来源，近年来平均占比高达75%左右。

---

① 王淑清.美国税改的一点启示[J].国际商贸，2018（1）.

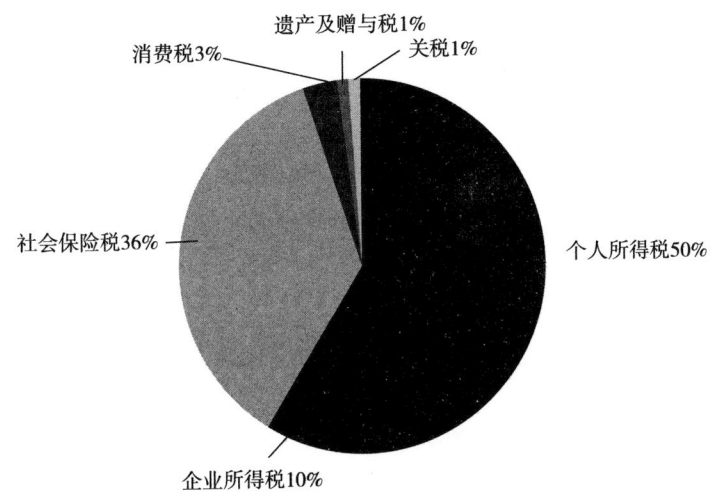

图 4-4　2016 财年美国联邦政府直接收入结构

资料来源：Wind，方正证券。

3. 美国税制改革的思路

自 1986 年里根政府税改以来，美国现行联邦税制已经运行了长达 30 年之久，一直支撑着美国经济的高效运转，但 2008 年金融危机暴露了这套税制的局限性。近 10 年来，联邦政府债务翻了一番多，而现行税制并没有能筹措充足的财政资金。因此，美国逐步推进联邦税制改革。

第一，实行综合税制改革，增加财政收入是税制改革的主流思想。综合税改是对税收制度的根本性改革，或是对两种以上具体税收制度的改革，如同时改革企业和个人所得税。综合税改的政策选项主要包括修订税基、扩大税收范围、对现行税制进行全面或部分修订等。美国各界的税改争论更加倾向于进行综合税改，如改革美国的国际税制，为促进跨国企业海外盈利尽快回归。通过税制改革强化税收管理，降低税收封顶、加强信息披露、防止作弊。主要思想都是着眼于联邦财政困难的现状，通过税制改革，重振美国经济。

第二，改革所得税制以增加财政收入。所得税改革的核心是扩大税基。国会要求尽量削减或废除税式支出相关政策，其中包括自住房屋抵押贷款利息折扣、房产税折扣等。此外还有一些扩大税基的政策领域，例如，通过对大型穿透企业的征税将增加财政收入，而确立降低海外企业递延利润的征税政策，也有助于增加财政收入。所得税改革要简化征收程序，降低个人所得税和公司所得税法定税率，并减少个人所得税纳税标准档数。扩大税基将部分抵消降低税率后的财政收入损失，再适当增加其他增收措施，就能在十年的预算窗口期内实现财政收入中性。

第三，顺应全球化潮流实施新型消费税制。美国国内呼吁把联邦所得税体制改造成消费税制度的声浪越来越高。为了增加联邦财政收入，有经济学家提出单一税的建议，认为联邦政府应当实施增值税、零售税、单一税的综合税制。所谓单一税，是针对企业经营所得征收的工薪税与现金流转税，这部分纳税本质上相当于增值税，但是要从中间去除养老金缴费和工资部分作为税基缴税，一些个人消费部分也将不计入税基。实施增值税和零售税都将提高联邦政府财政收入，开征环境保护税或者金融企业税也可以增加财政收入。

第四，调整税式支出政策使联邦税制更加科学。联邦政府的税式支出政策涵盖很广，面对每年减收财政收入数额巨大的严重扭曲，长期以来各种利益集团不断呼吁联邦政府尽快研究改革税式支出的方案。

2016 财年预算报告提出了通过限制分项抵扣、减少纳税义务的思想，其核心是减少各州较高所得纳税人的抵扣数值。这项政策与 AMT 综合调整后，将进一步降低优先项目的抵扣数值。有人估计，限制州与地方税收抵扣后，个人所得税率将下降 50%，同时财政收入仍能保持中性。

4.《减税与就业法案》

2017 年 11 月 2 日，美国众议院共和党人公布了长达 429 页的《减税与就业法案》。法案拟对美国的境内外企业和家庭进行减税，并鼓励境外企业把留存在外的收入带回美国。法案的主要内容包括以下方面。

第一，企业所得税。税改方案将企业税从 35% 下调至 20%，一次完成减税。对于非公司体制的小企业，则征收不超过 25% 的税率。对带回美国的海外收入也有大规模减税，现金类资产和工厂设备等流动性不强的投资税率分别为 12% 和 5%。企业可以分 10 年完成纳税。据高盛估计，美国企业的海外留存收入达到 3.1 万亿美元。

第二，个人所得税。税改方案对个人减税。据估计，对于一个年收入 5.9 万美元的中等收入家庭来说，每年能少纳税 1182 美元。具体而言，个人所得税率从 7 档合并到了 4 档。对于共同报税的夫妇，起征点为年收入 2.4 万美元。4 档税率则分别为 12%（年收入低于 9 万美元）、25%（年收入低于 26 万美元）、35%（年收入低于 100 万美元），以及对于年收入高于 100 万美元的人群，征收 39.6% 的税。儿童税收抵扣从 1000 美元上调至 1600 美元。

第三，遗产税。遗产税基本被废除。从 2018 年起，遗产的免税额度从 560 万美元提高到 1100 万美元，然后在 6 年间逐步废除。这是此前民主党抨击特朗普借税改为富人"送礼"的方案之一。在减税的同时，一些原本的抵扣优惠也被取消或是缩水。慈善捐赠抵税继续保留，但房屋抵押贷款利息抵扣缩水一半。各州与本地的税收抵扣被加以上限，学生贷款利息、医疗费用、搬迁、赡养费支付的税收抵扣都遭到了取消。税改法案将刺激美国的企业投资和居民消费，也有利于美国境外公司的利润和资本回流，带动美国的就业和经济增长。据估计，税改计划将会使美国 GDP 增加 9%，还能创造不少于 200 万份新的工作岗位，这是美国史上最大规模的减税。

（二）日本

1. 降低企业税负

2017 年 11 月，日本自民党税制调查委员会召开总会，公布多项税改议题和初步设想，其中"促进加薪税制"和"促进企业扩大设备投资税制"以及"促进中小企业继承税制"三项改革，被视为对特朗普税改的回应。总体上看，日本不追随美国全面下调企业所得税率，2018 年仍维持中央及地方法人税的实质综合税率降至 29.74% 的既定方针，但针对给员工加薪幅度超过一定比例的企业以及新增设备投资增长超过一定幅度的企业加大税收优惠力度，将这些企业的综合实质税率降至 25%。

（1）促进加薪税制。按照日本政府目前的税制改革规划，2018 年日本中央及地方的企业所得税的名义综合税率将降至 29.74%，此次提出的新税改设想，不对普遍税率做出调整，而是针对给员工加薪幅度同比超过 3% 的企业，允许将加薪支出从法人税税额中扣除，将加薪企业的实质综合税率降至 25%。此项改革的目的是通过刺激个人收入增长扩大消费，从而带动日本经济早日走出通缩阴影。

（2）促进企业扩大设备投资税制。目前尚未公布具体措施，但自民党税制调查委员会称，针对设备投资比上一年度增长明显的企业，也将设定税收减免等优惠制度，激励企业加大投资力度。

（3）促进中小企业继承税制。日本的中小企业经营者面临缺乏接班人的困境。为了鼓励企业平稳交接，日本政府将在 2018 年的税制改革当中，扩大有关继承中小企业股权所涉及的继承税及赠与税的优惠力度。按日本现行税法规定，为了确保企业后继经营者持有绝对控股权，继承人在继承发生前所持有的"股权＋继承后新增的股权"，总额在该企业非上市股权 2/3 以内的部分，可以享受暂缓缴纳继承税的优惠，但享受此项优惠的前提是在继承开始 5 年之内必须确保雇用员工人数不低于继承时的 80%。如果继承人持有股权直至死亡，则免除征收暂缓缴纳的税款。日本现在的企业经营者的平均年龄为 60 岁，为了鼓励企业经营者尽早交班，降低经营者平均年龄，日本针对赠与税也出台了类似的优惠税制。但即使利用此项税制，可以暂缓缴纳的税额实质上仅为应纳税额的 53%，中小企业经营者发生更替，将面临很大的税收压力。据日媒测算，到 2025 年日本将有近 130 万户中小企业因经营者后继无人，面临关闭或转让的危机。基于以上原因，自民党税制调查委员会提出，撤销"三分之二以内股权"的限制，将暂缓缴纳的范围扩大至所有未上市股权，确保应纳税额 80% 以上的部分可以实质上享受到暂缓缴纳的税收优惠，希望通过经营权的平稳过渡，确保中小企业员工的稳定就业。

2. 新税改大纲

2017 年 12 月，日本政府决议通过了规模达 2 万亿日元的新一轮经济刺激方案，其中一项主要内容是对积极加薪、投资和创新的企业给予减税，相关政策将集中在 2020 年之前完成。

此次日本税改的主要目标是"把税率负担降到在国际上有竞争力的水平上"。此前的草案称，通过培训、加薪积极投资人力资源的公司将会获得一定程度的减税优惠，仅这一项就可能将这些公司的实际税率减免 20% 左右。此外，日本将对在机械、家电等与物联网相关的领域开展设备投资的企业，降低法人税。此次成为减税对象的设备将涉及数据交流和利用中必需的传感器、服务器、软件等，还包括涉及机器人制造等的机床、人工智能（AI）等。

安倍晋三上台以来，日本政府一直在降低企业实际税率。自 2012 年底安倍晋三第二次上台至今，日本企业整体实际税率已经从 37% 下降到 29.97%。2018 财年，该税率预计将继续下降至 29.74%。

（1）减免企业所得税。企业所得税则以员工加薪 3% 以上或设备投资等为条件实施减税。虽然企业所得税实际税率（2018 年度为 29.74%）本身没有变化，但适用减税政策的大企业的实际负担将减轻至 20% 左右。如对每名员工平均涨薪 3% 的大企业，及对每名员工平均涨薪 1.5% 的中小企业，将被最多减免 20% 的企业所得税。对企业进行有条件的减税，有利于提高大部分工薪族的可支配收入，同时调动企业提高生产率的积极性。

（2）个人所得税调整。日本政府和执政党敲定了对年收入超过 850 万日元（约合人民币 49.54 万元）的工薪族增税的方针。但如果家里有 22 岁以下孩子和需要护理的人，将被排除在增税对象之外。有分析认为，在包括公务员在内的工薪阶层中，200 万 ~250 万人将成为增税对象，合计将增收 900 亿日元。在对年收入超过 850 万日元的人群的增税方案中，对有养育孩子的人有税收上的减免，实际上鼓励了生育，从长远来看对日本的经济发展是有利的。

（3）森林环境税。通过个人居民税每人每年增加 1000 日元用于保护森林，计划于 2024 年实施该税种。此外，国际观光旅客税也计划于 2019 年 1 月起增加征收，针对出国的商务人士及旅游者每人征收1000日元。

此次减税的一大目的是让海外资本回流，同时避免资金外流，调动国内企业积极性。

（三）印度

1. 印度GST改革

2017年7月，印度正式开征增值税性质的货物劳务税（GST）。这次改革被称作"印度建国以来最大的一次税改"。印度GST改革是2005年邦增值税改革的深化。从改革内容看，具有四大显著特征。

一是双轨制。"双轨制GST"是指对邦内的货物和劳务提供，由中央政府和邦级政府分别征收中央货物劳务税（CGST）和邦货物劳务税（SGST）。对于邦际交易和货物进口，则由中央征收综合货物劳务税（IGST），即CGST和SGST的综合。

印度邦级政府包括29个邦政府和7个中央直辖区，其中5个中央直辖区未设立法机构，因此，其GST由中央立法，称为"中央直辖区GST"，其他2个设有立法机构的中央直属区和29个邦则分别由其立法机关（邦级议会）立法通过各自的"邦GST"（SGST）。

印度实行"双轨制GST"是务实的选择。按照理论上规范的增值税制，增值税宜由中央政府在全国范围内统一征收，但历史上印度宪法赋予邦级政府对邦内货物交易拥有征税权，在实践中邦内货物交易则由邦级政府各自征收"邦销售税"（2005年多数已改为邦增值税）。而且，印度目前仍是以间接税为主，间接税约占总税收收入的2/3，而邦政府直接征收的收入（不包括与中央税分享的收入）更是98%依赖间接税，其中，来自传统销售税（邦增值税）的收入约占60%。也就是说，GST改革对邦政府的收入影响很大。因此，印度GST改革必须以保障邦级政府的这种征税权和稳定其收入为前提。

二是统一税种，简化流转税制。税改前，印度流转税制非常复杂：邦内货物销售由各邦征收税率不统一的邦增值税。邦际货物销售由中央立法征收中央销售税（实际委托由销售方所在邦征收，收入也归该邦政府）。国内生产的货物销售（无论是邦内还是邦际销售）由中央征收不规范的增值税型的中央消费税（进口货物不征国内税，而通过附加关税的方式替代征税）。劳务提供由中央征收增值税型的服务税。

此外，邦政府也对烟、酒、奢侈品等特定货物征收邦消费税，如烟税、酒税、奢侈品税等。许多县、市政府对进入辖区内的货物征收"购置税""货物入市税"，对某些劳务征收娱乐税、博彩税等零星间接税。

开征"双轨制 GST"后，原由中央和邦政府征收的上述主要流转税原则上取消。

三是统一税率，降低税负。统一税率是指在印度全国范围内针对相同税目，实行统一的 GST 税率。印度新实施的 GST 主要设有 5%、12%、18%、28% 四档税率，主体税率为 18%，其中，CGST、SGST 各占一半，即各征 2.5%、6%、9% 和 14%。对出口实行零税率。

此外，对上年度营业额不超过 750 万卢比（特定邦为 500 万卢比）的企业实行简易征收，征收率因行业而异：制造业 2%，餐饮服务业 5%，其他行业 1%（即 CGST、SGST 的征收率分别减半，为 1%、2.5% 和 0.5%）。对上年度营业额未超过 200 万卢比（东北部部分特定邦为 100 万卢比）的企业免征 GST。

税改前，税种多、税率差异大，就以邦内货物交易需要缴纳的邦增值税和中央消费税两大主税种为例，各邦征收的增值税税率差异也较大，而且税率档次众多，标准税率一般为 12.5%~15%，其他税率有 1%、4%、10% 或 20% 等。中央消费税（又称中央增值税）按税目设定税率，主体税率 2015~2016 年度为 12.5%，实际税率因税目不同为 8%~360%。

GST 改革以后，税率大为简化：一是消除了地区间的税率差异，在全国范围内实行统一的 GST 税率。二是税率档次减少。三是税负总体下降。GST 主体税率为 18%（CGST、SGST 各为 9%），与税改前邦增值税主体税率（12.5%~15%）、中央消费税主体税率 12.5% 相比，总体下降趋势明显。

税负下降更主要地体现在进项抵扣范围的扩大。税改前，虽然中央消费税、服务税、邦增值税都允许进项税抵扣，但只限于各税种内的进项抵扣，相互之间并不能进项抵扣，因此，重复征税相当严重。GST 改革以后，原则上 CGST、SGST 与 IGST 的进项允许相互抵扣（不过 CGST 与 SGST 不能互抵），抵扣范围和抵扣链条比较完整，不仅能降低税负，而且更有利于实现比较彻底的出口退税。

四是立法同步，彰显税收法定。印度这次 GST 改革虽然难度很大，但仍然坚持法定程序，通过相应的税收立法来推动改革，改革的分歧和矛盾都放在立法的平台上去博弈和协调。虽然立法效率不是很理想，但立法透明度较高。印度 GST 改革的主要法律依据包括：《第 101 次宪法修正法》《中央货物劳务税法》《综合货物劳务税法》《中面直属区货物劳务税法》《货物劳务税（对各邦补偿）法》，以及各邦级立法机关于今年 5~7 月先后通过的《邦货物劳务税法》。

2.改革局限性

建立统一、规范的 GST 制度是适应市场化、国际化发展的必然趋势。印度的 GST 改革顺应了这种趋势，因此，具有重要的现实意义。但受印度政治体制和不同利益集团博弈的影响，印度 GST 改革相当不彻底，存在明显的局限性，主要表现在：一是 CGST、SGST 双轨并存，增加税制的复杂性。二是 GST 税率档次偏多，除上述四档基本税率外，实际还包括对钻石、未经加工的宝石以及金、银等少量项目适用 3% 或 0.25% 的低税率，对特定奢侈品和不健康商品除适用 28% 的高税率外，还另征特别税，征收率也有三档。更主要的是，税目达 1000 多个，各档税率适用项目较多，主体税率不够突出，而且税率变动可能性较大。GST 委员会至今已对税率做了几次调整，但纳税人仍面临困难。三是免税项目过多，货物项目近 150 项，服务项目 97 项。四是为减少对邦政府收入的过大影响，饮用白酒未纳入 GST 征收范围，汽油等 5 种石油产品暂时未纳入 GST（具体由 GST 委员会决定开征时间）。

（四）韩国

1.韩国的税收管理体制

现行韩国税收管理体制分国税系统和地税系统，国税系统负责国内税（国内税又可以分为直接税和间接税）、关税和其他一些目的税的征收；地方税系统划分为省级（道）地税系统和市县级（市郡）地税系统，不设立中央地方共享税[①]。目前韩国国税的直接税主要有个人所得税、企业所得税、遗产与赠与税。间接税主要有酒税、开发消费税、增值税、印花税和证券交易税。以上构成了国税的主体部分。除此之外，还有四种由国税厅征收的目的税，即交通能源环境税、教育税、综合不动产税和农渔村特别税，目的税的税收收入直接划入事先指定的政府项目。地方税分为省级（道）地税和市县级（市郡）地税，其中省级（道）地方税又分为普通税和目的税，县市级（市郡）地方税也分为普通税和目的税两种。

（1）增值税。从税基上看，韩国实行的是消费型增值税，即对纳税人购入的所有物品或劳务所含的增值税均予以扣除。韩国增值税征税范围很广，凡销售货物、提供劳务、进口货物的自然人、法人和不具法人资格的社团、财团等，无论是否以盈利为目的，都属于增值税课税范围之列。

韩国在 1971 年制订的长期税制改革计划中决定引进增值税，经过 6 年的准备，于 1977 年 7 月 1 日正式实施。从税基上看，韩国实行的是消费型增值

---

① 张永学.韩国税收负担研究［D］.吉林大学博士学位论文，2011.

税，即对纳税人购入的所有物品或劳务所含的增值税均予以扣除。韩国将所有劳务纳入征税范围，从理论上说，只有把所有物品与劳务的销售都纳入征税范围，才能使增值税环环相扣且税负公平。税率为10%，实行单一税率。一部分纳税人和我国一般纳税人的计税方法相同，这部分纳税人占全部纳税人30%左右，余下的纳税人采取简化纳税的方法（我们所说的小规模纳税人），税率也为10%，不像我国对小规模纳税人另行规定征收率。

（2）个人所得税。韩国采用综合分类所得税制，其综合所得税是将劳务所得（工薪所得）、利息所得、股息所得、不动产租赁所得、经营所得和其他所得加总按照累进税率征税。韩国分类所得税制主要对三种税目征税，即资本收益、退休收入及山林所得。韩国个人所得税一个很大的特点就是在税法中详细规定每一个税目应该执行的费用扣除标准，并且费用扣除不是一成不变的固定金额，而是将税基划分为几个级距，每一级距间费用扣除比例不同，一般是级距越高，费用扣除比例越低。使税收的重点主要针对高收入人群。

（3）地方税。韩国共有248个地方自治区，其中广域地方自治区有16个，基层地方自治区有232个。广域地方自治区包括1个特别市、6个广域市（相当于我国的直辖市）和9个道（相当于我国的省）。基层地方自治区包括232个市郡（相当于我国的县、区）。韩国的地方税结构是以不动产课税为主的税制体系。在17个税目中，契税、登记税、财产税、车辆税、综合土地税、城市规划税、公共设施税7个税目属于财产税类。整个地方税收收入中所得税类税收占12.2%、消费税类税收占3%、其他税金占0.9%，而财产税为课税对象的税金占68.7%。

2. 金融危机后的韩国税制（1997~2007年）

这一时期税制改革的目的是摆脱金融危机，改革韩国的经济结构，刺激国内投资与消费，吸引外国直接投资，恢复经济增长，增加财政收入，对税制进行了较大规模的调整。

1998年，韩国公布了外国投资促进法案（PIPA），旨在促进外国直接投资。对于具有现金技术的外国直接投资7年内免征收企业所得税和个人所得税；进口的投资设备免于征收关税、增值税和消费税；5年内免征收部分地方税。

1999年，为了鼓励投资和消费，对风险投资公司的股票期权收入免征个人所得税。减征或免征研究和开发费用的税款。

1999年5月，在特别税务待遇控制法（STTCL）中，规定了要对外国直接投资（FDI）进行税收鼓励。

这一时期的税制改革增加了韩国的财税收入，强化了对中低收入纳税人的税收支援，刺激了投资和消费，促进了产业结构的调整并刺激了外国直接投资的增加，提高了企业技术研发活动的积极性，使韩国在短时间内摆脱了金融危机。

3. 税制修正（2007年至今）

韩国政府于2007年9月1日公布了近10年来规模最大的税制修正案。为应对世界高油价以及支持与刺激本国企业投资，鼓励与创造就业岗位，韩国此次减税的规模空前，超过26万亿韩元，其内容涵盖个人所得税、企业所得税、综合房地产税、转让税以及对研究开发项目扩大赋税减免等各个方面。韩国政府将通过这一减税案，在李明博总统任期届满的2012年以前具备7%的经济增长能力。韩国政府确定的税制改革案将分两个方面推进落实：一是减轻民众和企业的国税负担，二是使税收制度合理化和简单化。也就是说，除了减轻国税负担以外，还将完善税收制度，组建高效率、高投资、高增长的结构。韩国2007年的税收负担率为22.7%，争取到2012年降至20%。

降低个人所得税和企业所得税减轻税收负担，降低转让税、综合房地产税、继承税、赠与税等实现税制合理化。韩国政府在降低转让税率的同时，为稳定房地产价格，加强房地产市场调控措施，还大幅降低企业继承税率，让具有竞争力的企业实现可持续发展。与此同时，对研究开发项目扩大赋税减免，将2006年占国内生产总值3.2%的研究开发投资，在2012年以前提升至5%。总之，韩国政府为了创造就业岗位和寻求新的增长动力，想通过减税使资金留在民间，以搞活民间经济。

4. 税收结构

（1）国税收入占绝大部分比重。韩国的税收体系是由国税和地方税组成的，国税分为国内税和关税，地方税分为普通税和目的税，分别由不同的机构来管理，国内税是由国税厅来管理的，关税则是由关税厅管理的，地方税当然是由地方政府来管理。其中，国税主要来自所得税和间接税，地方税主要来自与财产有关的税收。在韩国的税收收入当中，国税收入占的比重较大，1975年为89.8%，到了1995年有所下降，为78.8%，之后又开始上升，到了1999年为81.5%。进入21世纪后，维持在78%左右。从2005年到现在，国税和地方税的比例一直维持在78.1：21.9，国税占绝对优势。

（2）从间接税为主向以直接税为主转化。过去，韩国的税收收入，是以间接税为主的，1965年占57.1%，1970年占56.5%，1975年占60.5%，1980年占63.1%，1985年占60.7%，1988年占55.1%。

近年来，随着韩国经济的发展，税制的完善，税基的不断扩大，直接税的税收收入开始超过间接税的收入,成为韩国主要税收来源。直接税主要包括个人所得税、企业所得税、资本利得税、社会保障税和财产税等。一般来说,财产税占税收总额比重较小,但也要视具体情况,所以以直接税为主体的税制结构,实际上就是以所得税为主体的税制结构。选择所得税作为主体税种,可以较好地体现课税公平合理的原则。韩国属于以直接税为主体的税制结构。

三、典型国家税费改革支持实体经济发展的经验

(一)降低税收比率,减轻企业负担

2018年国际金融危机以来,各国均采取减免税措施,以降低企业生产经营负担,应对金融危机带来的影响。如美国采取大规模减税措施,大幅降低企业所得税比率,降低个人所得税,废除遗产税,旨在做大中间阶层。再如,日本立足本国实际,提出降低中小企业税收负担的三项措施,对符合条件的企业实施税收减免。

(二)直接税为主体现税负公平原则

从国外税收结构来看,发达国家税收收入中,直接税比例均高于间接税,是国家税收的主要来源。直接税是对企业直接生产经营行为和社会主体的行为进行直接征税,体现了税负公平原则。间接税容易加重企业负担。我国目前仍以间接税为主,企业是税负承担的首要主体,表现为企业的税收负担偏重。因此,亟待借鉴国外经验,优化我国税制结构,提高直接税比重,降低间接税比重。

(三)定向减免企业税负,增加企业资本积累

从发达国家实践看,均将税收作为普惠性、基础性手段来调控经济活动。金融危机以来,典型国家为提升国内企业创新活力,增强研发投入,纷纷采取定向减免企业税负的措施,以达到促进企业加大研发投入资金,增加先进设备采购,增强企业资本积累的目的。如日本采取新一轮经济刺激政策,主要措施就是通过税收的定向减免,对采购先进设备的企业给予税收减免。

四、对完善我国税费体制的启示

（一）降低间接税比重

降低增值税税率。分期、逐步下调增值税税率。在宏观税负稳定的前提下，提高直接税占比。调整消费税税率，有升有降。降低一般消费品消费税税率。提高奢侈品消费税税率。降低养老保险负担、住房公积金负担。

（二）提高直接税比重

提高个人所得税比重。培养全民国家意识，互助情怀，纳税责任。做大个税，充分发挥调节功能：增加低收入者收入，扩大中等收入者比重，调节过高收入。实现普遍纳税，税率累进，负担公平，量能负担。同步推进个税扩面和增收。

做大房地产税，调节收入分配，提高土地资源利用效率，抑制土地浪费。构建地方税体系，优化地方政府收入结构，提升社区公共服务。提升资源、环境等税收的地位。

（三）定向降低企业税负，提升企业创新能力

目前，我国对实体经济发展的支持手段仍以资金直接支持为主，虽然在一定程度上促进了相关产业的快速发展，但也难免造成产业重复建设、低端竞争的情形，财政资金支持的效果大打折扣，同时给中央财政造成了较大负担。因此，应妥善运用税收工具。税收工具具有普惠性，可通过定向减免，加大企业对先进设备、技术、创新人才等的投入，以增强企业创新能力。如日本实施对技术的税收减免政策，对采取新一代信息技术、大数据、物联网、3D打印等，采购相关设备的，给予税收减免，极大地促进了相关新技术的应用。因此，我国应改变以行业为着力点的政策支持方式，弱化行政性点选项目的色彩，通过税收定向减免方式，对社会实施普惠性激励，真正发挥市场配置资源的作用。

第五章
合理降低社保费用,减轻实体企业负担

一、我国实体企业社保费用高

(一)社会保险与社会保险费

《社会保险法》第二条规定,国家建立基本养老保险、基本医疗保险、工伤保险、失业保险、生育保险等社会保险制度,保障公民在年老、疾病、工伤、失业、生育等情况下依法从国家和社会获得物质帮助的权利。所以,社会保险是社会保障制度的一个最重要的组成部分,由政府举办,强制用人单位和个人依法按照规定的数额和期限将其收入的一部分向社会保险管理机构为职工个人缴纳社会保险费形成社会保险基金,在满足一定条件的情况下,被保险人可从基金获得固定的收入或损失的补偿,它是一种再分配制度,目标是保证物质及劳动力再生产和社会稳定。其本质是不以营利为目的、具有所得重分配功能的社会安全制度。

社会保险主要包括基本养老保险、基本医疗保险、失业保险、工伤保险、生育保险。其中,基本养老保险是国家和社会根据一定的法律和法规,为解决劳动者在达到国家规定的解除劳动义务的劳动年龄界限,或因年老丧失劳动能力退出劳动岗位后的基本生活而建立的一种社会保险制度;基本医疗保险是当劳动者生病或受到伤害后,由国家或社会给予的一种物质帮助,即提供医疗服务或经济补偿的一种社会保障制度;失业保险是对因失业而暂时中断生活来源的劳动者提供物质帮助进而保障失业人员失业期间的基本生活,促进其再就业的制度;工伤保险是指国家和社会为在生产、工作中遭受事故伤害和患职业性疾病的劳动及亲属提供医疗救治、生活保障、经济补偿、医疗和职业康复等物质帮助的一种社会保障制度;生育保险是指通过国家立法规定,在劳动者因生育子女而导致劳动力暂时中断时，由国家和社会及时给予物质帮助以确保劳动者基本生活及孕产期的医疗保健需要的一项社会保险制度。

五项保险分别对应基本养老保险费、基本医疗保险费、失业保险费、工伤保险费、生育保险费，此五项统称为社会保险费。需要指出的是，社会保险与商业保险的自愿契约性质不同，缴纳社保是法律强制的，雇员与雇主不能达成不缴社保的协议，雇主也不能把相当于社保金的钱直接给雇员。

（二）企业负担的社会保险费

1. 社会保险费纳费人

社会保险费的分担主体是国家、企业和个人，其中以企业、个人双方供款、国家负最后责任最为普遍，我国采用的也是这种方式，即企业和个人为社会保险费纳费人，具体纳费方式为企业和个人费率差别分担制。

2. 纳费基数

职工个人以本人上年度工资收入总额的月平均数作为本年度月缴费基数，其中，新进本单位的人员以职工本人起薪当月的足月工资收入作为缴费基数；参保单位以本单位全部参保职工月缴费基数之和作为单位的月缴费基数。

职工的上年度工资收入总额，是指职工在上一年的1月1日至12月31日整个日历年度内所取得的全部货币收入，包括计时工资、计件工资、奖金、津贴和补贴、加班加点工资、特殊情况下支付的工资。

缴费基数有上下限。上限是指职工工资收入超过上一年省、市在岗职工月平均工资算术平均数300%以上的部分不计入缴费基数；下限是指职工工资收入低于上一年省、市在岗职工月平均工资算术平均数60%的，以上一年省、市在岗职工月平均工资算术平均数的60%为缴费基数。

3. 企业纳费费率

2015年，失业保险费率由3%降为2%，工伤保险费率由1%降为0.75%，生育保险费率由不超过1%降为不超过0.5%。2015年12月召开的中央经济工作会议提出了"三去一降一补"五大供给侧改革任务。其中，在降成本中，进一步指出要降低社会保险费，研究精简归并"五险"。

2016年4月13日国务院常务会议决定，为减轻企业负担，增强企业活力，促进增加就业和职工现金收入，在2015年已适当降低失业、工伤和生育三项社保费率的基础上，从2016年5月1日起两年内，一是对企业职工基本养老保险单位缴费比例超过20%的省份，将缴费比例降至20%；单位缴费比例为

20%且2015年底基金累计结余可支付月数超过9个月的省份,可以阶段性降至19%。二是将失业保险总费率由现行的2%阶段性降至1%~1.5%,其中个人费率不超过0.5%。上述两项措施的具体方案由各省(区、市)确定。2016年5月底,上海、重庆等十几个省份出台降费方案。

2017年国务院再阶段性地降低失业保险费率,失业保险总费率为1.5%的省(区、市),可以将总费率降至1%,降低费率的期限执行至2018年4月30日。

表5-1 近年来我国各省(区、市)企业社保费负担费率情况

类别	年份	企业负担费率				
		2014	2015	2016	2017	2018
基本养老保险费		≥20%	≥20%	19%或20%		
基本医疗保险费		6%~8%				
失业保险费		2%	<2%	<1.5%	<1%	
工伤保险费		1%	≤0.75%			
生育保险费		≤1%	≤0.5%或≤1%			
2017年底总费率		25%以上,最高可达30.25%				

注:①社保费费率在中央统一要求的基础上,由各省(区、市)自定。②社保缴费基数根据上年度当地社会平均工资确定,不得低于上年度当地社会平均工资的60%,不得超过上年度当地社会平均工资的300%。

资料来源:根据国务院常务会议新闻通稿整理。

2018年4月4日,国务院常务会议决定,将阶段性降低企业职工基本养老保险单位缴费比例、失业保险及工伤保险费率政策期限延长至2019年4月30日。

(三)我国实体企业社保费用高

1. 企业主观感受负担重

2014年12月28日,时任国务院副总理马凯指出,基本养老保险缴费水平确实偏高,企业觉得负担重。这是官方首次坦承中国社保费率高。2015年11月初,中国企业家调查系统公布的数据显示,54.7%的企业经营者认为社保、税费负担过重。大到TCL,小到各类小微企业,各个行业的企业经营者对社保费用高的个案反映不胜枚举。企业之所以有如此感受,除社保费率高之外,还有与缴费基准下限相关的在岗职工平均工资方面的三个原因。

一是可能高估。在岗职工平均工资是指各国有经济、城镇集体经济和其他各种经济类型单位及附属机构的在岗职工得到的劳动报酬的平均数。但在实际统计中，民营企业的薪酬往往不易统计，从而统计结果主要以国有企业为主，平均工资可能高估。

二是参考指标有瑕疵。如上所述，我国社保缴费基数下限的参考指标是上一年度工资的平均数，而非国际通用的中位数，由于工资机构与人员结构的金字塔形态普遍存在，这可能进一步造成高估。

三是刚性增长。企业职工缴费基数下限为上一年度省、市在岗职工月平均工资算术平均数的60%。随着我国经济长期保持中高速增长，多数省、市职工月平均工资逐年保持8%~10%的增长，缴费基数下限逐年刚性增长。

2. 已有研究测算结果与国际比较

2016年8月29日，国家发改委社会发展研究所研究报告指出，我国企业职工社保总费率为企业职工工资总额的39.25%，在列入统计的173个国家和地区中列第13位。这其中，主要是基本养老保险费率偏高，占比达28%，医疗保险占6%~8%，其余三项保险费率之和占比为3%~5%，在所知各国中居第34位，处于中等偏上水平。而在39.25%的比例中，约有30%的比例是由企业承担的。

在人均GDP为3000~10000美元的中等收入国家中，我国处于社保缴费负担最重行列，约为墨西哥的4.76倍、泰国的3.84倍和菲律宾的3.04倍（杨宜勇、关博，2016）。总体水平已与欧洲高福利国家看齐。

从我国社保费中占比最高的基本养老保险来看，我国基本养老保险费率既高于欧盟国家22.5%的平均水平，也高于OECD成员国19.6%的平均水平，甚至是韩国的3倍多，美国和加拿大的2倍多。其中，就企业雇主的缴费而言，中国20%的费率是法国的2倍，美国、日本的3倍，加拿大、瑞士和韩国的4倍（郑秉文，2016）。

社会保险的费率问题直接涉及社会保障的筹资规模，一国社会保障的筹资规模是由本国的人口结构、社会保障制度模式选择来决定的，还与社会保险制度的覆盖范围、覆盖人群有关，且在形式上，有的国家社会保障筹资是通过一般税收的方式来实现的，有的国家是通过强制的商业保险来进行的，其社会保障的筹资是不计算在社会保险费率之中的。此外，还有一些发展中国家，保障项目相对较少，覆盖范围较窄，表现出来的费率不高。所以，可能对于一个国家社会保险费率的高低不能简单地做国别的对比，但如果透过这些形式，直接考察各国企业为雇员承担的社保负担，我国实体企业社保负担重已是举国共识，企业对社保减负有很强期待。2015年底，中央经济工作会议提出，要降低社会保险费，研究精简归并"五险一金"。

（四）我国实体企业社保费负担重的负面效应

1. 阻碍经济增长，影响企业国际竞争力

企业承担过高的社保缴费比例会抬高企业用工成本，抑制企业研发和创新支出，影响企业必要的加薪能力。特别是经济增长进入新常态以后，劳动要素价格上涨和创新支撑不足，企业扩大再生产的负担越来越重，外向型企业国际竞争力降低，掣肘经济增长。

2. 引发道德风险，降低社保费收入

一种十分普遍的现象是，很多地方政府从地方竞争和招商引资出发，公开将原本决定的基本养老保险最低缴费基数为当地社会平均工资的60%改为40%，相当于变相降低费率。这加剧了雇主与地方当局、雇员激励的合谋，逃费现象增多，在多缴多得的对等原则基本缺位，激励相容机制问题没有解决，加之执行力不完全的背景下，基本养老保险费率高仅体现在名义上，实际收缴收入并没有理论上那么高。2013年，测算基本养老保险收入为2.7万亿元，但实际仅收不足1.68万亿元，大约少收1/3。这一现象正是我国社保费率超过拉弗曲线"合意点"的证据。

3. 不利于控制特朗普减税对我国经济的影响

2017年12月初，特朗普税改法案获得美国参议院通过，根据最新的美国税改法案，美国的企业所得税将从35%下调至20%。特朗普减税对中国经济的首要影响就是刺激在华美国资本回流。由于更低的税负环境，在中国的美国资本，将更有动力撤离中国，尤其是在特朗普税改法案里对海外利润回流的税收框架的改变，会更进一步刺激美国公司的撤离，这一方面会降低我国就业和居民收入，但另一方面也给我国本土企业以新的发展机会。在大量外资进入中国市场之后，不少本土企业由于管理、技术落后的原因，不得不面临亏损甚至破产的问题。在这种国际环境下，如不适度降低企业社保负担，将既不利于将优质美国企业留在国内，也不利于本土企业重新发展和升级迭代。

二、我国降低社保费面临的主要问题

（一）基本养老保险费收入面临潜在缺口

1. 企业职工参保人数上升与缴费比例下降并存

近年来，虽然企业职工基本养老保险参保人数在逐年上升，但实际缴费

职工占参保职工的比例呈逐年下降趋势。企业职工参保人员从 2008 年的 21891 万人增加到 2017 年的 40293 万人，年均增长率 7%。企业实际缴费人员则从 2008 年的 16587 万人增长到 2017 年的 29268 万人，年均增长率 6.5%，低于参保人数年均增长率。企业缴费人员占参保职工的比例 2008 年为 75.8%，2017 年为 72.6%。这种状况既减少了当期基金实缴收入，也加剧了基金未来支付压力。

2. 名义高缴费率与实际低费基并存

企业职工基本养老保险缴费率为职工工资总额的 20%，个人缴费率为本人上年月平均工资的 8%，合计名义缴费率为 28%。在国际比较中，我国职工基本养老保险缴费率高于经合组织（OECD）国家平均水平 8.4 个百分点，也比主要发展中国家的平均水平高出 5.2 个百分点。在名义高费率的同时，企业基本养老保险费费基偏低。2015 年，人均企业养老保险缴费基数为 3319 元 / 月。根据《社保法》规定，职工养老保险企业缴纳部分的费基应为"职工工资总额"。将城镇单位就业人员平均工资 62029 元 / 年作为应缴费基数，那么现行企业养老保险费基仅为应缴费基数的 64%。上述计算仅为估算，原因是现行养老保险费基在各省的政策都不一致，对费基的内涵也缺少明确规定，致使费基并不是"职工工资总额"。再加上社保经办机构基础信息系统还不完善，征缴手段和强制力方面有欠缺，致使一些企业通过非正式雇佣，少报、瞒报职工工资基数等方法，减少缴费。

3. 待遇水平不断提高与养老基金支付压力加大并存

由于较早退休的退休人员缴费基数低，相应的待遇也偏低。因此，提高养老金待遇在改善企业退休职工待遇水平方面有其合理性。但是从养老金待遇提高幅度和频度来看，缺乏合理机制。特别是自 2005 年以来，我国企业职工养老金已连续 12 年上调，其中 2005~2015 年涨幅为 10%，2016 年为 6.5%，2017 年为 5.5%。而 2013 年后，全国城镇单位就业人员平均工资增长率已经降至与当年基本养老金增长率相当甚至更低的水平。在一些地方甚至出现在相同因素条件下，后退休人员养老金少于先退休人员的"倒挂"现象。从基本养老保险替代率角度来看，经过 12 年待遇上调，实际替代率高达 67.5%，已超过 59.2% 的制度设计水平，制度不可持续。

连续大幅提高养老金待遇增加了养老保险基金支付与财政补贴的压力。特别是对于基金收支本来就有较大压力的地区，中央统一提高养老金待遇的政策对其基金收支造成了巨大的不利影响。2006~2015 年养老保险基金支出中，各级财政补贴年均占比达到 18.1%。在现行最低缴费年限与法定退休年龄不变的前提下，随着人口老龄化加剧与人均预期寿命不断延长，领取养老金的人数不断增长，而实际缴纳基本养老保险的人数却不断减少，养老保险基金的支付压力将进一步加大。2008~2017年养老保险基金支出年平均增长率为19.97%，比基金征缴收入年均增长率18.03%高1.94个百分点，仅有2011年是收入增长率大于支出增长率。财政补助养老保险基金10年平均增长率为21%，比基金征缴收入年均增长率17.2%高3.8个百分点。这种状况如不改变，养老保险基金未来可能出现整体"收不抵支"的情况。

4. 省级统筹中"收不抵支"与"盈余少收"并存

截至2017年底，我国职工基本养老保险基本实现了省级统筹。由于各地区经济发展水平、人口结构的巨大差异，各省份基本养老保险收支情况也存在较大不同。经济越发达的省份，劳动力流入越多，老年人口相对比例越低，基本养老保险基金结余越多，如一些东部省份。相反，则结余较少，如东北三省。2016年已有7个省份出现收不抵支的情况。

在省级统筹制度下，养老金不能最大限度地分散风险和发挥大口径互济功能。同时，结余较多的省份往往通过降低基本养老保险费率、缩小费基以减少结余，结果造成了"收不抵支"和"盈余少收"并存。这种做法，还推动产生企业和青年劳动力持续向这些省份流动的极化效应，进一步加剧了基金不足省份养老金收入降低和支出增加，乃至这些省份经济增长速度和税收收入下降，固化"收不抵支"和"盈余少收"结构。

5. 个人账户记账总额增加与实际资产减少并存

职工基本养老保险个人账户累计记账总额不断增加。2006~2015年，个人账户记账总额规模年均增长率达18%。截至2015年底，全国基本养老保险个人账户记账总额已达47144亿元，而个人账户实际资产为3274亿元，仅是记账总额的6.9%。2015年底，城镇职工基本养老保险基金累计结余共有35345亿元，小于个人账户空账总额。如政府不对个人账户进行补助，单纯靠征缴收入已难以做实个人账户。同时，2015年个人账户累计结余资金从2014年的5001亿元降为3274亿元，减少1727亿元，这是2001年提出做实个人账户试点以来首次下降。

6. 基本养老保险"一柱独大"与补充养老保险发展滞后并存

目前，世界上多数国家养老保险制度采取多支柱复合模式，政府负责的基本养老保险作为第一支柱，企业负责的企业年金作为第二支柱，个人、家庭养老储蓄或商业养老保险作为第三支柱。早在1991年，国务院就提出建立企业基本养老保险与补充养老保险和职工个人储蓄性养老保险相结合的制度。2017年底，参加基本养老保险的企业职工有29268万人，占应参保职工42462万人的68.9%，养老保险基金累计结余43855亿元；参加补充养老保险企业年金的职工人数为2331万人，占参保职工的8%，占应参保职工的5.5%，企业年金累计结余基金12880亿元。截至2017年底，全国建立企业年金的企业有8.04万个，占企业单位总数2596万个的0.3%。由于基本养老保险费率较高，挤占了第二和第三支柱的发展空间，再加上缺乏必要的政策支持，个人商业养老保险发展缓慢，覆盖面小。目前，我国职工养老保险各组成部分比例严重失衡，基本养老保险承担了绝大部分养老责任，亟须做大企业年金，并为商业养老保险发展创造良好的政策环境。

7. 非正常缴费加重支付负担

我国基本养老保险收入包括正常缴费、投资收益、财政补贴和非正常缴费四项。其中，非正常缴费又分为补缴、预缴、清欠和其他四部分。非正常缴费的数额不小，占正常缴费的12%左右，这在其他国家是罕见的。在非正常缴费中，补缴占了大部分，主要是地方政府临时决策造成的，即针对临近退休的某个群体在免除滞纳金的条件下，用较少的代价（一般是3万~5万元）加入基本养老保险制度中。这种低门槛扩大参保面的做法，与不正确的政绩观及财政兜底导致的机制软化有直接关系。

8. 小结

纵观改革以来我国养老金总收入和总支出的历史，按照"正常缴费+投资收益"作为总收入的话，每年都收不抵支，且缺口逐年增大。1998年，世界银行和国务院体改办课题组均估算出，做实20世纪90年代末全国国企下岗职工社保个人账户需要2万亿元，由于未采取原体改办划拨2万亿国有资产的方案，只能对养老与医疗社保实行个人账户和社保统筹相结合的模式。企业为员工缴纳的基本养老保险和基本医疗保险大部分进入社会统筹账户，用于退休人员发放养老金和支付医疗费。而根据人社部向社会发布的《中国社会保险发展年度报告2016》，截至2015年底，我国养老金个人账户空账已达4.7万亿元。养老金降负不得不面对这一现实约束。

短期内，如果将非正常缴费纳入考量，则较短的连续几年会出现盈余，但最终还是会出现缺口。且非正常缴费是以时间换空间之举，本身只是扬汤止沸，非治本之策。只有在将财政补贴加入之后才会保持盈余状态。

在当前框架下降低养老金费率，相当于减少正常缴费收入，收支难以平衡：本就依赖财政补贴的中西部地区会面临更大的财政压力；一些东南沿海省

份虽然短期可以使用累计结余资金弥补缺口,但长期恐难以为继,依然须诉诸财政补贴。

(二)基本医疗保险基金承受压力增大

1. 基本医疗保险基金自身面临的风险

根据财政部公布的数据显示,2016年全国城镇职工基本医疗保险基金收入10082亿元,其中基本医疗保险费收入9670亿元,支出8088亿元,基本医疗保险待遇支出8013亿元。当年收支结余1994亿元,年末滚存结余12736亿元。看似充裕的资金,实则面临着多重风险。

一是老龄化风险。我国当前正处于加速老龄化时期,截至2017年底,我国60岁及以上人口达到2.41亿,占总人口的17.3%。预计到2020年,老年人口达到2.48亿,老龄化水平达到17.17%,其中80岁以上高龄老年人口将达到3067万人;2025年,60岁以上人口将达到3亿,成为超老年型国家。考虑到70年代末,计划生育工作力度的加大,预计到2040年我国人口老龄化进程才能达到顶峰。一般而言,人口总体年龄越老,发病率越高、病种越多、病情越重、失能老人越多,对医保支出的压力就越大。

二是患病率和慢性病率提高的风险。我国居民两周患病率从2003年的143.0‰上升到2008年的188.6‰,至2013年第五次国家卫生服务调查时,该数据已上升至241.0‰,其中,慢性病患病率2003年、2008年和2013年分别为123.31‰、157.4‰和331.0‰。以慢性病中的糖尿病为例,根据国际糖尿病联盟(IDF)的统计数据,2015年我国糖尿病患病人数已经达到1.09亿人,约占西太平洋地区患病人数的71%,相比于2013年增加了1120万人,呈现快速增长态势。IDF预计到2040年,我国糖尿病患者数量将达到1.51亿人,相比于2015年增加近50%。我国居民两周患病率的快速增长对医保支出形成了不断增加的压力。

三是经济下行风险。我国经济已进入新常态,经济增长从高速增长转向中高速增长。这会影响职工就业从而减少缴费人数;会影响职工工资收入,从而降低职工缴费基数。

以上三大主要潜在风险对医保未来支付形成了压力。

2. 生育保险合并带来的风险

2017年2月,国务院办公厅印发《生育保险和职工基本医疗保险合并实施试点方案》(国办发〔2017〕6号),规定2017年6月底前,河北省邯郸市、山西省晋中市、辽宁省沈阳市、江苏省泰州市、安徽省合肥市、山东省威海市、河南省郑州市、湖南省岳阳市、广东省珠海市、重庆市、四川省内江市、云南省昆明市12个城市开启为期一年左右的两险合并实施试点。试点启动后，参加职工基本医保的在职职工，将同步参加生育保险，这必然扩大生育保险覆盖面。覆盖面的扩大主要来自两个方面：一是已参加基本医保但未参加生育保险的职工；二是原来难以享受生育保险待遇的灵活就业群体、非正规就业群体、农民工等，现有制度下，他们只要依法参加职工基本医疗保险，也将提高生育福利。合并实施后新的医保基金要承担生育保险基金支付的医疗费用和生育津贴。

而从收入端来看，两险合并实施后，新费率主要有三种情况：一是基本医疗保险企业原缴费率低于6%的地区，一般将两险费率相加成6.5%；二是基本医疗保险企业原缴费率达到6%的地区，两险合并后，费率是增是减，要根据试点地区基金运行情况确定；三是原缴费率高于6%的地区，尤其是费率水平偏高的地区，一般对原生育保险0.5%的费率不再征收。

除享受生育保险支出的人数增加外，生育保险待遇也有提高的趋势：一是当前我国生育险医疗待遇总体水平偏低，且未体现对收入水平家庭母婴的照顾；二是生育保险待遇起着鼓励"二孩"生育的作用，如果"二孩"生育达不到预期效果，生育险待遇将面临被迫提高的压力。

两险合并实施后，在收入端没有增加的情况下，支出端却面临着较大压力。

（三）生育保险收支情况有待观察

生育保险是随20世纪80年代末启动的一轮社会保障社会化改革设立的，费率在"五险"中较低。各地基本根据1994年社保部门确定的1%工资的上限封顶，由单位缴纳，无个人缴费。根据人社保新规，2015年10月1日起，生育保险基金累计结余超过9个月的统筹地区，生育保险费率从不超过1%降到不超过0.5%。

生育保险的支出分为医疗费用报销和生育津贴两个部分：一是女职工生育期间生育手术发生的符合政策的医疗费用，参保女职工可从生育险基金中报销；二是产假期间，以生育津贴形式领到相应工资，由生育保险基金覆盖。根据人社保数据，截至2017年底，全国生育保险参保人数达到1.93亿人，比2016年底增加849万人。需要注意的是，2017年全年生育待遇领取率仅为5.8%左右，受益人口非常少，运行效率低下，形成了不合理的巨额结余。根据财政部公开的数据显示，截至2017年底，全国生育保险基金收入642亿元，支出744亿元，虽然当年缺口102亿元，但年末滚存结余仍有564亿元。

按当前制度运营下去，即使每年有10亿元左右的支出缺口，生育保险滚存结余仍能支撑60年以上。但2017年2月，国务院办公厅印发《生育保险与职工基本医疗保险合并实施的试点方案》，规定自2017年6月底前，在郑州、昆明等12个城市开启为期一年左右的两险合并实施试点，两险合并实施成为重要探索方向。虽然此次试点的主要目的是合并机制，降低行政成本，为降低缴费提供空间，但如两险合并实施能顺利在全国推开，参加基本医保的在职职工，将同步参加生育保险，则生育保险覆盖面将大幅提高，受益面也将有所扩大。在试点完成和社保精算平衡制度建立之前，这一方案下的生育保险基金收支情况并不明朗。北京、广州和珠海等城市在一些年份已经出现了收不抵支的情况，滚存结余也有所下降。而生育保险在"五险"中费率最低，一些地区的费率已经降到0.5%以下，单独降费空间不大。而与基本医疗保险合并实施后的降费空间还有待观察。

（四）政府与企业信息不对称，无法实现有效合作

之前国家财政没有承担相应的转轨成本，包括改革前退休的"老人"和改革前参加工作、改革后退休的"中人"的个人账户部分以及社会统筹的视同缴费的部分，当前企业也无法知晓政府是否愿意承担社保支出财务"兜底"的责任或愿意承担多大的"兜底"责任，企业必然设法逃避缴费责任，造成费率不实，由于这种逃避符合地方经济增长和增加税收的利益诉求，所以常常伴随着一些低层级地方政府的心照不宣。

同样，政府也不清楚企业愿意承担多大的缴费义务，担心即使降低费率，企业仍可能不做实费率，社保支出困局难以破题，财政补贴压力逐年增加，彼时再要提高费率则更加困难。因此，政府一方面更倾向于企业在当前费率标准下先做实费率，另一方面则对占比最大的基本养老保险和基本医疗保险费率采用十分缓和的降费率办法：基本养老保险单位负担费率为20%，基本医疗保险费率未调整。

在此背景下，博弈双方难以实现有效合作，有效降低社保费率进入困局。

相对而言，失业保险和工伤保险的转圜余地较大。根据财政部公布的数据，2016年全国失业保险基金收入1228亿元，其中失业保险费收入1090亿元，当年支出976亿元，其中失业保险金支出309亿元，当年收支结余253亿元，年末滚存结余5333亿元。2016年全国工伤保险基金收入737亿元，其中工伤保险费收入670亿元，当年支出588亿元，其中工伤保险待遇支出582亿元，当年收支结余128亿元，年末滚存结余1391亿元。但两险本身缴费率低，当前又均下降到不超1%的水平，即使再有所降低，对单个企业的减负也非常有限。

三、降低企业基本养老保险负担面临问题的限制条件

（一）制度设计和配套机制不完善

制度设计缺乏整体构思。现行与个人养老相关的制度，包括职工基本养老保险、企业年金、职业年金、住房公积金、商业性养老保险、个人养老储蓄等，这些制度和政策间缺少整体协调，导致基本养老保险"一柱独大"，其他制度发展滞后。从资金积累规模来看，2016年，第一支柱城镇职工和城乡居民基本养老保险基金累计结余4.2万亿元，第二支柱企业年金累计结余1.11万亿元，第三支柱个人商业养老保险累计结余1.99万亿元。第一支柱养老金积累规模比第二、第三支柱规模之和还多，导致企业职工养老对基本养老依赖度高，企业降低养老保险负担压力大。

养老金投资市场欠发达。国内养老金投资渠道非常狭窄，加之资本市场不成熟、不发达，不仅基础养老金结余部分难以通过投资运营保值增值，而且企业年金也因为缺乏适宜的市场环境而未能发展壮大。在2015年8月出台《基本养老保险基金投资管理办法》之前，养老基金投资运营政策仅限于全国社保基金理事会管理的社保基金企业年金。该办法出台后，在政策执行中仍存在很多困难，严重影响养老保险基金的保值增值。此外，养老金投资运营机构数量少，没有形成有效的竞争机制，且总体运营能力弱。

全国统一的社保信息系统建设滞后。长期以来，基本养老保险统筹层次低、管理碎片化。全国社保信息系统建设缺乏顶层设计，各自为政，加之投入不足，纵向及跨区域协同共享的社保网络系统建设严重滞后于社保信息应用发展的要求。

（二）人口结构与经济波动不利影响加剧

人口老龄化给中国现行养老金制度收支平衡带来巨大压力。2012~2016年，全国累计减少2289万劳动年龄人口。随着中国人口老龄化加剧，企业的养老保险抚养比，即参保职工人数与领取养老保险待遇人数的比值，正在逐步降低，由2010年的3.07∶1降到2016年的2.75∶1。

我国曾实行的计划生育政策进一步加剧了人口老龄化。计划生育政策对人口年龄结构影响很大，各年龄段人口分布很不均衡。我国60岁及以上老龄人口将由2015年的2.22亿人上升到2030年的3.72亿人，在总人口中的占比由16.16%上升为26.39%，而15~59岁劳动年龄人口将由2015年的9.25亿人下降到2030年的8.34亿人，在总人口中的占比由2015年的67.26%下降到

59.20%。2030年,老年人口的抚养比将达到44.6%(2.24∶1)。届时,我国基本养老保险制度将面临巨大养老金支付负担和人口老龄化的双重压力。

在人口老龄化加剧与人口政策调整滞后的背景下,降低企业基本养老保险负担,将面临更大压力。

(三)历史问题未妥善解决

1997年,我国城镇职工基本养老保险制度转制时将已退休人员视为"老人",转制前已参加工作、转制后退休人员视为"中人"。在转制过程中,对"老人"全部基本养老金和"中人"视同缴费年限相关未来待遇支出形成的原制度的隐性债务规模没有弄清,当时国有企业改革在即,财政也无力解决转制成本,希望通过约30年时间"摊薄"隐性债务,因此,决定由新制度统筹账户积累的资金承担转制成本。但到1998年,各地社会统筹账户陆续出现收不抵支现象。为保证当期养老金正常给付,国家每年通过挪用个人账户资金以及财政补助等方式,弥补统筹账户资金不足部分,从而造成个人账户长期"空账"运行,财政补助连年递增。

四、对策建议

根据人社部数据显示,2015~2018年,先后降低或者阶段性降低了社会保险费率4次,总体的社保费率从41%降到37.25%,总体的幅度接近10%,累计降低企业成本约3150亿元。未来,社保费率仍有降费空间,但要明确好目标和任务。

(一)降低社保费的双重目标

降低社保缴费率要完成双重任务:一是要将多年来居高不下的社会保险费降下来,减轻企业成本,为企业让利,营造公平的微观环境,促进经济增长;二是要以降费为契机,全面深化改革社会保险制度,保证社会保险费财务可持续,达到降费不减制度收入和职工待遇,坚持精算平衡。

(二)企业社保减负主要任务在养老保险

如前文所述,我国企业社保负担重已成为广泛共识,且近三年来中央政府已连续出台减负措施。在"五险"中,工伤保险和失业保险缴费比例很低,即使有降费空间，具体到企业，其效果也不会明显；基本医疗保险和生育保险目前正处于合并实施试点阶段，试点结论尚不明晰，加之老龄化带来的各项挑战越来越强，基本医疗保险支付会面临越来越大的压力，暂不适合对其缴费水平做出较大程度调整；基本养老保险虽然支付压力非常大，但其对企业形成的缴费压力也最大，是企业最关心的问题，在坚持精算平衡的原则下，也应创造条件降低基本养老保险缴费水平。综上所述，企业社保减负最重要的任务是降低企业社会基本养老保险缴费水平，这意味着在收入端不断压缩，支出端压力自然增大，需要从收入和支出两端共同施策，保证基本养老保险降费顺利实施。

（三）降低企业基本养老保险负担的建议

降低企业基本养老保险负担的前提是建立起一套合理、健康、可持续的制度，实现基本养老金全国统筹，统一收支政策，加强收支管理，调整基本养老金与企业年金、个人商业养老保险、个人养老储蓄、住房公积金的关系，在此基础上适当降低养老保险费率，降低企业负担。养老保险的降负还应与税费制度的改革相衔接。从稳定宏观税负的角度来考虑养老保险收入与其他政府收入的关系，合理调整企业和个人税负和费负的变化。

1. 划拨国有资产充实个人账户

2017年11月，国务院印发《划转部分国有资本充实社保基金实施方案》（国发〔2017〕49号），文件提出，划转部分国有资本充实社保基金。首先以弥补企业职工基本养老保险制度转轨时期因企业职工享受视同缴费年限政策形成的企业职工基本养老保险基金缺口为基本目标，划转比例统一为企业国有股权的10%。今后，结合基本养老保险制度改革及可持续发展要求，若需进一步划转，再作研究。这一举措的实施和深化将妥善解决基本养老保险金个人账户空账问题，大幅充实养老保险基金。

2. 推进基本养老保险全国统筹

我国基本养老保险由社会统筹账户和个人账户构成。社会统筹是指由社会保险机构在一定范围内统一征集、管理、调剂退休费用，按照一定的计算基数与提取比例向企业和职工统一征收退休费用，记入统筹账户，形成由社会统一管理的退休基金，企业职工的退休费用由社会保险机构委托机构或企业发放，以达到均衡和减轻企业的退休费用负担。个人账户由个人和企业缴费，个人退休后可获得账户的累计额，在职或退休死亡时，个人账户中的个人缴费部分可以继承，因而对养老保险缴费有激励作用，同时可以减轻政府的养老负担。

我国基本养老保险统账结合模式的主要特点是：由企业和个人共同缴费，为每个人按其工资一定的百分比建立个人账户；其余部分为统筹基金，是所有参保人员的共同基金。达到规定条件后即可享受相应的待遇，这种制度可以形成一定的资金累积，同时不失灵活性，既避免了现收现付制缺乏长期考量而导致的负担过重问题，也避免了完全积累制初期资金需求量大的困难，又可以减轻老龄化的威胁，还考虑到养老金代际的再分配，符合社会保障的公平性。

"中央统收统支"的基本养老金全国统筹是维护国家统一和凝聚力的重要方面，也是建立全国统一市场，促进劳动力自由流动的基础性制度。我国的企业职工基本养老保险制度经历了从企业保险转向社会保险，从社会保险县级统筹到省级统筹的过程。1999年底，全国绝大部分省、自治区和直辖市实现了省级统筹，至2018年5月底，尚未实现全国统筹。养老保险金不能全国统筹，所带来的最大问题是调剂范围小。风险消除的基本原则是大数定律，包含的个体越多，越能在个体之间分散风险，将养老保险统筹范围扩大到全国，养老保险制度分散风险的能力会更强，也就能为适度降低企业职工基本养老保险缴费水平创造条件，避免一些滚存资金不足的省份出现支付困难。

按照循序渐进的原则，为了破除一些省份出现养老金收不抵支的问题，根据国务院安排，2018年我国将实施基本养老保险中央调剂制度，中央收取3%统筹调剂，以后还会有所提高，以弥补有些省份养老金可能会发生的不足。下一步要密切关注统筹调剂金制度运行情况，及时发现问题，研究调剂金提高的方式的程度，并制定向全国统筹制度转轨的时间节点和路线图。

3. 建立"大口径个人账户"

"大口径个人账户"包括三个部分。一是强制性企业年金，由转移至企业年金的基本养老保险统筹账户（20%）中的一定比例和个人账户（8%）中的一定比例构成，实行准强制性。二是自愿性企业年金，即现行企业年金部分。三是住房公积金。强制性企业年金和自愿性企业年金构成新企业年金。大口径个人账户资金权属归职工个人，实现职工个人新企业年金账户与住房公积金账户打通使用。

（1）建立强制加自愿的新企业年金制度。企业年金可以使不同地区、行业、职业在养老金收入上的差异得到体现。当前的主要问题是企业年金覆盖人群少、参与企业少、资金规模小。主要原因是现行职工基本养老保险企业缴费过高，挤压了企业年金发展的空间。

本书建议如下：一是基本养老保险费率降低10个百分点；二是其中降低的8个百分点平移至企业年金，作为强制缴费部分，由国务院出台行政条例保障实行；三是降低企业年金自愿性部分费率4个百分点，即上限从17%降至

13%。强制加自愿的新企业年金合计费率21%。

通过将基本养老保险缴费负担平移至强制性企业年金，在不增加缴费负担的同时，增加了企业年金的资金来源，有助于企业年金制度覆盖面的扩大。通过降低企业年金自愿部分费率4个百分点，降低企业和个人整体缴费负担。

此外，现行制度规定企业年金实行封闭管理，只能用于养老。这种制度安排的弊端降低了个人资金的利用效率，建议将企业年金与住房公积金个人账户打通使用。

（2）住房公积金制度转型。20世纪90年代初，我国建立的住房公积金制度，在城镇住房市场化改革阶段中发挥了积极作用。随着城镇职工收入的增加、住房市场和住房金融市场的发展，住房公积金筹集住房建设和消费资金的历史使命已经基本结束。现阶段住房公积金的主要功能是为缴存人提供低息住房贷款，但效果不理想，覆盖面较小。

根据住建部的数据显示，2017年住房公积金实缴人数1.37亿人，仅占城镇就业人员的32%，制度覆盖面不够。缴存职工中，国家机关、事业单位职工和国企职工占缴存总人数的53%，一般私营企业员工参加住房公积金的比例很小。历年累计享受到住房公积金贷款的缴存职工仅占总缴存人数的30%，高达70%的缴存职工未获得低息贷款；每年只有不到5%的缴存职工有机会使用住房公积金贷款。2015年，仅有2.5%的缴存职工获得了住房公积金贷款。

现行住房公积金企业和个人缴费合计费率为10%~24%，企业和个人费率各为5%~12%。将如此大比例的个人收入限定于住房消费用途，大大降低了个人资金的利用效率，也减少了缴存职工当期可支配收入。目前，中国住房市场除少数特大和大城市外，整体供过于求，许多中小城市已出现住房"过剩"的现象，因此，在全国范围内强制性住房储蓄已无必要。

此外，在住房金融市场日益发展和完善的背景下，住房公积金作为互助性住房金融的模式，其效率和作用均低于专业金融机构。住房公积金制度的初衷是支持解决参与职工，特别是中低收入职工基本购房需求。但从长期整体住房市场供应体系来看，中低收入人群住房问题，应当主要通过建立和完善城镇居民基本住房保障制度来解决，包括低保房、廉租房、平租房、平价房等形式，而不是互助性住房金融。

综上所述，现行住房公积金制度存续的意义和必要性已经大大降低，需要转型。

4.鼓励个人养老储蓄和商业保险

国际上，个人养老资产在家庭财富净值中占有重要的地位。特别是随着生产力的发展，以企业为基础的就业方式正在向以个人为基础的个体就业方式转变。灵活就业人员、个体经营者、自营就业者在就业市场中的比重越来越高。这一群体由于没有受雇于企业，无法纳入第二支柱（企业年金）中，因此更加需要第三支柱为其提供养老金。"十三五"期间，应建立产品形态丰富、服务领域广泛、专业能力突出、经营诚信规范的现代商业养老保险市场。商业养老保险公司应积极开展个人自愿型商业养老保险，创新发展税收递延型商业养老保险。政府为商业养老保险创造良好的投资环境，对商业养老保险税收加大优惠力度。建议以个人为单位对个人商业养老保险账户设置免税或税收优惠额，并将延迟纳税政策与个人所得税、企业所得税、养老金免税政策衔接起来。普及保险知识；健全商业养老保险法制体系，加强监管。通过税收优惠政策，鼓励各种形式的个人养老储蓄。

5. 加速推进养老金投资运营

将归集上来的养老保险基金投资运营，实现钱生钱，是实现养老保险基金开源的重要方式。根据中国社科院世界社保研究中心发布的《中国养老金精算报告（2018~2022）》，若不计入财政补助，2018年全国当期结余将出现2561.5亿元的缺口，到2022年这一缺口将达5335.8亿元。具体来说，2018~2022年，广东、北京等东部高积累省份基金规模继续升高，东北、西北部分省结余耗尽风险加大，收不抵支省份数量将维持在13~14个。到2022年，甘肃、浙江、江西、上海、新疆兵团、河北、青海、吉林、辽宁、内蒙古、黑龙江11地的基金可支付月数都将不到3个月。

在日益严峻的养老压力之下，2016年底，全国范围内的基本养老投资运营正式启动。当前重点扶持的新兴产业，如新能源、"一带一路"等都需要长期稳定的投资，对养老金来说是实现钱生钱的较好选择。

综上所述，要降低为企业养老保险负担为主的企业社保负担，同时又达到降费不减制度收入和职工待遇的要求，需要划拨国有资产收益充实个人账户、尽快实现全国统筹、打通企业年金和住房公积金、鼓励个人养老储蓄和商业保险、加速推进养老金投资运营等多措并举、创造条件。此外，降低企业社保负担，还要以全国统一的信息系统为基础，建立良好的征收机制和支出机制，并建立监督机制。分清社保、财政、税务、国库、银行、审计的责任，建立互相监督和制约机制，实现以数据为支撑的税务征收、财政管理、国库进出、社保支出、银行发放、审计监督制约的良性运行机制。以上这些，都是在降低企业社保负担过程中必须要处理好的体制机制问题，是这一复杂社会系统工程的重要组成部分，仍需要更加系统、细致的深入研究。

第六章
优化政府非税收入政策
支持实体经济发展问题研究

奴隶和封建社会，其领主拥有土地、人民等"家产"，可以通过从领地征收产品或者以徭役的形式强制人民劳动等方式来调配统治所需的物资和服务。进入市场社会后，随着私有产权制的确立，"土地""劳动""资本"作为生产资料被私有化，市场社会下的政府因不再拥有领主式的"家产"，而成为"无产政府"。"无产政府"丧失了曾经拥有的生产资料，无法调配用于统治的必要物资和服务，需要向土地、资本、劳动等生产资料的拥有者（国民）征收生产资料所带来的一部分收入，税收便成为"无产政府"的主要收入形式登上历史舞台，是"无产政府"强制征收的货币。

我国实行的社会主义市场经济体制，从财政角度看，区别于资本主义市场经济体制的最大特征是，政府并非"无产政府"，其拥有土地所有权及大部分的资本所有权（以国有企业或国有控股形式呈现），而这部分收入主要体现在我国政府的非税收入中。因而单纯考虑宏观税负，并不能真实有效地反映我国实体经济的实际负担水平，非税收入的影响不容忽视。以国有资本为例，为缓解国有企业压力，发展国有经济，国有资本收益大部分返还给了国有企业，用于承担国有企业改制费用，弥补国有企业经营亏损，鼓励国有企业再投资，仅有极少部分用于公共预算支出。这种分配方式在特定时期发挥了重要作用，但随着社会主义市场经济的不断发展，逐渐与当前的经济形势不相契合，不仅使国有企业内部留存过多：一方面盲目投资，造成产业结构失衡；另一方面国有企业高管和职工工资薪酬畸高，违背分配正义原则，更相应减少了国家和全体国民应从国有资本经营收益中享受的福利，引起了人民群众的强烈不满。

此外，与资本主义市场经济国家类似，我国非税收入中的行政事业性收费、政府性基金、彩票收入、捐赠收入等肩负弥补准公共产品成本、矫正负外部效应及调节收入分配等功能,是税收收入的重要补充形式,也并不是越少越好[①],管理方式上更不能因非税收入规模过大而实行"一刀切"压减,需要予以科学分类,充分发挥非税收入应有功能,合理配置公共资源,最终促进实体经济的健康发展。

一、概念界定

(一)政府非税收入政策

按照现代财政理论分类方法,政府收入就是政府的财政收入,包括税收收入、非税收入、债务收入和社保基金收入四部分。其中,非税收入是与税收收入概念相对应的概念,是指除税收以外,由各级政府、国家机关、事业单位、代行政府职能的社会团体及其他组织依法利用政府权力、政府信誉、国家资源(资产)或提供特定公共服务、准公共服务取得并用于满足社会公共需要或准公共需要的财政资金[②]。顾名思义,非税收入政策是政府为实现一定时期社会或经济目标,通过一定的非税收入政策手段,调节市场经济主体的物质利益,从而在一定程度上干预市场机制运行的一种经济活动及其准则。目前,我国政府非税收入政策较为分散,多以规范性文件形式呈现(见表6-1)。

表6-1 政府非税收入政策汇总

规范对象	名称	颁布时间	性质
非税收入	政府非税收入管理办法	2016年	中央政府部门规范性文件
	关于进一步加强地方政府非税收入管理的通知	2012年	中央政府部门规范性文件
	关于加强政府非税收入管理的通知	2004年	中央政府部门规范性文件

---

① 李丽辉.推进收费清理减轻社会负担——访财政部部长楼继伟[N].人民日报,2015-05-29(2).
② 财政部关于加强政府非税收入管理的通知(财综〔2004〕53号)[EB/OL]. http://pjzx.mof.gov.cn/zhengwuxinxi/zhengceguiding/200807/t20080711_57332.html.

续表

规范对象	名称	颁布时间	性质
非税收入	安徽、黑龙江、四川、湖南、广西、内蒙古、新疆、甘肃、青海、浙江、云南、江苏、海南、河南、江西15个省、自治区由人大常委会制定了有关政府非税收入的地方法规，而福建、河南、安徽、海南、湖北、辽宁、山东、山西、吉林、重庆、河北11个省、直辖市由省级人民政府制定了有关政府非税收入的政府规章	—	地方法规
行政事业性收费	国务院办公厅关于进一步加强涉企收费管理减轻企业负担的通知	2014年	中央政府部门规范性文件
	关于进一步完善行政事业性收费项目目录公开制度的通知	2014年	中央政府部门规范性文件
	关于清理规范涉企行政事业性收费的通知	2010年	中央政府部门规范性文件
	行政事业性收费标准管理暂行办法	2006年	中央政府部门规范性文件
	行政事业性收费项目审批管理暂行办法	2004年	中央政府部门规范性文件
	违反行政事业性收费和罚没收入收支两条线管理规定行政处分暂行规定	2000年	行政法规
政府性基金	关于取消、调整部分政府性基金有关政策的通知	2017年	中央政府部门规范性文件
	政府性基金管理暂行办法	2010年	中央政府部门规范性文件
国有资本经营收益	关于进一步提高中央企业国有资本收益收取比例的通知	2014年	中央政府部门规范性文件
	中华人民共和国企业国有资产法	2008年	法律
	关于试行国有资本经营预算的意见	2007年	国务院文件
	中央企业国有资本收益收取管理暂行办法	2007年	中央政府部门规范性文件

续表

规范对象	名称	颁布时间	性质
国有资产有偿收入	地方行政单位国有资产处置管理暂行办法	2014年	中央政府部门规范性文件
	中央行政事业单位国有资产管理暂行办法	2009年	中央政府部门规范性文件
	行政单位国有资产管理暂行办法	2006年	中央政府部门规范性文件
	事业单位国有资产管理办法	2006年	中央政府部门规范性文件
彩票公益金	彩票管理条例实施细则	2012年	行政法规
	彩票公益金管理办法	2012年	中央政府部门规范性文件
	彩票管理条例	2009年	行政法规
其他	其他一些法律里也规定了一些政府非税项目的设立，如《土地管理法》里的土地使用权出让金、土地补偿费、耕地开垦费、《教育法》里规定的教育附加费、《矿产资源法》里的资源补偿费、《价格法》里的价格调节基金等	—	—

资料来源：根据有关资料整理。由于分散的政策过多，未能一一列举。

（二）政府非税收入的构成

根据《政府非税收入管理办法》规定，政府非税收入主要包括行政事业性收费、政府性基金、国有资源有偿使用收入、国有资产有偿使用收入、国有资本经营收益、彩票公益金、罚没收入、以政府名义接受的捐赠收入、主管部门集中收入以及政府财政资金产生的利息收入等。

1. 行政事业性收费

根据《财政部　国家发展改革委关于发布〈行政事业性收费项目审批管理暂行办法〉的通知》（财综〔2004〕100号），行政事业性收费是指国家机关、事业单位、代行政府职能的社会团体及其他组织根据法律、行政法规、地方性法规等有关规定，依照国务院规定程序批准，在向公民、法人提供特定服务的过程中，按照成本补偿和非营利原则向特定服务对象收取的费用。

2. 政府性基金

根据《财政部关于印发〈政府性基金管理暂行办法〉的通知》（财综〔2010〕80号），政府性基金是指各级人民政府及其所属部门根据法律、行政法规和中共中央、国务院文件规定，为支持特定公共基础设施建设和公共事业发展，向公民、法人和其他组织无偿征收的具有专项用途的财政资金。

3. 国有资源有偿使用收入

目前，尚无国家级文件对国有资源有偿使用收入进行明确定义，暂以列举方式进行取代。根据《财政部关于加强政府非税收入管理的通知》（财综〔2004〕53号），国有资源有偿使用收入包括土地出让金收入，新增建设用地土地有偿使用费，海域使用金，探矿权和采矿权使用费及价款收入，场地和矿区使用费收入，出租汽车经营权、公共交通线路经营权、汽车号牌使用权等有偿出让取得的收入，政府举办的广播电视机构占用国家无线电频率资源取得的广告收入，以及利用其他国有资源取得的收入。

4. 国有资产有偿使用收入

与国有资源有偿使用收入相同，尚无国家级文件明确定义国有资产有偿使用收入，暂以列举方式取代。根据《财政部关于加强政府非税收入管理的通知》（财综〔2004〕53号），国有资产有偿使用收入包括国家机关、实行公务员管理的事业单位、代行政府职能的社会团体以及其他组织的固定资产和无形资产出租、出售、出让、转让等取得的收入，世界文化遗产保护范围内实行特许经营项目的有偿出让收入和世界文化遗产的门票收入，利用政府投资建设的城市道路和公共场地设置停车泊位取得的收入，以及利用其他国有资产取得的收入。

需要注意的是，国有资产的内涵在当前理论界有广义和狭义两种理解。广义的国有资产是指"全民所有即国家所拥有的资源和财产"，是"国家以各种形式的投资及其投资收益、拨款、接受捐赠或凭借国家权力取得的，或者依据法律认定的各种类型的财产和财产权利"。其强调国有资产最终所有权属于国家，主要包括以下几个方面：一是国家对企业的投资及其收益等形成的经营性国有资产；二是国家向行政事业单位拨款形成的非经营性国有资产；三是国家依法拥有的资源性国有资产；四是国家依法拥有的货币形态的基金等国有资产；五是接受馈赠、无主财产等依据法律认定形成的财产。这里的国有资产仅指狭义的国有资产，即会计上的"资产"概念，仅包括国家机关、实行公务员管理的事业单位、代行政府职能的社会团体以及其他组织的固定资产和无形资产出租、出售、出让、转让等取得的收入，世界文化遗产保护范围内实行特许经营项目的有偿出让收入和世界文化遗产的门票收入，利用政府投资建设的城市道路和公共场地设置停车泊位取得的收入，以及利用其他国有资产取得的收入。

5. 国有资本经营收益

国有资本的概念在国家级文件中并没有统一的界定，相关定义散见于我国规范性文件。如《国家体改委关于城市国有资本营运体制改革试点的指导意见》（体改生〔1997〕121号）认为"国有资本是资本性质的经营性国有资产，是国家投资的企业中属于国家所有的净资产，即国家所有的所有者权益"。《财政部关于印发〈企业国有资本与财务管理暂行办法〉的通知》（财企〔2001〕325号）第五条规定："国有资本是指国家对企业各种形式的投资和投资所形成的权益，以及依法认定为国家所有的其他权益。"从这些规定中可以看出，内容上，国有资本包括国家投资所形成的国有资本金以及依法认定属于国家所有的投资收益和其他权益；本质上，国有资本是一种资本，在运营中保值增值，获取更多的利润，但与普通资本不同的是，其属于国家所有，具有全民所有性，除了保值增值，还需承担社会责任，即生产广大人民生活所需要的物质产品，辅助国家调整经济结构；表现形式上，表现为国家在某一领域或某一组织中投入的货币或实物的价值计价，是国家对某一领域的介入，具有宏观指导性。

因而此处国有资本区别于上述的国有资产，强调其经营性，是经济学意义上的"资本"概念，而非会计学上的"资产"概念，仅指经营性国有资产，即国家作为出资人在企业中拥有的权益及其收益。一般包括三个部分：一是企业国有资产；二是行政事业单位占有、使用的非经营性资产通过各种形式为获取利润而准作经营的资产；三是国有资源中投入生产经营过程的部分。

6. 彩票公益金

根据《彩票管理条例》（国务院令2009年第554号），彩票是指国家为筹集社会公益资金，促进社会公益事业发展而特许发行、依法销售，自然人自愿购买，并按照特定规则获得中奖机会的凭证。根据《财政部关于加强政府非税收入管理的通知》（财综〔2004〕53号），彩票公益金是政府为支持社会公益事业发展，通过发行彩票筹集的专项财政资金。同时，《彩票公益金管理办法》（财综〔2012〕15号）要求彩票公益金纳入政府性基金预算管理，专款专用，结余结转下年继续使用。

7. 罚没收入

根据《违反行政事业性收费和罚没收入收支两条线管理规定行政处分暂行规定》（国务院令2000年第281号），罚没收入是指法律、行政法规授权的执行处罚的部门依法实施处罚取得的罚没款和没收物品的折价收入。

8. 以政府名义接受的捐赠收入

根据《财政部关于加强政府非税收入管理的通知》（财综〔2004〕53号），以政府名义接受的捐赠收入是指以各级政府、国家机关、实行公务员管理的事业单位、代行政府职能的社会团体以及其他组织名义接受的非定向捐赠货币收入，不包括定向捐赠货币收入、实物捐赠收入以及以不实行公务员管理的事业单位、不代行政府职能的社会团体、企业、个人或者其他民间组织名义接受的捐赠收入。以政府名义接受的捐赠收入，必须坚持自愿原则，不得强行摊派，不得将以政府名义接受的捐赠收入转交不实行公务员管理的事业单位、不代行政府职能的社会团体、企业、个人或者其他民间组织管理。

9. 主管部门集中收入

根据《财政部关于加强政府非税收入管理的通知》（财综〔2004〕53号），主管部门集中收入主要指国家机关、实行公务员管理的事业单位、代行政府职能的社会团体及其他组织集中所属事业单位收入。今后，随着事业单位体制改革的深入进行，主管部门应当与事业单位财务实行彻底脱钩，逐步取消主管部门集中事业单位收入。

10. 政府财政资金产生的利息收入

根据《财政部关于加强政府非税收入管理的通知》（财综〔2004〕53号），政府财政资金产生的利息收入是指税收和非税收入产生的利息收入，按照中国人民银行规定计息，统一纳入政府非税收入管理范围。

（三）政府非税收入的理论分类

与税收仅凭借政府权力征集不同，非税收入取得的依据是多元化的，既可以出让国家资源、处置国有资产取得，也可以提供特定公共服务、准公共服务取得，还可以凭借政府信誉、政府权力取得。

1. 凭借国家资源（资产）取得的非税收入

一是国有资源有偿使用收入，包括土地出让金收入、新增建设用地土地有偿使用费、海域使用金、探矿权和采矿权使用费及价款收入、场地和矿区使用费收入、政府举办的广播电视机构占用国家无线电频率资源取得的广告收入等（我国将出租汽车经营权、公共交通线路经营权、汽车号牌使用权等有偿出让取得的收入也划为国有资源有偿使用收入）。二是国有资产有偿使用收入，即机关事业单位的国有资产让渡使用权和处置取得的收入。三是国有资本经营收入，即国有企业的国有资本分享的红利等。

2. 凭借政府权力取得的非税收入

一是行政性收入，即政府规费，是政府依法行使管理职能，向被管理者收取的费用，具有强制性、管理性和无偿性的特点。二是政府性基金，即政府凭借行政权力向社会无偿、强制征收的具有专项用途的资金，具体包括各种基金、税收附加和专项收费等，以支持特定领域公共事业的发展（我国政府性基金涵盖极为广泛，下面章节具体介绍）。三是罚没收入，即执法机关对违反法律（法规）的公民、法人或者其他组织实施处罚，取得的罚款和没收的现金收入、没收的物品变价收入。

3. 凭借提供特定公共服务、准公共服务时取得的非税收入

事业性收费，即为社会提供自愿接受的特定产品或服务时，向服务对象收取的费用，体现"受益者负担"原则。

4. 凭借政府信誉取得的非税收入

一是以政府名义接受的捐赠收入，即以各级政府、国家机关、实行公务员管理的事业单位、代行政府职能的社会团体以及其他组织名义接受的非定向捐赠货币收入。二是国有资源有偿使用收入中利用政府信誉直接开展对外合作取得的收入，或者依靠政府信誉的高度权威性和可信赖性，形成垄断资源（资质、资格），以此提供准公共服务而取得的收入，如彩票公益金等。

（四）政府非税收入的功能

因非税收入与税收收入的功能和作用不同，真正意义上的非税收入难以被税收收入所取代。同时，在非税收入内部，不同类别的收入功能与作用也不尽相同，除筹集收入外，还有弥补准公共产品成本、矫正负外部效应、财产所有权收益及调节收入分配等功能（见表6-2）。

1. 实现财产所有权收益，调节收入分配

经济基础决定上层建筑，但自由市场运行过程中，受个人禀赋、不正当竞争、垄断等因素影响，收入分配不公问题成为社会不稳定的重要原因。为此，我国实行以公有制为主体、多种经济共同发展的基本经济制度，以实现按劳分配为主体、按多种生产要素分配的收入分配制度，确保国家收入分配的公平性，防止收入差距过大，维护社会的稳定，是社会主义优越性的集中体现。公有制为主体体现在国有资产在社会总资产中占优势，国有经济控制国民经济命脉，对经济发展起主导作用。这部分国有资源（资产），是与私有财产相对应的公共财产，国有资源（资产）所有权属于国家，也就是说国家拥有对国有资源（资产）的相关财产所有权，并取得相应的财产所有权权益[1]。理论上说，这部分收入应当在我国政府非税收入中占据核心地位，主要用于解决收入分配不公问题。

2. 矫正负外部效应，防止"市场失灵"

市场经济中，某人（或组织）的活动对其他人（或组织）的福利产生不可避免的受益或者受损影响，无法通过市场手段予以纠正，即外部效应。如是受益影响便是正外部效应，反之为负外部效应。仅就负外部效应而言，市场中的受损者无法避免其他人（或组织）行为带来的损失，如机动车尾气、上游企业污染水源等，同时又因为损失程度及产权难以界定，无法向负效应生产者索赔，因此负效应生产者继续先前的活动，加剧负外部效应，产生"市场失灵"。对此，政府除采用征税、财政补贴、明确产权等手段进行控制外，还可通过行政性收费、罚没等非税收入方式进行应对。

3. 弥补准公共产品成本，防止过度拥挤

传统经济学将物品划分为私人产品和公共产品两大类，并进一步将公共产品细分为混合产品（或称准公共产品）与纯公共产品。由于私人产品同时具有排他性和竞争性的特点，适合由市场通过价格机制进行供给和交易；纯公共产品则同时具有非竞争性和非排他性的消费特点，适合由政府通过税收等强制手段筹集收入并提供。但如教育、医疗、公园等准公共产品，因其介于私人产品与公共产品之间，无论是市场或是政府供给，都有明显缺陷：一是由市场供给，出于经济人的利己动机[2]，容易造成供给不足、价格昂贵；二是由政府供

---

[1] 叶子荣.公共经济学[M].北京：清华大学出版社，2010：209.
[2] 亚当·斯密.国民财富的性质和原因的研究[M].郭大力，王亚南译.北京：商务印书馆，1972：11.

给，通过税收筹集资源再无偿提供，容易造成"搭便车"现象[①]，进而导致过度拥挤，效率低下，同时让无法消费该类公共产品的纳税人承担成本，显失公平。为此，向准公共产品的使用者收取一定的费用：一方面向市场传递成本信息，发挥"门槛"作用，防止过度拥挤；另一方面贯彻"受益者负担"原则，避免纳税人承担不应承担的成本。

4. 筹集资金，解决专项事业发展资金缺口

发展中国家经济基础较为薄弱，公共基础设施建设、自然环境保护以及社会福利、基础教育、文化体育等公益事业亟待发展，需要大量财政资金支持，但完全依靠税收难以解决专项事业发展的巨大缺口，依靠国债又面临还本付息的经济压力，故政府以政府信誉、公共权力作为保障，通过设立发展建设专项基金、发行彩票、接受捐赠等非税收入方式，可以有效解决经济社会和公益事业发展的资金缺口。

表6-2 现有政府非税收入的功能分类

主要功能分类	非税收入类型
调节收入分配	国有资产有偿使用收入 国有资产经营收益 主管部门集中收入
矫正负外部效应	罚没收入 政府性基金 行政性收费
弥补成本	国有资源有偿使用收入 事业性收费 政府性基金
筹集资金	政府性基金 彩票公益金 以政府名义接受的捐赠收入

[①] 曼柯·奥尔逊.集体行动的逻辑：公共利益和团体理论[M].陈郁等译.上海：上海人民出版社，1995：53.

二、政府非税收入管理的历史沿革[①]

在我国，非税收入概念于2004年才按照政府收入分类形式正式提出，迄今不过14年。但自新中国成立以来，非税收入即长期存在，只是概念未明确，其主体主要由预算外资金概念所取代，其发展主要经历以下四个阶段：

（一）非税收入预算外管理初步形成阶段

1949~1979年，我国实行高度集中的财政体制，其间经历了"国民经济恢复""第一个五年计划""大跃进""文化大革命"等不同时期，预算外资金也逐步发展并形成一定规模：一是国民经济恢复时期，预算外资金主要包括机关生产收入和地方附加公粮，后经整顿，所有收入纳入国家预算管理。二是第一个五年计划时期，预算外资金逐步扩大，主要包括由企业管理的专项基金（企业奖励基金、福利基金、大修理基金）、事业收入（工商税附加、公路养路费、养河费、育林费、中小学校的杂费等）、行政事业单位的零星杂项收入。至1957年，全国预算外收入为26.33亿元，占当年全国财政收入的8.68%。三是"大跃进"时期，通过下放财权和管理权，预算外资金主要包括工商税附加、农业税附加、城市公用事业附加、养路费、育林基金、勤工俭学收入、企业利润留成、企业的大修理基金、县（市）以自筹资金举办的企业收入、劳改企业收入、社会集资收入等。至1960年底，预算外资金已经达到117.78亿元，约占全国财政收入的20.58%。四是1961～1965年，国家对财政体制进行调整，对预算外资金"纳、减、管"，预算外资金从1960年的117.78亿元减少到1961年的57.4亿元，占全国财政收入比重下降到16.12%。五是"文化大革命"时期，由于各项规章制度和财经纪律受到严重破坏，预算外资金迅速膨胀。1975年，预算外资金达251.48亿元，约占全国财政收入的30.83%[②]。

（二）非税收入预算外管理资金迅速膨胀阶段

1980~1992年，一是鼓励事业单位（甚至部分行政单位）开展有偿服务活

[①] 王超.财政非税收入规范化管理研究——基于某副省级城市的考察［D］.山东大学硕士学位论文，2015.

[②] 预算外资金的历史沿革［EB/OL］.http：//yss.mof.gov.cn/zhengwuxinxi/lilunyanjiu/200809/t20080925_78407.html.

动,以减少政府财政负担,并确定"谁创收,谁所有,谁使用"原则,创收单位的经营收入归单位所有,无须上缴财政,属于预算外资金。二是在上述政策的支持下,不少单位加入创收行列,预算外资金规模迅速膨胀。1978年我国预算外资金约占当年全国财政收入的30.69%,1985年上升到76.32%,1992年达到110.67%。三是预算外资金在初期起到了鼓励创收的积极作用,但长期游离于财政管理之外,受利益驱动,各单位设置的收费项目渐成泛滥之势,其弊病日渐显现。为解决无序收费的问题,国家陆续印发《关于加强预算外资金管理的通知》(国发〔1986〕44号)、《关于中央事业行政单位预算外资金实行财政专户储存的通知》(财综字〔1989〕41号)、《关于坚决制止乱收费、乱罚款和各种摊派的决定》(中发〔1990〕16号),并先后开展"治理经济环境,整顿经济秩序""财务、税务、物价大检查"等专项活动,以规范化管理各单位预算外资金,但由于对此类资金认识的不到位,收效甚微。

(三)非税收入预算外管理资金逐步规范阶段

1993~2004年,我国对预算外资金的管理:一是印发《关于对行政性收费、罚没收入实行预算管理的规定》(中办发〔1993〕19号),将全部83项行政性收费项目纳入财政预算管理,1993年预算外资金减少为1432.54亿元,约占全年财政收入的32.94%。二是印发《关于加强预算外资金管理的决定》(国发〔1996〕29号),将养路费、车辆购置附加费、铁路建设基金、电力建设基金、三峡工程建设基金、新菜地开发基金、公路建设基金、民航基础设施建设基金、农村教育事业附加费、邮电附加、港口建设费、市话初装基金、民航机场管理建设费13项数额较大的政府性基金(收费)纳入财政预算管理,同时明确预算外资金的财政属性,为后续将预算外资金转预算内管理奠定理论基础。1997年预算外资金减少为2826亿元,占全国财政收入的32.67%。三是国务院办公厅转发财政部《关于深化收支两条线改革,进一步加强财政管理意见的通知》(国办发〔2001〕93号),要求公安部等5个中央行政执法部门的预算外收入纳入预算管理,将国家质检总局等28个中央部门(单位)的预算外收入纳入财政专户并实行"收支脱钩"管理。四是印发《关于加强中央部门和单位行政事业性收费等收入"收支两条线"管理的通知》,将行政事业性收费、政府性基金、罚没收入、彩票资金收入、国有资本经营收益、以政府名义接受的捐赠收入、主管部门集中收入等纳入预算管理范围。

（四）非税收入全面进入预算管理阶段

2010年6月，财政部印发《关于将按预算外资金管理的收入纳入预算管理的通知》（财预〔2010〕88号）规定，自2011年1月1日起：一是中央各部门各单位的全部预算外收入（不含教育收费）纳入预算管理，收入全额上缴国库，支出通过公共财政预算或政府性基金预算安排；二是地方各级财政部门要按照国务院规定，将全部预算外收支纳入预算管理；三是中央各部门各单位的教育收费（包括目前在财政专户管理的高中以上学费、住宿费、高校委托培养费，党校收费，教育考试考务费，函大、电大、夜大及短训班培训费等），作为本部门的事业收入，纳入财政专户管理，收缴比照非税收入收缴管理制度执行；四是相应修订《政府收支分类科目》，取消全部预算外收支科目。这标志着非税收入预算外管理资金从实践层面退出了历史舞台。同时，印发《政府性基金管理暂行办法》（财综〔2010〕80号）、《关于进一步加强地方非税收入管理的通知》（财预〔2012〕284号）、《关于进一步加强行政事业性收费和政府性基金管理的通知》（财税〔2015〕30号）、《关于全面实行收费目录清单制度的通知》（发改办价格〔2016〕1415号）、《关于清理规范一批行政事业性收费有关政策的通知》（财税〔2017〕20号）等文件，对行政事业性收费和政府性基金等非税收入进行清理、整合和规范。

回顾上述历史可以看出，我国政府对于非税收入，经历了一段概念上由"无"到"有"，管理上由"外"到"内"，种类上由"乱"到"治"的漫长过程。正是一开始在概念上的"无"，将非税收入的所有权划为执收部门，进而确定预算管理上采用"外"的方式，最终引发执收部门出于部门利益的考虑导致非税收入"乱"的结果。2004年，国家按照政府收入分类方式明确非税收入概念，自此非税收入走上规范管理的道路。对于执收部门而言，非税收入与税收收入均属财政资金，无须做过多区分；对财政部门而言，也应从非税收入的管理者向组织收入者的角色转变，需要制定政策法规进一步培植和规范非税收入，改进征缴方式，确保依法征收、应收尽收。

三、我国非税收入的现状及存在的问题

非税收入管理作为财政管理的重要分支，在推进财政体制改革中发挥着不可或缺的作用。近年来，我国政府在非税收入管理实践中取得了长足发展，但受"预算外"管理模式等多种因素影响，还存在分类不清、结构失衡、管理方式单一、收支标准不统一等问题。

（一）非税收入现状

1.非税收入规模

按照《中华人民共和国预算法（2014年修正）》第五条规定："预算包括一般公共预算、政府性基金预算、国有资本经营预算、社会保险基金预算。"我国政府当前4本预算中，涉及非税收入的有一般公共预算、政府性基金预算和国有资本经营预算3本，需要说明的：一是按照《财政部关于将按预算外资金管理的收入纳入预算管理的通知》（财预〔2010〕88号）的要求"将按预算外资金管理的收入全部纳入预算管理"，预算外资金才全部纳入预算管理。二是根据《国务院关于加强预算外资金管理的决定》（国发〔1996〕29号），从1996年起，将养路费、车辆购置附加费和民航机场管理建设费等13项数额较大的政府性基金纳入财政预算。2009年，财政部按照全国人大和国务院的要求制定印发《关于进一步完善政府性基金预算编制的工作方案》推进政府性基金预算编制工作，并于2010年首次编报政府性基金预算提交全国人大审查。三是2007年9月，国务院发布《关于试行国有资本经营预算的意见》，标志着我国正式开始建立国有资本经营预算制度。按照规定，中央本级国有资本经营预算从2007年起试行，2011年要求地方试编国有资本经营预算，各级政府也相继建立了国有资本经营预算制度，但是，地方国有资本经营预算的编制因种种原因进度缓慢，直到2012年才首次编报全国和地方国有资本经营预算并提交全国人大审查。为确保数据的可比性，本书从2012年开始进行统计（见表6-3）。

表6-3 我国政府非税收入总体规模

单位：亿元

年度	公共财政收入	非税收入占比	非税收入			
			一般公共预算	政府性基金预算	国有资本经营预算	小计
2012	156284.32	35.62%	16639.24	37534.90	1495.90	55670.04
2013	183191.75	39.66%	18678.94	52268.75	1713.36	72661.05
2014	196491.27	39.35%	21194.72	54113.65	2007.59	77315.96
2015	197158.35	36.64%	27347.03	42338.14	2550.98	72236.15
2016	208857.23	37.58%	29244.24	46643.31	2608.95	78496.50
2017	236633.77	38.99%	28222.90	61462.00	2579.00	92263.90

资料来源：Wind资讯。

总体来看，我国政府非税收入呈现稳步上升趋势，2017年达到9.23万亿元，占全国公共财政收入的38.99%，是名副其实的"第二税收"。本书认为，非税收入的总体规模较大，但并不意味着不合理，毕竟社会主义市场经济与资本主义市场经济相比，我国的政府是"有产政府"，其除了充当社会的管理者之外，还是国有资产的所有者，在国有土地和国有资本产生的收益均划分为非税收入归政府所有的情况下，我国政府非税收入较他国更多有其合理性，关键是如何控制好财政收入的总体规模和结构，构建税收收入与非税收入的衔接机制，将国有资产产生的收益适时、适量调拨用于公共产品供给，以确保国有企业与非国有企业在公平环境下竞争，既促进实体经济的增长，又体现社会主义的优越性。

2. 非税收入结构

（1）预算管理分类。非税收入纳入预算管理后，管理方式主要分为三类，分别为一般预算收入、专项收入、基金收入。一般预算收入是指纳入一般公共预算中并不作特殊规定的收入，其预算收入全部缴入国库，支出则由国家财政统筹安排，主要包括行政事业性收费、罚没收入、国有资源有偿使用收入、部分国有资本经营收入、捐赠收入、政府性住房基金收入和其他收入7项[1]；专项收入是指纳入一般公共预算中并要求专款专用的收入，即专项收入的收支是相挂钩的，不能用于其他一般性的公共预算支出活动，主要包括教育费附加收入、铀产品出售收入、三峡库区移民专项收入、场外核应急准备收入、地方教育附加收入、文化事业建设费收入、残疾人就业保障金收入、教育资金收入、农田水利建设资金收入、育林基金收入、森林植被恢复费、水利建设专项收入、油价调控风险准备金收入、其他专项收入14项[2]；基金预算收入是指纳入政府性基金管理的非税收入，需全额上缴给国库，先收后支，专款专用，主要包括农网还贷资金收入、铁路建设基金收入、民航发展基金收入、海南省高等级公路车辆通行附加费收入、港口建设费收入、旅游发展基金收入、国家电影事业发展专项资金收入、国有土地收益基金收入、农业土地开发资金收入、国有土地使用权出让收入、大中型水库移民后期扶持基金收入、大中型水库库区基金收入、三峡水库库区基金收入、中央特别国债经营基金收入、中央特别国债经营基金财务收入、彩票公益金收入、城市基础设施配套费收入、小型水库移民扶助基金收入、国家重大水利工程建设基金收入、车辆通行费、核电站乏燃料处理处置基金收入、可再生能源电价附加收入、船舶油污损害赔偿基金收

---

[1] 国家统计局. 2017中国统计年鉴 [M]. 北京：中国统计出版社，2017：205.
[2] 财政部. 2018年政府收支分类科目 [M]. 北京：中国财政经济出版社，2017：20-21.

入、废弃电器电子产品处理基金收入、污水处理费收入、彩票发行机构和彩票销售机构的业务费用、其他政府性基金收入 27 项[①]（见表 6-4）。

表 6-4 非税收入预算管理分类

管理方式	非税收入名称	收支关系
一般预算收入	行政事业性收费	收支脱钩
	罚没收入	
	国有资源有偿使用收入	
	部分国有资本经营收入	
	捐赠收入	
	政府性住房基金收入	
	其他收入	
专项收入	教育费附加收入	收支挂钩
	铀产品出售收入	
	三峡库区移民专项收入	
	场外核应急准备收入	
	地方教育附加收入	
	文化事业建设费收入	
	残疾人就业保障金收入	
	教育资金收入	
	农田水利建设资金收入	
	育林基金收入	
	森林植被恢复费	
	水利建设专项收入	
	油价调控风险准备金收入	
	其他专项收入	

① 财政部.2018 年政府收支分类科目［M］.北京：中国财政经济出版社，2017：116-119.

续表

管理方式	非税收入名称	收支关系
基金预算收入	农网还贷资金收入	收支挂钩
	铁路建设基金收入	
	民航发展基金收入	
	海南省高等级公路车辆通行附加费收入	
	港口建设费收入	
	旅游发展基金收入	
	国家电影事业发展专项资金收入	
	国有土地收益基金收入	
	农业土地开发资金收入	
	国有土地使用权出让收入	
	大中型水库移民后期扶持基金收入	
	大中型水库库区基金收入	
	三峡水库库区基金收入	
	中央特别国债经营基金收入	
	中央特别国债经营基金财务收入	
	彩票公益金收入	
	城市基础设施配套费收入	
	小型水库移民扶助基金收入	
	国家重大水利工程建设基金收入	
	车辆通行费	
	核电站乏燃料处理处置基金收入	
	可再生能源电价附加收入	
	船舶油污损害赔偿基金收入	
	废弃电器电子产品处理基金收入	
	污水处理费收入	

续表

管理方式	非税收入名称	收支关系
基金预算收入	彩票发行机构和彩票销售机构的业务费用	收支挂钩
	其他政府性基金收入	

资料来源：根据《2018年政府收支分类科目》整理。

（2）各类非税收入规模及结构。2016年，我国政府非税收入共78496.5亿元（如表6-5所示），包括：一是一般公共预算中非税收入29244.24亿元（占37.26%），其中，专项收入6909.26亿元（占8.80%），行政事业性收入4896.01亿元（占6.24%），罚没收入1918.34亿元（占2.44%），国有资本经营收入5895.41亿元（占7.51%），国有资源（资产）有偿收入6926.7亿元（占8.82%），捐赠收入127.33亿元（占0.16%），政府住房基金收入747.85亿元（占0.95%），其他收入1823.34亿元（占2.32%）；二是政府性基金预算中非税收入46643.31亿元（占59.42%）；三是国有资本经营预算中非税收入2608.95亿元（占3.32%）。总体来讲，政府性基金收入占全部非税收入的59.42%，远远高于其他非税收入，是非税收入的主体。而国有资本经营收入占据次席，仅占10.83%（一般公共预算中国有资本经营收入与国有资本经营预算收入加总）。

表6-5 我国政府各项非税收入规模及结构

单位：亿元

年份	2012	2013	2014	2015	2016 数额	占比（%）	占公共财政收入比重（%）
合计	55670.04	72661.05	77315.96	72236.15	78496.5	100	37.58
专项收入	3232.63	3528.61	3711.35	6985.08	6909.26	8.80	3.31
行政事业收费	4579.54	4775.83	5206	4873.02	4896.01	6.24	2.34
罚没收入	1559.81	1658.77	1721.82	1876.86	1918.34	2.44	0.92
国有资本经营收入（一般公共预算）	—	—	3176.33	6080.21	5895.41	7.51	2.82
国有资源（资产）有偿使用收入	—	—	4366.77	5463.89	6926.7	8.82	3.32

续表

年份	2012	2013	2014	2015	2016		
					数额	占比（%）	占公共财政收入比重（%）
捐赠收入	—	—	—	—	127.33	0.16	0.06
政府住房基金收入	—	—	—	—	747.85	0.95	0.36
其他收入	7267.26	8715.73	3012.45	2067.97	1823.34	2.32	0.87
政府性基金	37534.9	52268.75	54113.65	42338.14	46643.3	59.42	22.33
国有资本经营收入（国有资本经营预算）	1495.9	1713.36	2007.59	2550.98	2608.95	3.32	1.25

资料来源：根据2013~2017年《中国财政统计年鉴》整理。

目前我国政府收支分类科目正在调整，需要说明的：一是一般公共预算下非税收入科目于2014年首次引入国有资本经营收入和国有资源（资产）有偿使用收入子科目，之前年度的数额合并在其他相关收入中反映；二是2015年进一步将国有资本经营收入分为国有资本经营收入（部分金融机构和中央企业上缴利润）和国有资本经营收入两个科目，表6-5中国有资本经营收入为上述两个科目的加总；三是一般公共预算下非税收入科目于2016年首次引入捐赠收入和政府住房基金收入子科目，之前年度的数额合并在其他相关收入中反映；四是政府住房基金收入科目主要反映《住房公积金管理条例》等规定收取的政府住房基金收入，主要包括住房公积金增值收益中上缴同级财政的管理费用、计提公共租赁住房资金、公共租赁住房租金收入和配建商业设施租售收入等，以前年度的数额合并在政府性基金中反映。

（3）政府性基金规模与结构。如前所述，政府性基金是现有非税收入的主体，占非税收入总量的近60%。2016年，政府性基金项目共30个（与2018年政府收支分类科目略有不同），实现收入46643.31亿元，其中涉及国有土地的基金共3个，即新增建设用地土地有偿使用费、国有土地使用权出让金、国有土地收益基金，分别实现收入679.98亿元（占1.46%）、35639.69亿元（占76.41%）、1189.57亿元（占2.55%），合计37509.24亿元，约占政府性基金收入的80.42%，是政府性基金的主要构成部分。

表6-6 2016年政府性基金规模与结构

单位：亿元

序号	项目名称	数额	占比（%）
	合计	46643.31	100.00
1	农网还贷资金收入	159.86	0.34
2	铁路建设基金收入	394.11	0.84
3	民航发展基金收入	344.03	0.74
4	海南省高等级公路车辆通行附加费收入	20.58	0.04
5	港口建设费收入	202.60	0.43
6	新型墙体材料专项基金收入	104.07	0.22
7	旅游发展基金收入	12.32	0.03
8	国家电影事业发展专项资金收入	25.41	0.05
9	新菜地开发建设基金收入	2.78	0.01
10	新增建设用地土地有偿使用费收入	679.98	1.46
11	南水北调工程基金收入	6.49	0.01
12	城市公用事业附加收入	269.46	0.58
13	国有土地使用权出让金收入	35639.69	76.41
14	国有土地收益基金收入	1189.57	2.55
15	农业土地开发资金收入	177.76	0.38
16	中央水库移民扶持基金收入	281.06	0.60
17	中央特别国债经营基金财务收入	682.79	1.46
18	彩票公益金收入	1070.81	2.30
19	城市基础设施配套费收入	1332.86	2.86
20	地方水库移民扶持基金收入	57.43	0.12
21	国家重大水利工程建设基金收入	363.48	0.78
22	车辆通行费收入	1437.86	3.08
23	核电站乏燃料处理处置基金收入	15.64	0.03
24	可再生能源电价附加收入	647.84	1.39

续表

序号	项目名称	数额	占比（%）
25	船舶油污损害赔偿基金收入	1.40	0.00
26	废弃电器电子产品处理基金收入	26.10	0.06
27	烟草企业上缴专项收入	375.41	0.80
28	彩票发行和销售机构业务费收入	223.08	0.48
29	污水处理费收入	370.12	0.79
30	其他政府性基金收入	528.72	1.13

资料来源：根据《中国财政年鉴（2017）》整理。另外，2016年政府收支分类政府性基金相关科目与2018年略有不同。

（4）中央与地方非税收入规模与结构。从中央与地方政府非税收入的情况看，2012~2017年，中央政府财政收入中非税收入所占比重较小，2015年比重最高，为16.98%。2017年下降到13.35%；地方政府对非税收入的依赖程度较高，2017年为82.14%，是地方政府的主要收入来源，特别是政府性基金收入。

表6-7 中央与地方政府非税收入规模与结构

单位：亿元

年份	中央政府			地方政府		
	公共财政收入	非税收入	占比（%）	公共财政收入	非税收入	占比（%）
2012	60513.06	7217.86	11.93	95759.21	48440.13	50.59
2013	65495.35	8855.53	13.52	117407.67	63516.79	54.10
2014	70012.44	9977.04	14.25	124973.22	65833.31	52.68
2015	74998.44	12738.17	16.98	123389.79	60727.86	49.22
2016	77965.59	12304.87	15.78	132920.12	68228.43	51.33
2017	78612.00	10495.21	13.35	95745.00	78649.32	82.14

资料来源：根据Wind资讯数据整理。另外，2017年为预算数。

3. 非税收入国内外对比

根据IMF2016年统计数据显示，美国公共财政收入30.42万亿元人民币，其中非税收入5.99万亿元人民币，占比19.68%；日本公共财政收入7.91万亿元人民币，其中非税收入1.39万亿元人民币，占比17.58%；德国公共财政收入6.38万亿元人民币，其中非税收入0.98万亿元人民币，占比15.36%；泰国公共财政收入 0.58 万亿元人民币,其中非税收入 0.10 万亿元人民币,占比 17.55%。

表 6-8 2016 年部分国家非税收入规模及结构

单位:亿元(人民币)

国家 项目	美国	日本	德国	泰国	中国
公共财政收入	304198.29	79115.63	63789.46	5788.26	208857.23
税收收入	244321.10	65206.73	53994.04	4772.70	130360.73
非税收入	59877.19	13908.91	9795.42	1015.56	78496.50
非税收入占比(%)	19.68	17.58	15.36	17.55	37.58

资料来源:根据 IMF 数据整理。其中:一是各国汇率按照 2016 年 12 月 31 日中间价换算,美元汇率为 6.67,日元汇率为 0.0656,欧元汇率为 7.3068,泰铢汇率为 0.1939;二是为保持同口径,各国数据均未包括社保缴费;三是非税收入为各国其他收入加上捐赠收入之和;四是中国的非税收入除包括公共财政中的非税收入,还包括政府性基金预算和国有资本经营预算中的非税收入。

如前文所述,将我国政府性基金预算和国有资本经营预算中非税收入计入公共财政收入范畴,我国公共财政收入达 20.89 万亿元人民币,其中非税收入占比 37.58%,远高于其他国家非税收入占比。考虑到我国"有产政府"的特点,如将非税收入中属于国有资产的新增建设用地土地有偿使用费、国有土地使用权出让金、国有土地收益基金、国有资本经营收入因素剔除,2016 年我国非税收入总额为 32482.9 万亿元人民币(非税收入总额 78496.5 万亿元,国有土地相关收入 37509.24 万亿元,国有资本经营预算中非税收入 2608.95 万亿元,一般公共预算中涉及国有资本经营收入 5895.41 万亿元),占比仅为 20.35%,与其他国家基本持平。此外,按照 IMF 的统计口径,垄断企业利润、收费中未能体现成本补偿原则的计入相应的税收,我国政府非税收入比重甚至比其他国家的要低。

可见,我国政府非税收入占公共财政收入比重过高的主要原因是由社会主义市场经济与资本主义市场经济的差异导致的。简单的横向对比,认为我国非税收入比重过高,应当予以"一刀切"式的压缩并不可取。

(二)非税收入管理存在问题对实体经济的影响

1. 非税收入之间关系问题

如前所述,目前非税收入预算管理分类有两个层次:一是按照资金性质,划分为一般公共预算收入、政府性基金预算收入和国有资本经营预算收入三种；二是按照收支关系，划分为收支脱钩和收支挂钩两种，一般公共预算中的专项收入、政府性基金预算收入和社会保险基金预算收入实行收支挂钩管理，其他收入实行收支脱钩管理。上述分类并未将非税收入主要功能纳入考虑范围，致使非税收入各项目难以有效对应当前分类，功能紊乱，不同程度上加重了实体经济负担。

（1）资金性质问题。从资金的性质角度出发，政府财政收入应当包括两种，第一种是政府作为社会管理者，调配统治所需的物资和服务形成的收入；第二种是政府作为资产所有者，通过国有资产出租、出借、处置、经营等产生收益形成的收入。按照《预算法》规定，我国政府预算包括一般公共预算、政府性基金预算、国有资本经营预算、社会保险基金预算"四本预算"，从本质上讲，一般公共预算、政府性基金预算和社会保险基金预算中的收入对应第一种资金性质，而国有资本经营预算中的收入是第二种资金性质中的一部分，但目前"四本预算"并未完全对应上述两种资金分类，究其原因：一是为更好地厘清财政发展性与公共性之间的关系，将政府性基金预算收入从一般公共预算中独立出来，专司"发展""建设"等职能，以利一般公共预算坚持"先民生后发展"原则[①]；二是既为防止政府动用社会保险基金弥补财政赤字，也为防止社会保险基金收不抵支时加重财政负担，我国政府单独编制社会保险基金预算。同时，政府在一般公共预算中设置"对社会保险的补助支出"科目，既实现社会保险基金预算与政府一般公共预算分开，也体现财政对社会保险的最终责任。

然而，尽管分列政府作为社会管理者所筹集资金的方式，在我国发展的过程中发挥过重要作用，但亦引发一系列问题。

一是"财力部门化"，资金管理碎片化。单列政府性基金预算，并实现收支挂钩，令资金管理权限碎片化。由于政府性基金通常对应特定事业或建设项目，而这些事业或项目属于某一特定职能部门的业务范围，政府性基金收入实质上为相关部门所控制，即所谓"财力部门化"，这也是政府性基金增易减难的根本原因。

二是利益挂钩，推高成本。为争取收支挂钩政策，实现可支配资金最大化，部门或地方容易将不同类别资金放进政府性基金进行管理。如土地类政府性基金项目，按照资金性质来说，本属于政府作为资产所有者筹集而得的收入，却放在政府性基金中管理，脱离一般公共预算的监督范围，用于补充地方政府财力不足，形成"土地财政"，推高土地价格，牟取暴利，抬高实体经济

---

① 邓秋云.政府性基金预算：基于中国特色财政的理解[J].财政研究，2016（7）：2-10.

运行成本。

三是分类错乱，功能紊乱。当前非税收入并未按照功能进行分类，导致各类非税收入散落在"三本预算"中，其中仅政府性基金就涉及特别课征类、附加税类、资源税类、环境税类、使用费类、公有财产收入类、公营企业收入类、捐赠收入类和规费九类内容①，而一般公共预算中的非税收入也包括专项收入、行政事业性收入、国有资本经营收入、国有资源有偿使用收入、捐赠收入、政府性住房基金收入等功能各异的非税收入项目，导致"不应收乱收、应收不收"的混乱局面，管理难度加大，非税收入应有的功能难以正常发挥。

四是覆盖不全，数据不实。与作为资产所有者筹集资金形成的收入对比，国有资本经营预算中仅反映经营性国有资产收支情况，并未涵盖资源性国有资产、非经营性国有资产及依法认定的其他国有资产，同时考虑到我国国有资产管理的现状，甚至金融类经营性国有资产也不能列入国有资本经营预算的范围，导致部分非税收入分散于一般公共预算（如国有资源有偿使用收入、金融类经营性国有资产等）、政府性基金（中央特别国债经营基金财务收入、烟草企业上缴专项收入等），大量事业单位、部分社团投资形成的国有资产游离于体系之外，相关统计数据难以反映国有资产全貌。

（2）资金统筹问题。由于当前非税收入分散在"三本预算"中，三者之间的衔接变得异常重要。对于政府性基金预算，《预算法》第五条要求政府性基金预算与一般公共预算统筹衔接，并在政府性基金预算科目中设置"调出资金"科目，在一般公共预算科目中设置"调入资金"科目予以对应；对于国有资本经营预算，《预算法》亦要求"加大国有资本经营预算资金调入一般公共预算的力度"，《中共中央关于全面深化改革若干重大问题的决定》要求"完善国有资本经营预算制度，提高国有资本收益上缴公共财政比例，2020年提到30%，更多用于保障和改善民生"，但未在"两本预算"之间建立对应科目，仅在一般公共预算的非税收入中设置"中国人民银行上缴收入""金融企业利润收入""其他企业利润收入"三个科目予以反映。国家虽对非税收入之间的衔接做出制度安排，但还存在以下问题。

一是统筹政府性基金项目的合法性问题。根据《关于完善政府预算体系有关问题的通知》（财预〔2014〕368号），将"地方教育附加、文化事业建设费、残疾人就业保障金、从地方土地出让收益计提的农田水利建设和教育资金、转让政府还贷道路收费权收入、育林基金、森林植被恢复费、水利建设基金、船舶港务费、长江口航道维护收入11项基金"转列一般公共预算，根据《国务院关于印发推进财政资金统筹使用方案的通知》（国发〔2015〕35号）"将水

---

① 朱柏铭．厘定"政府性基金的性质"[J]．行政事业资产与财务，2012（2）：7-13．

土保持补偿费、政府住房基金、无线电频率占用费、铁路资产变现收入、电力改革预留资产变现收入五项基金转列一般公共预算",同时要求"上述基金转列后,支出仍主要用于或专项用于安排相关支出,且收入规模增加的,支出规模原则上相应增加",言外之意,转列之后的政府性基金可统筹用于一般公共预算支出,与政府性基金"依照法律、行政法规的规定在一定期限内向特定对象征收、收取或者以其他方式筹集的资金,专项用于特定公共事业发展的收支预算"性质不符。

二是统筹政府性基金后出现的重复收支问题。转列后文化事业建设费、地方教育费附加、森林植被恢复费、水利建设基金和残疾人就业保障金五项依然保留在政府性基金目录中征收①。此外,在支出安排上,存在"多本预算间支出划分不够清晰、交叉安排项目支出的问题"②。

三是管理体制不利于统筹国有资本经营预算用于社会保险基金。按照我国当前行政和财政管理体制,中央政府与地方政府事权与财权应当互相匹配,两者之间划定的事权与财权独立运行。国有资本经营预算当中的地方国有资本经营预算收入属于地方政府收入,而社会保险基金是为弥补全养老未来支付缺口设置的全国性的储备基金,将原属于地方政府的资金统筹用于中央层面的社会保险基金,与当前的行政和财政管理体制不符,实际操作过程中也将遇到较大阻力。

四是将国有资本经营预算调入社会保险基金预算未明确比例和时限。从国有资本经营收益中划转一部分作为国家社会保障储备基金来源是国际通行做法,同时也是体现我国政府作为"有产政府"调节收入分配关系的重要手段,是社会主义优越性的集中体现。目前,尽管制度上也进行了相应的调入设计,但并未明确相应的调入比例和调入期限,《关于试行国有资本经营预算的意见》提出"必要时,可部分用于社会保障等项支出",但具体期限不确定,比例不确定。即便确定了,还面临国有资本经营收入存量口径问题,如2016年纳入一般公共预算非税收入的国有资本经营收入为5895.41亿元,而纳入国有资本经营预算的国有资本经营收入仅为2608.95亿元,调入基数是否包括一般公共预算收入中的国有资本经营收入尚未可知。实践过程中,为减轻企业负担,国家已于2016年、2018年两次在力求待遇不减的前提下,下调社会保险费率,势必造成社会保险基金缺口进一步扩大,抗风险能力进一步减弱,亟须调集资金补充。

---

① 岳红举.政府性基金预算与一般公共预算统筹衔接的法治化路径[J].财政研究,2018(1):101-123.

② 刘家义.国务院关于2015年度中央预算执行和其他财政收支审计查出问题整改情况的报告[EB/OL].[2018年5月29日].http://www.gov.cn/xinwen/2016-12/23/content_5151939.htm#allContent.

（3）资金功能问题。如前文所述，非税收入除筹集收入的功能之外，还具有弥补准公共产品成本、矫正负外部效应、财产所有权收益及调节收入分配的重要功能，是政府对宏观经济进行管理的重要手段。然而，当前对非税收入的管理并不利于这些功能的发挥。

一是弥补准公共产品成本功能缺失。以事业性收费为例，该项目是事业单位为居民或企事业单位提供不以盈利为目的的服务性劳动所收取的费用，属于弥补准公共产品成本类非税收入，应严格按照国际通行的"受益者负担""成本补偿"原则进行管理，既防止"应收不收"让全体纳税人负担额外的成本，也杜绝执收部门借机敛财加重缴费人负担。但实践中，事业性收费划入一般公共预算进行"收支脱钩"管理，在切断执收部门利益链条的同时，也抑制了执收部门执收的积极性，具体表现在：一方面，无论项目是否有必要设立，执收部门对收费项目废立都持无所谓态度，属于典型的"应收不收"。如《财政部　国家发展改革委关于清理规范一批行政事业性收费有关政策的通知》（财综〔2017〕20号）停征的出入境检验检疫费、产品质量监督检验费、药品医疗器械产品检验费等23项事业性收费，使用"停征"一词，我们理解是指符合法律法规要求设置的，尚不具备"取消"条件的事业性收费，而执收部门之所以同意停征，主要原因是事业性收费实行收支两条线管理，收入与支出之间没有必然联系，在财政部同意进行相应保障的前提下，没有动力要求继续征收应当收取的费用。另一方面，无论提供准公共产品的成本如何变动，执收部门对收费标准的调整都无动于衷，属于典型的"应收不尽收"。如《2017年全国性及中央部门和单位行政事业性收费目录清单》中，外交部门收取的认证费（含加急），公安部门收取的外国人证照费，农业部门收取的农药实验费，等等，均为1992年确定的收费标准，迄今已26年，其间发生的通货膨胀等成本因素并未考虑在内。最终，由于收费项目的缺失、收费标准难以覆盖成本，非税收入的补偿成本功能难以实现，提供准公共产品所需成本难以准确传导至市场，"搭便车"情况随处可见，不合理申报充斥市场，占用原本不足的公共资源，堵塞真正有需要企业的申报通道，阻碍各相关产业的发展。表面上看，减轻了企业负担，实际上影响了实体经济的健康发展。

二是矫正负外部效应功能有限。非税收入中承担矫正负外部效应功能的主要为罚没收入，与事业性收费类似，为保证执收部门充分履职和预防腐败，国家对罚没收入实行收支脱钩管理，财政对执收单位履职所需经费予以保障。部分单位出现该罚不罚，或者搞人情账、人情款，不按标准罚没，产生征收不到位，造成资金流失的现象[①]。此外，《行政处罚法》规定"除依法应当予以销毁

[①] 黄凤银.规范非税收入管理　提高非税收入管理水平［J］.预算管理与会计，2018（3）：43-46.

的物品外,依法没收的非法财物必须按照国家规定公开拍卖或者按照国家有关规定处理",同时规定"罚款、没收违法所得或者没收非法财物拍卖的款项,必须全部上缴国库",并未对罚没物品的储存、拍卖等做进一步要求。目前31个省份中有29个出台本辖区《罚没财务管理办法》(或"管理规定""管理条例"等),对于罚没物品的管护分为两种方式:第一种由执罚部门管护,第二种由财政部门下设的公物仓统一管理,然而针对一些容易过期的罚没物品(如食品)并未设立简易处置程序,罚没物品难以及时处置,执罚部门失去积极性,最终致使执罚部门处罚不到位或者处置不到位,纠正负外部性功能进一步削弱。

三是部分财产所有权收益缺失。《国务院关于改革和完善国有资产管理体制的若干意见》(国发〔2015〕63号)要求"财政部门会同国有资产监管机构等部门建立覆盖全部国有企业、分级管理的国有资本经营预算管理制度,根据国家宏观调控和国有资本布局结构调整要求,提出国有资本收益上交比例建议,报国务院批准后执行"。但截至目前,国有资本经营预算并未将规模庞大的事业单位所办企业形成的国有资产纳入编制范围。据统计,2014年底,中央部门事业单位所办企业共10000余户,年末从业人员约150万人,资产总额17000多亿元,所有者权益7000多亿元[1]。另据统计,截至2015年底,浙江省行政事业单位所属一级企业共1856户,企业资产总额24823亿元,所有者权益10747亿元,实现利润233亿元[2]。如此庞大的资产被排除在国有资本经营预算之外,不得不说是政府作为资产所有者所有权的缺失。同时,这一部分国有资产经营收入的缺失,也是令非税收入进行收入分配的功能大打折扣的重要原因。

2. 政府性基金存在的其他问题

政府性基金是我国特有的一个概念,在国外并没有政府性基金的分类,国外的基金概念类似于我国国家自然科学基金,即由政府设立、财政划拨,如用于支持高校、研究所从事科学研究或者支持中小企业发展的基金。当前我国处于工业化、城镇化深入发展阶段,水利、交通、城市发展等基础设施建设任务十分繁重,教育、移民、残疾人保障、新能源等需要加大支持力度,政府性基金是为这些特定公共事业发展提供稳定资金来源的。但应当看到,政府性基金是在我国政府财力不足情况下采取的一种临时性措施,随着公共财政制度不断完善,财政保障能力进一步提高,应当对基金加以限制并逐步减少。[3]

---

[1] 陈冠南. 事业单位所办企业国有资产管理研究[J]. 中国财政,2016(22):43-44.
[2] 陈百平. 行政事业单位所属企业国有资产监管的问题及对策[J]. 财政科学,2017(8):143-148.
[3] 欧文汉. 改革完善政府非税收入管理[J]. 财政研究,2013(7):18-22.

政府性基金中的大多数项目属于为特定公共事业发展筹集的资金（国有土地相关资金除外），从性质上讲与一般公共预算并无二致，单独将这一部分资金列入政府性基金预算容易混淆资金性质，且政府性基金预算"收支挂钩"的管理方式，容易导致各部门从利益角度出发，盲目甚至违法设置项目，擅自提高项目标准，最终加重实体经济的负担。2010年10月15日，财政部综合司有关负责人就指出政府性基金管理中存在三大问题：一是政府性基金概念和含义不明确，存在以收费名义变相设立政府性基金的现象。二是越权设立政府性基金问题屡禁不止。三是政府性基金征收使用管理不尽规范[①]。政府性基金项目十分庞杂，项目之间互相交织，管理混乱。

一是重复征收问题。政府性基金设立审批初期，由于管理不够完善，制度相对松散，加之监管不够严厉，各地政府争相设立基金项目，据统计，2000年我国政府性基金项目达327项，既给课征对象带来较大的经济负担，也阻碍了经济的健康发展。以附加在电价上的基金为例，2015年附加在电价上的政府性基金包括三峡工程建设基金、农网还贷资金、山西省电源基地建设基金、城市公用事业附加、大中型水库移民后期扶持基金、大中型水库库区基金、三峡水库库区基金、小型水库移民扶助基金、国家重大水利工程建设基金、核电站乏燃料处理处置基金10项，这些具有不同用途的基金项目全部附加在电价中，由电力用户承担，有些项目区域覆盖具有重叠性，重复征收不可避免，加重电力用户（特别是实体经济用户）的经济负担。这类附加在商品价格中的政府性基金，对负担者而言比较隐蔽，负担者难以察觉。

二是课征额度问题。我国部分政府性基金项目在资金课征过程中，没有详细的标准或规定，习惯上设置一个较大的浮动空间，给征收部门在课征过程中留有余地，存在征收部门根据需要对缴费人缴费额度随意调整的风险，同时也令监管难以落实到位。

三是课征时限问题。大多数政府性基金项目无明确的课征期限，当前有明确期限的政府性基金项目仅农网还贷资金（随"一省一贷"体制全面建立相应取消）、国家重大水利工程建设基金（执行至2019年底）、水利建设基金（执行至2020年底）三项，其他多标示为"在法律未作调整的情况下继续保留"，有些甚至未作任何说明。更有甚者，本该到期的政府性基金项目，常常以下发文件的方式延长征收期限，或者改头换面后继续征收。例如，本应于2010年底到期的民航机场管理建设费（已与民航基础设施建设基金合并为民航发展基金）、旅游发展基金，通过《财政部关于机场管理建设费和旅游发展基金政策等有关问题

---

① 财政部综合司有关负责人就《政府性基金管理暂行办法》答记者问[J]. 交通财会，2010（10）：95.

的通知》(财综〔2010〕123号)延期至2015年底,再通过《财政部关于印发〈民航发展基金征收使用管理暂行办法〉的通知》(财综〔2012〕17号)延期至2020年底。这不仅与"政府性基金是在我国政府财力不足情况下采取的一种临时性措施"的初衷严重相悖,亦无形之中提高了实体经济运行的成本。

3. 国有资本经营预算存在的其他问题

国有资本经营预算是我国政府作为"有产政府"的集中体现,实现覆盖全部国有企业、分级管理的国有资本经营预算管理制度是当前的首要目标。另外,除适时适量调拨国有资本经营收益充实一般公共预算和社会保险基金预算外,还需关注以下两个方面。

一是产权不清晰,成本未有效控制,造成国有资产流失。《财政部关于〈事业单位及事业单位所办企业国有资产产权登记管理办法〉的通知》(财教〔2012〕242号)拟对事业单位及其所办企业进行国有资产产权登记,以确认产权归属关系,但6年时间过去,这项工作依旧未能完成,产权的不清晰直接影响了管理和监督机制的不健全,为国有资产流失留下制度隐患;缺乏对事业单位所办企业科学的监控手段和配套监管措施,有的事业单位将所办企业当作"自留地",把大量不合理支出转嫁给企业,有的事业单位缺乏对所办企业的管控,未能获得对企业投资应有的收益,还有的事业单位所办企业针对当前政策模糊,将大量收益用于提高经营者和管理者的工资福利(发达国家对于非营利组织开展经营活动所产生的收益有严格规定,禁止用于提高人工福利类支出,切断其利益链条),由此将原本属于国有资本经营收入蚕食,一方面导致国有资产流失,另一方面影响市场的公平竞争,不利于实体经济健康发展。

二是履行出资人职责的主体不明确。根据《企业国有资产法》规定,国务院和地方人民政府代表国家对国家出资企业履行出资人职责,同时可以授权其他部门、机构代表本级人民政府对国家出资企业履行出资人职责。目前,国务院授权财政部对文化、金融、烟草等相关企业,授权北京大学、清华大学、中国科学院成立资产经营公司对所办企业履行出资人职责。除此之外,并未明确事业单位所办企业履行出资人职责的主体。按照当前的管理体制,财政部门、主管部门、事业单位对事业单位所办企业均负有一定监管职责,但界限不明、责任不清,造成多头管理、重复管理,加重企业负担。

四、优化非税收入政策支持实体经济发展的政策建议

非税收入是税收收入的重要补充,同时也是我国政府作为资产所有者获取所有者权益的集中体现,在社会主义市场经济中尤为重要,对实体经济的影响

不容小觑。本书认为,我国政府非税收入规模虽较其他国家更大,但并非完全没有原因,需要具体问题具体分析,不宜一压了之,宜对非税收入进行精细化管理,充分发挥非税收入的特殊功能,系统考虑非税收入和税收收入,合理控制经济的财政负担水平,具体如下。

(一)按功能对非税收入进行细分

目前对非税收入的分类仅限于在不同预算之间、不同管理方式之间进行区分,并未按照功能对非税收入进一步细化,不利于非税收入功能的有效发挥,并产生一系列不良后果,影响实体经济发展。为此,宜在非税收入科目之下,按照不同功能进行进一步分类。

一是在一般公共预算的非税收入科目下,设置公共事业发展基金、弥补准公共产品成本、矫正负外部效应、财产所有权收益和无偿捐赠等子科目,公共事业发展基金科目用于反映从政府性基金中转列的相关收入,弥补准公共产品科目用于反映行政事业性收费、部分国有资源有偿使用收入等,矫正负外部效应科目用于反映罚没收入、环境保护相关收入等,财产所有权收益用于反映从国有资本经营预算中调入的相关收入。

二是在政府性基金预算的非税收入科目下,设置公共事业发展基金、弥补准公共产品成本、矫正负外部效应等适合收支挂钩管理的子科目,反映内容与一般公共预算中设置的子科目相对应,与其互为补充,完整反映相关收入。

三是在国有资本经营预算中按不同性质细分国有资本经营收入,即政府投资企业、行政事业单位投资企业及其他类型国有企业,政府投资企业科目反映由国务院和地方政府履行出资人职责的国有企业收入,行政事业单位投资企业反映由政府行政部门或所属事业单位履行出资人职责的国有企业收入,其他类型国有企业反映上述两者之外的国有企业收入。形成预算对国有资本的全覆盖,避免部分国有资本脱离监管视野。

四是对不同类别非税收入进行分类管理。对一般公共预算中公共事业发展基金、弥补准公共产品成本、矫正负外部效应科目形成的收入实行收支挂钩管理(支出科目应与收入科目相对应,以体现收支统一),对财产所有权收益和无偿捐赠科目形成的收入实行收支脱钩管理,理顺收支关系,避免扭曲的收支关系影响行政单位的工作效率,有效降低市场的行政成本。

(二)分阶段合并政府性基金预算和社会保险基金预算

财政民主主义认为,预算是被统治者用来控制财政的手段,并衍生对预算形式的三个原则性要求，即完整性原则、统一性原则和明确性原则，其中统一性原则要求列入收入与支出的预算必须是唯一的，统一性原则的确立意味着近代预算制度的形成[①]。我国处于历史特殊阶段，将公共性收支分解成主要保障民生的一般公共预算、主要承担公共事业发展的政府性基金预算和预防未来支付风险的社会保险基金预算，并单列国有资本经营预算，主要体现资产所有者所获收益，在特殊时期，"四本预算"互为补充，各自能够发挥重要作用，但是随着经济、社会的不断发展，宜分步骤将政府性基金预算、社会保险基金预算并入一般公共预算，同时建立国有资本经营预算与一般公共预算的衔接机制，防止多本预算带来的财政操作空间过大，切实接受广大人民群众监督，为实现财政民主化铺平道路。

一是强化非税收入各项政策之间的衔接，防止出现重复收支问题。对应每一本预算，同一类型的收支原则上确保唯一性，杜绝多本预算就同一对象课征同性质收入，安排同性质支出，加重缴纳人的负担。

二是细化政府性基金项目的缴费额度，明确有效时限。为防止收支挂钩带来的"财力部门化"问题，清理现有政府性基金，凡是达到预定征收金额或达到课征年限的，甚至连续多年结余的基金应及时停止征收，并将结余部分调入一般公共预算统筹使用，以免给实体经济带来额外负担；对保留的政府性基金项目，应细化征收标准并明确课征期限，达到征收目标或课征期满即立刻停止征收。逐步减少政府性基金项目，为下一步并入一般公共预算做准备。

三是实现国有资本经营预算全覆盖，全口径反映此类非税收入。我国对国有资本与国有资产进行区分，国有资产包括经营性国有资产和非经营性国有资产两个部门，用国有资本代表具有资本性质的经营性国有资产更为准确。但在区分过程中，忽略了党政机关、事业单位和社会团体在特定历史条件下允许投资办企业的事实，将这一庞大的国有资本排斥在国有资本经营预算之外，导致非税收入缺失，难以反映全貌，也影响市场的公平竞争，宜尽快明确这部分国有资产的产权，统一政策管理，纳入国有资本经营预算管理。

四是科学控制国有企业成本，夯实国有资本经营收益。实现国有资本经营预算的全覆盖，目的是真实反映国有企业的真实经营状况，有效集中政府作为资产所有者取得的收益，但如果不控制成本，收益便无从谈起，因而有效控制国有企业成本是国有资本经营预算的前提，既有利于国有企业经济效益的大幅提高，强化其产品的竞争力，公平市场竞争，也有利于国家统筹非税收入与税收收入，合理确定宏观财政负担水平，体现社会主义优越性。宜对政府履行出资

---

① 神野直彦.财政学——财政现象的实体化分析［M］.彭曦等译，南京：南京大学出版社，2012：80-81.

人管理职责的经营性国有资本引进先进成本控制体系，建立成本管理责任制，运用责任成本管理、目标成本管理、价值工程等科学成本管理方法，进行成本控制；对行政事业单位履行出资人管理职责的国有企业，回归非营利属性，全面禁止此类国有企业将经营收益用于人员福利发放。

（三）明确不同预算之间的衔接关系

在不能保证预算统一性的情况下，多本预算之间的衔接关系变得尤为重要，这种衔接关系在预算报表中体现为不同预算报表之间的互相对应。

一是明确"四本预算"的公共财政属性。如前文所述，一般公共预算、政府性基金预算和社会保险基金预算收入均是政府作为社会管理者为维护统治而筹集的，而国有资本经营预算收入是政府作为资产所有者实现收益权的体现，两者虽性质不同，但目的都是为公众服务的，都是在"公共财政基本框架"下，这也为不同性质之间资金互相调剂提供了理论基础。

二是明确国有资本经营预算调入社会保险基金的时间和比例。社会保险基金预算的支出压力大、刚性强，长期存在收支缺口，亟须增加收入来源。同时，为切实体现非税收入公平收入分配功能，宜明确从中央国有资本经营预算收入中调入社会保险基金预算的比例和时间（受当前行政和财政管理体制限制，尚不具备从地方国有资本经营预算收入调入的基础）。

第七章
金融服务实体经济发展的现实困境

我国以间接融资为主融资结构，融资环境一直是实体经济尤其是中小实体企业发展的主要困境之一。本章以问题为导向，从产业发展、货币政策等宏观经济环境方面、金融业自身的商业利益属性和实体企业本身存在的问题方面分析了金融服务实体经济发展的现实困境。

一、与金融和实体经济相关的宏观经济发展环境

金融服务实体经济相关的宏观经济环境突出表现在两个方面：一是流动性、信用和产能三种过剩的宏观经济形态；二是货币政策转型过程中的货币政策有效性不足。

（一）产业空心化状态下的三种过剩现象

在我国工业化发展转型过程中会一定程度地存在产业空心化，从而形成流动性过剩、信用过剩和产能过剩三种过剩现象。从这个角度来讲，三种过剩的现象具有发生的必然性，因为从主要发达国家的工业化进程来看（德国、北欧国家是例外），产业空心化的发生是必然的。

按照马克思资本循环理论，货币执行支付手段的职能一方面把商品交换从现金交换中解放出来，扩大和方便了商品的流通，为商品经济的运行创造了条件；另一方面又激发了商品经济的内在矛盾。在信用制度下，货币支付手段所形成的债务链条一旦被打破，会导致商品生产、经营无法顺利进行。同时，货币资本的过剩会驱使生产过程突破界限产生流动性过剩、信用过剩、生产过剩。

1. 流动性过剩

在传统的粗放型经济发展模式下，我国的经济增长过度依赖投资，导致我国的货币投放量大量超发，通过 M2 和 GDP 比较来看，M2 与 GDP 的比值不断上升，金融危机之后，该比值从 2009 年的 179% 迅速上升至 2016 年最高值的 208%，到 2017 年虽然回落至 202%，但也说明我国在 2016 年以前货币存在超发情况，货币供应一直以来脱离实体经济发展，流动性过剩出现有其发生的必然性。

2. 信用过剩

一般认为，股市和房市泡沫是信用极度膨胀的产物，信用是实体经济与再生产过程联系的中介，资产泡沫就是在这个过程中形成的。马克思在《资本论》中分析了信用固有的"二重性"：一方面在信用经济中，再生产过程的不同过程都以信用为中介，生产过程的发展促使信用扩大，而信用又引起工商业活动的扩展。信用制度是生产过剩和商业过度投机的主要杠杆，可以把伸缩的再生产过程强化到极限。另一方面，随着投机和信用事业的发展，它还开辟了千百个突然致富的源泉，导致更多的产业资本家实体经济形成发展困境。

3. 产能过剩

一方面，产业转型升级过程中，利润率下降趋势规律形成的周期性产能过剩和体制性产能过剩；另一方面，消费升级与产业转型升级不协调导致的结构性产能过剩。

（二）经济"脱实向虚"的危害

对流动性过剩、信用过剩和产能过剩的进一步分析：信用产生虚拟资本的量是有边界的，它最终不能脱离实体经济。信用的最大限度等于产业资本的最充分运用，也就是等于产业资本的再生产能力不顾消费界限而达到极度紧张。信用的持续扩大是以再生产过程扩大为基础的，取决于生产过程和消费过程的顺畅进行。只要再生产过程顺畅进行，资本回流确有保障，信用就会持续下去和扩大起来。在"脱实向虚"的情况下，由于生产资本和商品资本循环不畅导致回流延迟，市场商品过剩，再生产过程的扩大受到破坏。此时，信用扩张过度的必然后果是信贷萎缩和信用危机并导致金融危机。所以，当房地产市场预期下降，民间借贷、信托行业的赚钱效应下降，资本循环中必然出现流动性短缺，信用加速了矛盾的爆发，甚至导致经济出现紊乱，社会生产过程的中断。

(三)货币政策有效性不足及监管滞后

1.货币政策有效性不足

一方面,货币增速较快,而经济增长不断减速且下行压力不减。近年来M2增速较快,尤其是2009年以来增长更加迅速,2009年达到历史高位的28.5%。M2增速与GDP增速、CPI涨幅之差也分别达到了历史高位的19.3%和29.2%。2011年到2015年这两个差值都呈上升趋势,2016年开始有所回落。同时,2009年以来的M2/GDP也快速增长,2016年末达到最高值的208%,2017年末稍微回落至204%,远远高于2000~2017年174%的均值,也要高于美国(69%)、日本(185%)、韩国(144%)。同时,单位社会融资增量带来的GDP由2002年的6下降至2015年、2016年的4.4、4.2。这表明货币信贷的快速增长并没有带来经济的同步增长,说明了我国货币供应一直以来脱离实体经济发展,背离了商品交换实际所需的货币需求,同时也说明了货币政策有效性降低的趋势。值得注意的是,2016年和2017年资金"脱实向虚"程度略有缓解,M2增速与GDP增速、CPI涨幅之差的指标表现均有所好转。单位社会融资增量带来的GDP自2013年以来也有所回升。如图7-1和图7-2所示。

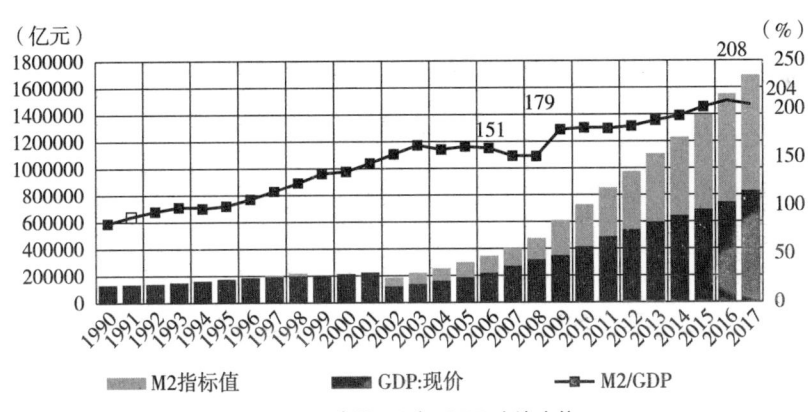

图7-1 我国M2与GDP之比走势

资料来源:中国人民银行。

另一方面,货币超发所形成的资金运行与实体经济领域所获得的投资收益由于存在时滞,其效率会远远低于投机领域。当货币政策以大水漫灌的方式注入市场时,资本的逐利性不可避免地推动着资金游离于实体经济而更多在投机性领域空转并获取高额利润,而正是投机性领域的高额利润反过来对实体经济产生"空吸效应",从而导致货币政策失效。当货币政策失效时,则意味着资产负债表的衰退。资产负债表一旦衰退,实体经济就很难获得预期利润,金融部门的不良资产和坏账率会不断上升，最终导致银行利率下降甚至成为负利率。人们会将更多资金投入房市和股市等相对容易变现且投机性强的领域，从而进一步推高房市泡沫和股市泡沫，经济将面临更大的系统性风险。

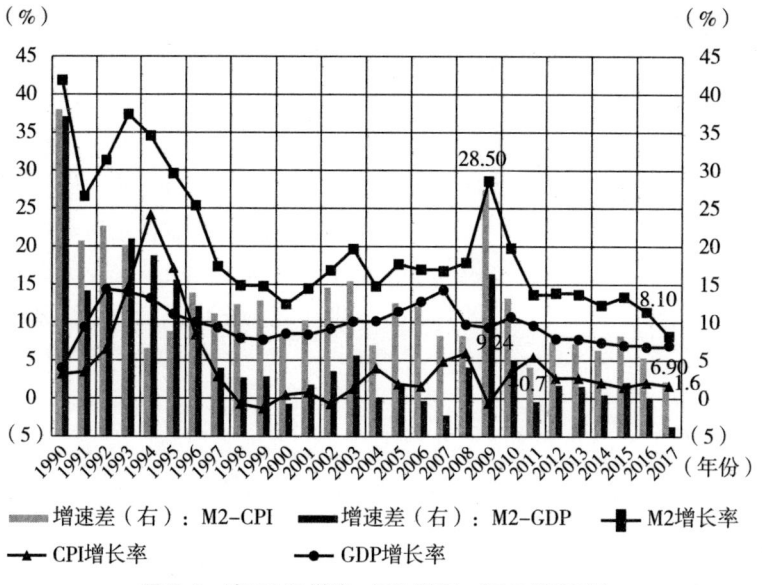

图 7-2　我国 M2 增速、CPI 增速、GDP 增速对比

资料来源：中国人民银行。

2. 监管滞后

金融市场化和开放程度提高，新兴金融业态快速发展，而金融监管相对滞后，为资金"脱实向虚"创造了条件。一是不同业务监管要求不同。2010 年以来，为降低融资平台贷款风险，政府出台了相应的规范政策，但是由于监管规则不一致，部分资金仍以信托和委托贷款、同业业务等形式投向融资平台、房地产、"两高一剩"等行业。二是跨境资本流动为资金"脱实向虚"提供了资金来源。随着经济全球化的深入发展，我国金融开放和市场化不断推进，境内外汇率市场、货币市场、资本市场的联动性加大，跨境资金流动的途径和规模增加，成为资金"脱实向虚"的重要渠道之一。三是分业经营边界不断被突破，资金"脱实向虚"的途径越来越多。随着利率市场化进程加快，金融"脱媒"趋势加剧，各种创新性金融产品和业态在提高金融对实体经济适应性的同时，也成为资金"脱实向虚"的重要工具。近年来，P2P 等互联网金融发展迅速，而我国在监管上仍存在定位不清、法规跟进不及时等问题，互联网金融不断突破政策边界，甚至出现违规经营、庞氏骗局等非法行为，反而加大了虚拟

经济与实体经济的背离。

（四）利率市场化拉大了小微企业的议价能力

利率市场化实施之后，银行采取在基准利率基础上进行浮动的模式，经营较好的小微企业议价能力提高，贷款难度不大，经营情况不好的企业感觉自身议价能力不强。从某省的实际利率情况来看，某国有大型商业银行的省分行小微企业贷款利率平均上浮为30%，利率水平约为5.6%，最高上浮为50%，利率水平约为6.4%，与信托以及民间借贷等渠道所得资金的成本相比非常低。对于合法守信、经营稳健的小微企业来讲，目前的融资渠道很多，包括国有银行、股份制银行在内的各家银行都在争夺，通常可以选择的银行机构都在2~3家。除此之外，还包括蚂蚁金融等成熟的互联网金融企业等。这类经营较好的小微企业不仅融资难度不高，而且议价能力很强，相对而言资质不好的小微企业贷款难度较大。

二、金融业的发展概况及服务实体经济的先天"短板"

（一）银行市场化不高，无法有效支持实体经济

我国银行的市场化程度不高，匹配实体企业信贷需求的能力不足。一是资源过于集中于大银行，无法形成差异化经营。2018年第一季度末，五大国有银行总资产占银行业金融机构的37.6%，加上国开行和邮储银行后，七家银行的人民币各项存款和贷款占银行业金融机构的49.1%和50.3%。二是资金、业务权限、信贷审批权限等过度集中总行或省分行，银行分支机构经营灵活性不够，无法及时满足客户多元化信贷需求。三是银行贷款灵活性不高，项目贷款与流动性贷款接续存在障碍，企业大量时贷时付等信贷需求无法满足，迫使企业寻求过桥贷款等模式。四是银行放贷标准过高，大部分信贷需要企业提供抵质押担保或保证担保，信用贷款占比不高。我国企业普遍存在抵质押物严重不足的情况，其中贸易类企业、科技型企业、轻资产企业甚至无法提供有效抵质押物，由于无法大量开展信用放款，企业信贷需求满足率不高。五是贷款责任追究机制过于严格。贷款尽职免责无法完全落实，银行信贷销售部门对高风险企业持回避态度。尤其在目前不良贷款问题突出的情况下，存在频繁撤换支行行长，对不良贷款相关人员层层处罚等情况。

（二）银行业传统信贷资金大量投向房地产领域，弱化了对产业结构调整的支持

当前从银行信贷结构来看，政府类项目和个人贷款项目融资较为容易，中小微企业融资较为困难。2016年的数据显示：全国企业中长期贷款新增3.95万亿元，占金融机构各项贷款新增的31.1%，住户贷款新增6.34万亿元，占金融机构各项贷款新增的49.9%。与之相比，2016年，企业短期贷款新增仅为0.56万亿元，占金融机构各项贷款新增的4.4%，挤压效果显著。2017年在国家降杠杆的背景下，这一趋势有所缓解。全国企业中长期贷款新增6.38万亿元，占金融机构各项贷款新增的47%，企业短期贷款新增仅为1.63万亿元，占金融机构各项贷款新增的12%，挤压情况有所缓解①。

（三）大型银行支持小微企业力不从心，小型银行实力不强

从现实情况来看，大型银行更适合服务大型企业，城市商业银行、农村合作金融机构、村镇银行等小型银行更适合服务小微企业。这是由以下因素决定的：一是由银行机构的资金实力决定的。大型企业信贷规模需求较大，需要银行机构也具有相当的资金实力。小型银行承接规模较大的信贷业务时，会使最大单一客户贷款占比提高，相应地提高银行经营风险。二是由银行机构的综合服务能力决定的。大型企业从银行获得信贷的同时，还有国际业务、资产管理、汇率管理等方面的需求。小型银行的综合服务能力通常很难满足大型企业的多方位需求。三是由银行机构的管理体制决定的。大型银行建有庞大的业务部门来实现对客户的全方位服务和提高自身应对多种风险的能力，大型银行投入大量资金完善信息系统等基础设施的建设，保障复杂业务的顺利进行。在现有管理体系下，大型银行服务大型企业的管理成本与服务小型企业相差不大，但服务小型企业的收益较低无法覆盖前期的大额投入。与之相比，小型银行人员有限、管理层级少、机构精练、基础设施投入有限，比较适合开展复杂程度较低的小型企业的信贷业务。

与国有大型银行相比，城市商业银行、农村合作金融机构等小型银行的小微企业贷款占比高，但信贷投放能力却有限，贷款总规模远远小于相对五大国有商业银行和股份制银行的总规模。按照银监会的统计口径，2018年第二季度末，五大国有商业银行和股份制银行小微企业贷款余额分别为7.31万亿元和4.40万亿元，占全部商业银行贷款的比例分别为30%和18%，自2015年以

---

① 摘自《2017年金融统计数据报告》。

来整体上呈下降趋势；而城市商业银行和农村商业银行小微企业贷款余额分别为5.72万亿元和6.55万亿元，占全部贷款的比例分别为24%和27%，自2015年以来整体呈上升趋势（如图7-3所示）。

从小微企业贷款的增速情况来看，从图7-4可以看出，总体上表现较为稳定，但2017年第三季度有下降的趋势。国有商业银行的小微企业贷款增速在2017年第四季度以前较为稳定，保持在10.25%~11.65%的水平，但自2017年第三、四季度以来下降趋势明显，从2017年第四季度的11.65%下降至2018年第二季度的4.19%；股份制商业银行的小微企业贷款自2016年第二季度以来增长幅度显著，从最低的2016年第二季度的0.65%上涨至2018年第一季度最高的10.78%水平，2018年第二季度也保持了10.38%的增长水平。城市商业银行和农村商业银行的小微企业贷款增速虽然常年保持在15%以上的水平，远远高于国有商业银行和股份制商业银行的增速，但两者的下降趋势明显。城市商业银行的小微企业贷款增速自2016年第一季度以来下降趋势明显，从2016年第一季度最高的22.78%下降至2018年第二季度的15.81%；同样，农村商业银行的小微企业贷款增速从2016年第三季度最高的22.19%下降至2018年第二季度的17.89%。值得一提的是，外资银行对我国小微企业的贷款增速呈显著上升趋势，从2016年第一季度的-6.79%迅速上升至2018年度的18.98%的最高水平，2018年第二季度依然保持着17.29%的高水平，但由于其占比较小，对小微企业的融资支持力度有限。

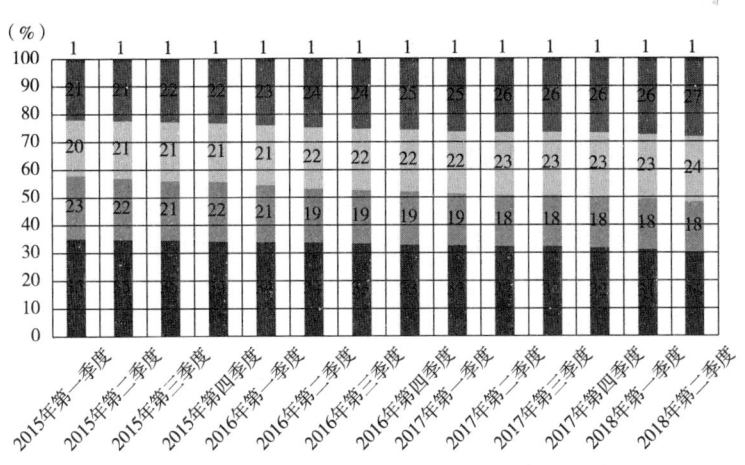

图7-3 商业银行小微企业贷款占比

资料来源：中国人民银行。

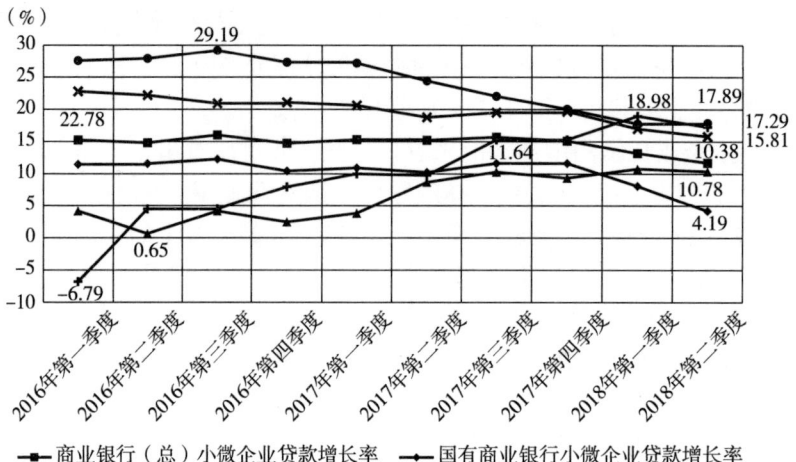

图 7-4 我国商业银行小微企业贷款增长（同比）

资料来源：中国人民银行。

综上分析，由于小微企业贷款的主要来源是城市商业银行和农村商业银行，但在目前"去杠杆"的宏观背景之下，城市商业银行和农村商业银行的经营情况不容乐观，会加剧小微企业的融资难、融资贵的问题。而且，国有商业银行对小微企业的支持力度在持续减弱，会进一步使小微企业的融资难题"雪上加霜"。

（四）多种因素导致银行不愿涉足小微企业和民营企业

银行不愿涉足小微企业和民营企业存在多种因素。

第一，小微企业和民营企业不良贷款率较高。如图 7-6 所示。商业银行存贷比持续上涨的背景下，随着我国目前实体经济发展困难增多，2018 年第一季度和第二季度的商业银行不良率开始上升。近几年我国商业银行不良贷款不断攀升是银行机构面临的突出问题。商业银行不良贷款总额和不良率自 2010 年以来持续上升，不良率从 2012 年第一季度开始连续二十个季度上升，在 2016 年第三季度末不良贷款率达到 2010 年以来的最高点 1.76%，之后开始回落，至 2017 年第四季度连续五个季度不良率均稳定在 1.74%，资产质量差的状况开始显现，但 2018 年第一季度和第二季度的商业银行不良率开始达到 1.75% 和 1.86%，形势不容乐观，尤其是农村商业银行，2018 年第二季度高达 4.29%，说明农村商业银行的不良资产出资问题最为严峻，如图 7-5 所示。相对而言，股份制商业银行和城市商业银行的不良资产率小幅上升。国有商业银行的不良资产率下降幅度较大,表现相对较好。从课题组对某省的调研情况来看,某大型商业银行省分行贷款不良率为1%,小微企业贷款不良率为3%,民营企业贷款不良率也较高。与之相比,政府类项目不良率非常低,当前在该省的某城市商业银行的水利、建筑等与政府类基建项目相关的贷款不良率为0。

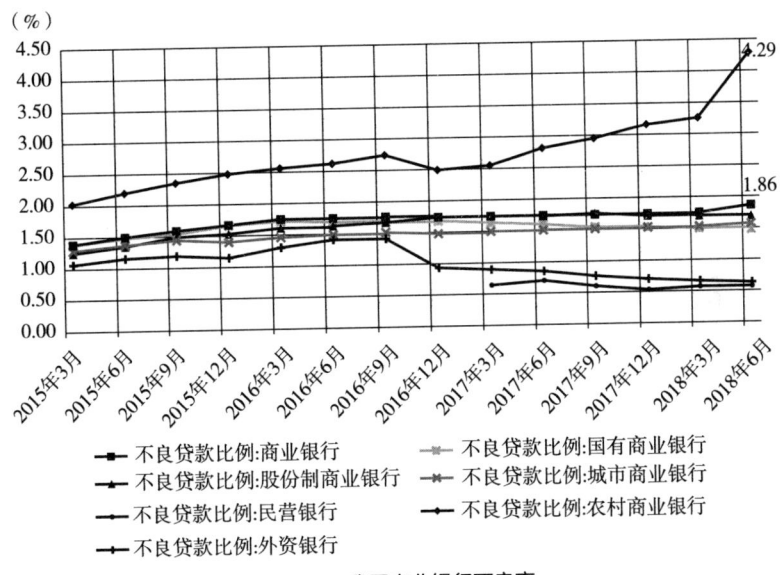

图 7-5 我国商业银行不良率

资料来源:中国人民银行。

第二,小微企业信用透明度较低,银行获取小微企业信用信息的难度非常大。作为中小微企业,绝大部分为未上市公司,通过金融市场公开发售债券的可能性也较小,所以银行机构很难通过股票市场、债券市场等渠道获取企业经营情况的信息。在人民银行征信系统方面,由于中、小、微企业贷款规模较小,其金融业务涉及的商业银行数量也较少,银行机构也很难从其他银行机构对中、小、微企业的金融服务中得到企业的信用信息。除上述渠道外,银行还试图通过水电费缴存情况、税务部门数据、海关数据等渠道收集企业信用信息,但我国目前还没有建立统一的信用体系,这类数据的获取难度和成本均较大。

第三,小微企业增信渠道有限。小微企业抵质押物非常有限,企业主个人通常不愿以个人资产为企业贷款作抵质押,受部分地区担保链断裂影响企业间担保行为萎缩,我国融资性担保体系还没有完善。

三、实体企业发展困境

(一) 企业成本上升明显

经营成本高企是导致实体企业生产经营困难的重要原因。近年来，我国实体企业特别是中、小、微企业，已经全方位进入了"高成本时代"。无论是从《全国企业负担调查评价报告》[①]等公开报告还是课题组对山东、广东和湖南等地的调研结果均显示，中小企业，尤其是实体经济层面的民营企业存在的人工成本攀升、原材料价格上涨、资金压力紧张、融资成本高、招工难等问题，尤其是税费高企问题导致企业不堪重负，有的被迫撤离实体经济领域，有的甚至被迫关闭和停产，企业经营环境有待优化。

首先，用工成本上升。改革开放以来，丰富廉价的劳动力是支撑我国实体经济不断发展壮大的关键因素。但是，2004年以来我国劳动力供给逐渐从无限供给向局部短缺转变，企业面临日益严峻的"用工荒"。据全国人口普查数据统计，2012年我国15~59岁劳动年龄人口为93727万人，比2011年减少345万人，占总人口的比重为69.2%，比2011年末下降0.6个百分点，这是我国劳动年龄人口比重首次出现下降，并且在2030年以前仍会逐渐减少。目前来看，2012年的人口普查数据结果所反映的问题正在逐步显现。

同时，我国普通劳动者的薪酬逐年上升，实体企业负担沉重。从课题组对湖南省的调研结果来看，用工难在大型劳动密集型企业中较为突出。湖南省某上市公司为劳动密集型加资金密集型企业，解决了10万人就业问题，但当前用工成本高，招不到工人，生产跟不上交付，委托劳务派遣公司招工的介绍费就达到了3000元/人。由于用工成本上升，企业已到东南亚地区考察建厂，但当地劳动力素质低，管理成本高，且配套不健全，目前条件仍不成熟。

其次，中小实体企业融资难融资贵。资金是实体经济的"血液"。在企业利润日趋微薄的背景下，融资难融资贵问题长期困扰我国实体企业的发展，与其社会贡献十分不匹配，近年来备受社会关注。第一，融资难问题。由于资产抵押品不足，经营状况也缺乏稳定性，即使资金严重短缺，广大中小企业也很难从正规金融机构获得信贷资源。全国工商联发布的数据显示，2017年我国依然有95%的小微企业未从金融机构获得过贷款。融资难问题阻碍实体企业开展正常的生产经营活动，十分不利于企业转型升级。第二，融资贵问题。银行贷款是企业获得资金的重要来源，但是高额的融资成本已经成为企业的沉重

[①] 由中国中小企业发展促进中心每年10月末发布，2018年10月29日发布了2018年《全国企业负担调查评价报告》。

负担。目前我国中小企业融资成本包括贷款利息、浮动利息、保证金利息、担保费用、融资顾问费用、抵押物登记费用、评估费用,等等,远远高出银行贷款利率;有的中小企业由于抵押物少、规模受限等原因,贷款申请遭拒率保持在60%左右的水平,资金不足已严重制约实体企业的发展。此外,如果广大小微企业得不到正规金融机构的贷款,只好转而求助于民间高利贷。有些地区民间借贷的平均利率高达30%,极大地推高了小微企业的融资成本,许多企业陷入了"不借等死,借钱找死"的两难境地。第三,商业银行存贷比持续上涨,实体企业的融资难融资贵问题正在加剧(见图7-6)。自2014年第三季度以来,我国商业银行的存贷比处于持续上涨的趋势,反映了贷款增速大幅高于存款增速的形势,但受强监管等因素的影响,企业融资成本依旧在上升。虽然我国融资贵、融资难的问题由来已久,但目前来看,这一问题有向中小企业融资"关门"发展的趋势,值得警惕。2016年上半年以前中小企业可以更多地依靠过桥贷款、依靠更高的利息在民间资本市场进行借贷,但由于上述"去杠杆"、限错配、"去通道"等强监管措施的持续推进,中小企业的融资难问题已经一定程度上不存在了,出现了在市场上无法融资的问题。2018年上半年人民币贷款的增加和商业银行存贷比的持续上涨,目前来看,依然集中于大中型的非金融企业。

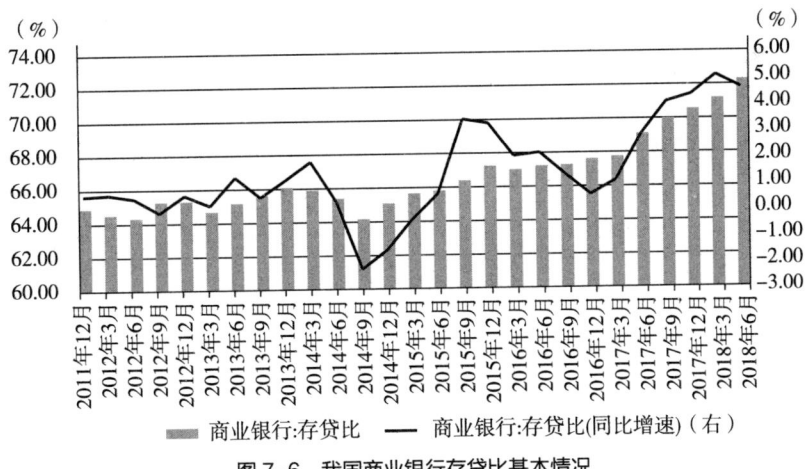

图7-6 我国商业银行存贷比基本情况

资料来源:中国人民银行。

如果融资难融资贵问题继续侵蚀实体企业的经营效益,最终必将阻碍实体经济发展。

最后,税费负担沉重。近年来我国加快税改步伐,企业税负有所减轻。但是,重复征税、"高征低扣"、所得税扣除比例过低等问题仍然严重制约实体企

业的发展。这一问题也是本课题的基础研究内容,在此不再赘述。

(二)上市再融资等待时间过长,企业无法及时得到资金支持

经过近30年的发展,我国股票市场虽然取得了长足的进步,但融资渠道仍然不够通畅,IPO受制于股指,再融资受制于内幕交易,约束条件一直无法得到有效解决。目前,我国IPO发行速度较快,但再融资渠道受到较为严格的限制。一方面,企业再融资等待时间过长,企业无法及时得到资金支持;另一方面,企业拿到批文至配股截止日之间时间过短,不利于企业寻找合适的操作时机。

(三)社会信用体系不健全,企业违约成本过低

我国社会信用体系基础数据库还在建设过程中,统一的失信惩戒制度还有待建立,企业逃废银行债务、提供虚假信息等行为虽然给金融机构和社会公众造成了伤害,但并没有违反法律法规或法律法规惩罚力度较轻,由此使企业违约成本过低。违约成本过低成为银行不愿放贷给小微企业的原因之一。小微企业绝大多数为有限责任公司,企业发生违约时不会追索到股东或者企业主的个人资产。中小企业的品牌价值等无形资产的价值相对较低,企业运行和发展并非依赖企业的品牌价值等,而是更多地依赖企业主本人的人脉关系,由此中小企业破产后,企业主再成立一家新公司的成本相对较小。同时,失信问题也是妨碍我国金融市场健康发展的重要原因。债券市场存在代持和利益输送等问题,在面对损失的情况下,甚至会暴露国海证券虚假公章等事件。股票市场存在信息披露等问题,IPO前隐瞒负面信息使申购的中小投资者蒙受损失,并购重组和再融资领域利用内部信息进行内幕交易。

第八章
我国实体经济融资税收分析及建议

近年来，随着我国经济进入新常态，为解决实体经济发展的困境，党中央国务院出台了包括供给侧结构性改革、"三去一降一补"、创新驱动发展战略、"中国制造 2025"和创新驱动发展纲要发展战略等支持实体经济发展的政策。在我国实体经济的融资成本降低方面，财政部、税务总局也于近期出台了相关政策，广东省等部分省市也在出台支持实体经济的政策方面有所涉及。但我国金融机构在服务实体经济的资产证券化、融资租赁以及中小商业银行等方面存在着一定的税收难题，因此，除了直接给实体经济减税减费的政策之外，给服务我国实体经济的金融机构和相应产品减税也不失为一种为实体经济优化税收环境的间接性手段。

一、与实体经济融资相关的税收政策

当前我国支持实体经济降低融资成本的主要政策框架是三个方面：一是降低给实体企业融资的金融机构的税负，制定优惠政策。二是给实体企业优惠政策，创造更好的融资环境。三是其他手段，通过基金、担保等给予更多支持。目前呼吁更多的是第二个方面，第一个方面的税收优惠政策往往容易被忽视，同时，第三个方面的基金和担保机构的税收优惠也可以构成第一个方面政策的一部分。

（一）国家税务总局实体企业融资税收相关政策

为积极发挥税收职能作用，进一步助力打好精准脱贫攻坚战，便于纳税人、贫困群众、扶贫工作者乃至全社会充分知晓脱贫攻坚有关的税收优惠政策，2018 年 5 月税务总局发布了《支持脱贫攻坚税收优惠政策指引》（以下简称《指引》），汇编了目前所有与扶贫攻坚税收相关的优惠政策，从内容来看，实体经济和小微经济成为核心。

在推动普惠金融发展方面，《指引》整理了银行类金融机构贷款、小额贷款公司贷款、融资担保及再担保业务、农牧保险业务 4 类 15 项税收优惠政策，大力发展普惠金融，增强金融对薄弱环节和弱势群体的服务保障能力。从具体税收优惠分布来看，4 类 15 项税收优惠政策分别为（详细政策目录见附录一）：

（一）银行类金融机构贷款税收优惠
1. 金融机构农户和小型微型企业小额贷款利息收入免征增值税
2. 金融机构农户小额贷款利息收入企业所得税减计收入
3. 金融企业涉农和中小企业贷款损失准备金税前扣除
4. 金融企业涉农和中小企业贷款损失税前扣除
5. 农村信用社等金融机构提供金融服务可选择适用简易计税方法缴纳增值税
6. 中国农业银行三农金融事业部涉农贷款利息收入可选择适用简易计税方法缴纳增值税
7. 金融机构与小型微型企业签订借款合同免征印花税
（二）小额贷款公司贷款税收优惠
8. 小额贷款公司农户小额贷款利息收入免征增值税
9. 小额贷款公司农户小额贷款利息收入企业所得税减计收入
10. 小额贷款公司贷款损失准备金企业所得税税前扣除
（三）融资担保及再担保业务税收优惠
11. 为农户及小型微型企业提供融资担保及再担保业务免征增值税
12. 中小企业融资（信用）担保机构有关准备金企业所得税税前扣除
（四）农牧保险业务税收优惠
13. 农牧保险业务免征增值税
14. 保险公司种植业、养殖业保险业务企业所得税减计收入
15. 农牧业畜类保险合同免征印花税

（二）财政部实体企业融资税收相关政策

在支持金融机构方面，财政部近期发布了多项税收优惠政策。具体来说，金融机构对小微企业、农户、个体工商户提供贷款，单户授信在 100 万元以内的免征增值税。农村信用社等金融机构，可以选择适用简易计税方法按照 3% 征收率计算缴纳增值税。此外，对为农户、小微企业等借款、发行债券提供融资担保取得的担保费收入，还有再担保保费收入全部免征增值税。除了增值税之外，在所得税、印花税方面也都安排了税收优惠政策。如允许金融企业将涉农贷款、中小企业的贷款按照风险分类，分别计提贷款损失准备金，并且允许税前扣除。最新颁布的专门针对小微企业的融资税收优惠政策是《关于小微企

业融资有关税收政策的通知》(2017年11月6日),将税收减免政策进一步扩大,覆盖落实普惠金融政策的所有金融机构,普惠金融领域也扩大至农户、小型企业、微型企业和个体工商户。免征利息收入增值税贷款金额扩大至100万元。具体如下:

一是增值税免税期间为2年。自2017年12月1日至2019年12月31日,按照以往的政策,到期后会进一步延长减免期间。此外,对金融机构与小型企业、微信企业签订的借款合同免征印花税,期间为2018年1月1日至2020年12月31日。

二是免税对象扩大为全金融机构。过往的增值税免税政策局限于农村金融,本次免税政策扩大至全部的金融机构,广义上理解应该也包括小额贷款公司,但对于小额贷款公司有关税收政策优惠,财政部和税收总局曾经以"财税〔2017〕48号"单独下发。可能该优惠政策局限于银行业金融机构,即银监会印发牌照的机构。

三是免税标的扩大为普惠金融领域。过往的增值税免税政策局限于"三农"领域小额贷款,本次免税政策扩展为向农户、小型企业、微型企业及个体工商户发放小额贷款取得的利息收入,免征增值税。《财政部 税务总局关于延续支持农村金融发展有关税收政策的通知》(财税〔2017〕44号)第一条规定"自2017年1月1日至2019年12月31日,对金融机构农户小额贷款的利息收入,免征增值税。"

四是明确了农户、小微型企业判断标准。农户判断标准依然是延续了《涉农贷款专项统计制度》对农户的定义,小微企业则进一步明确了营业收入与资产总额的判断标准,这种判断标准也为S63、S64报表的划型方法提供了参考依据,但遗憾的是该免税标的不针对小微企业主贷款利息收入。

- 资产总额和从业人员指标均以贷款发放时的实际状态确定。
- 营业收入指标以贷款发放前12个自然月的累计数确定。
- 营业收入不满12个自然月的,按照以下公式计算:
  营业收入(年)=企业实际存续期间营业收入/企业实际存续月数×12

银监1104制度的要求是:新设立企业(包括处于建设期尚未投产的项目公司)依据相关主管部门批准的可行性研究报告或相关资料中预计的年度资产总额、营业收入或从业人员数划定企业行业类别,进而划定企业规模。如依据可行性研究报告或现有资料无法划型的,暂划入中型企业。

五是明确了小额贷款的范围。小额贷款,是指单户授信小于100万元(含本数)的农户、小型企业、微型企业或个体工商户贷款;没有授信额度的,是指单户贷款合同金额且贷款余额在100万元(含本数)以下的贷款。对于授信需求超过100万元以上的普惠金融领域,可以找几家银行共同授信,将会化整为零，规避税收政策。同时，由于票据直贴和买断式转贴现都属于各项贷款，又增加了此前票据贴现分段计收增值税的难度。

（三）地方实体企业融资税收相关政策

一些地方政府如广东、湖南近期也发布了针对当地实体企业融资税收的相关政策，以广东省的税收优惠政策为例，广东省政府于2017年8月20日发布了《广东省降低制造业企业成本支持实体经济发展的若干政策措施》，其中，针对制造业企业的融资环境方面做了详细规定，其中包括企业的融资成本在税费方面的优惠措施。详细规定如下：

> **六、降低企业融资成本**。2017~2020年省财政对在境内申请上市的民营企业，经证监部门辅导备案登记后，分阶段对完成公开发行之前支付的会计审计费、资产评估费、法律服务费、券商保荐费等中介费用，按不超过实际发生费用的50%给予补助，每家企业补助资金不超过300万元。对在"新三板"成功挂牌的民营企业奖励50万元，对进入"新三板"创新层的民营企业再奖励30万元。对在省内区域性股权市场发行可转换为股票的公司债券或增资扩股成功进行直接融资的民营企业，按企业融资金额的2%给予补助，每家企业补助资金不超过300万元。对"广东省高成长中小企业板"的挂牌企业按照融资金额的3%给予补助，每家企业补助资金不超过300万元。鼓励银行、商业保理公司、财务公司等机构为制造业核心企业产业链上下游中小微企业提供应收账款融资，对帮助中小微企业特别是小微企业应收账款融资的相关企业择优进行支持。鼓励企业利用股权出质方式拓宽融资渠道。支持省、市进一步建立健全中小微企业融资政策性担保和再担保机构。鼓励各地设立中小微企业设备融资租赁资金，通过贴息、风险补偿等方式给予中小微企业融资支持。

二、金融机构服务实体经济的税收难题

金融机构服务实体经济所面临的税收难题，可以从金融机构的类别（尤其是针对实体经济和中小微企业的中小金融机构）和服务实体经济的金融产品（资产证券化和融资租赁）两个角度来分析。

（一）中小商业银行机构遇到的税收难题

从城市商业银行和农村商业银行（或农村信用社）等中小商业银行机构来看，全面推开"营改增"试点以来，根据国家有关政策，部分城市商业银行和农村商业银行因注册地在地级市所辖城区，不能享受金融服务按3%简易计税的政策，税率由营业税下的3%上升至增值税下的6%，且可抵扣项目较少，

导致"营改增"后税负不减反增，在一定程度上削弱了这部分地方金融机构改革发展和服务实体经济的能力。

（二）资产证券化税收难题

20世纪中后期，资产证券化在欧美兴起，并不断活跃于国际金融市场。21世纪初，我国引入资产证券化工具，于2005年首次开展银行信贷资产证券化试点。尽管曾受美国金融危机的影响，资产证券化在我国一度停滞；但随着国内有关金融监管制度的日趋完善，面对庞大的资本市场需求，本着盘活存量资金，支持实体经济发展的初衷，2011年我国重启了资产证券化试点，并于2013年再次扩大试点。回顾过去10年的试点历程，我国已初步建立了资产证券化制度框架和市场体系，基础资产亦日趋多元化，从最初的银行信贷资产，逐步扩大到企业应收债权、应收融资租赁款、信托收益权以及基础设施、商业物业等不动产财产或不动产收益权等，逐步从银行业的信贷资产证券化转向了实体企业层面的应收转款等领域。

但与资产证券化业务发展得"如火如荼"相比，有关税收政策的制定和规范却依然停留在我国资产证券化业务试点的早期。截至目前，我国专门针对资产证券化的税收文件仅有《财政部、国家税务总局关于信贷资产证券化有关税收政策问题的通知》一个文件。该文件是针对银行信贷资产证券化试点而发布的税收政策，文件从资产证券化的设立、经营和收益分配环节，对资产证券化涉及的营业税、所得税、印花税处理做了基本规定。另外，除现有税收文件的合理性和实效性有待研究外，其适用对象的单一化也使大量包含实体经济成分的新生资产证券化业务被排除在税收监管和规范之外。资产证券化各参与方在创新不同资产证券化业务时，备受税收政策的困扰。在税收政策不明朗的现实下，各方在考量架构设计、合同安排、收益分成等证券化核心要素时，往往只能将税收因素予以搁置。但随着"营改增"全面试点以及我国税制改革不断推进，资产证券化业务的税收规范问题必将日益突出，并很可能对资产证券化业务的发展产生重大影响。

当前资产证券化业务税收法规相对滞后于业务本身的发展。现实中，一方面，囿于各类资产证券化业务的复杂性、多样性和创新性；另一方面，受限于地方税务机关实操层面的不同解读和征管口径，具体落实、执行当前税收政策仍存在较大的现实困难，总体造成税收政策在规范、引导、扶持资产证券化业务方面的职能和作用不甚明显。

鉴于现行法规主要针对银行信贷资产信托结构的证券化交易，而目前常见的资产证券化产品在基础资产、受托架构安排、收益分配方式等方面都存在个性化差异。因此,资产证券化税收政策的规范需要着眼于资产证券化完整的业务链条,以及不同基础资产的固有特点。

目前,对资产证券化的税收实务存在以下难题。

第一,专项计划管理人(如信托公司)服务费发票的开具和抵扣问题。部分观点认为管理人服务于投资者,服务费发票应开具给投资者。但囿于投资者法律形式、数量及其持有证券期限的不同,向投资者开具发票的操作空间较小。其他观点建议管理人应将此发票开具给专项计划。根据140号文,专项计划以管理人为流转税纳税义务人,那么,管理人是否可以将服务费发票开给自己也未可知。

第二,基础交易服务接受者(如原债务人、原承租人)的发票取得问题。实务中,这些服务接受者是应该从原始权益人还是专项计划的管理人取得发票仍存在分歧。若无法取得合规的增值税发票,他们将很可能损失进项税抵扣和企业所得税扣除的税收利益。

类似地,原始权益人也面临难以取得资产证券化有关融资费用/成本发票的问题。由于资产证券化税收属性的不确定,与直接的融资行为不同,原始权益人因资产证券化而列支的融资费用/成本,往往因无法取得合法凭证或发票而不得在企业所得税前扣除。而在租赁资产证券化中,这还将直接影响原始权益人在计算增值税时实现利息支出的扣除。

(三)融资租赁税收难题

2015年8月26日国务院总理李克强主持召开国务院常务会议,确定加快融资租赁和金融租赁行业发展的措施,更好地服务实体经济。目前,融资租赁业务在我国发展迅速,已成为与银行、证券、保险、信托并列的五大金融业务形式之一,是我国企业重要的融资方式之一。企业在发生融资租赁业务时,应当特别注意其涉税事项,尤其是在"营改增"之后,相关的税收政策进行了调整和完善。实践中,融资租赁可以细分为两种经营模式:一种是出租人应承租人的要求与第三方签订购销合同,向第三方购买指定的租赁标的物,此种租赁方式为直接租赁;另一种是出租人与承租人签订购销合同,由承租人将自己拥有的租赁物出售给出租人,然后再通过租赁方式将已经出售的租赁物租回,此种租赁方式为融资性售后回租。由于融资租赁的法律关系不同于普通租赁,税法对融资租赁的规定也区别于普通租赁。

融资租赁业是较早参与"营改增"试点的行业之一,从增值税的税改前和税改后的融资租赁比较来看,在"营改增"前,《国家税务总局关于融资租赁业务征收流转税问题的通知》(国税函〔2000〕514号)规定,经中国人民银行、银监会、商务部批准从事融资租赁业务的单位，无论融资租赁货物的所有权是否转移，均按5%的税率征收营业税；对于未经中国人民银行、银监会、商务部批准从事融资租赁业务的单位，租赁期满，货物所有权转移给承租方，征收增值税，货物所有权未转移给承租方，属于服务业中的租赁，按5%税率征收营业税。在"营改增"后，根据《关于在上海市开展交通运输业和部分现代服务业营业税改征增值税试点的通知》（财税〔2011〕111号）规定：融资租赁业属于有形动产租赁，属于现代服务业范围，应征收增值税，税率为17%。但是，对经中国人民银行、银监会、商务部批准经营融资租赁业务的试点纳税人中的一般纳税人提供有形动产融资租赁服务，对其增值税实际税负超过3%部分实行增值税即征即退政策。2016年，《关于全面推开营业税改征增值税试点的通知》（财税〔2016〕36号）发布后，延续了财税〔2011〕111号的相关政策，同时完善了不动产融资租赁及融资性售后回租的税收政策。

综合来看，"营改增"全面推开阶段对融资租赁业的影响有利有弊。目前关于融资租赁业的"营改增"政策仍存在改进空间。应充分考虑融资租赁业在实体经济中发挥的特有作用，对现行"营改增"政策进行微调，从而达到为实体经济减税、刺激经济运行的目的。

有利的方面：一是对于融资租赁业本身而言，因最主要业务即售后回租税率下调，税负整体有所下降；二是解决了试点阶段产生的资产转让问题、部分售后回租开票问题等。

有弊的方面：一是售后回租承租人不得抵扣，丧失节税优势；二是经营性租赁税基、资金成本可抵扣范围等问题仍未解决，又新添了场外融资、逾期利息等新问题。

三、降低我国实体经济的融资成本的建议

习近平总书记在党的十九大报告中指出，加快完善社会主义市场经济体制的进程中，要深化金融体制改革，增强金融服务实体经济能力，提高直接融资比重，促进多层次资本市场健康发展。健全货币政策和宏观审慎政策双支柱调控框架，深化利率和汇率市场化改革。健全金融监管体系，守住不发生系统性金融风险的底线。这些论述构成了我国金融改革的大方向，指出了未来我国金融工作和金融改革的思路。

（一）在税务处理上逐步完善国家融资担保基金

2018年总理政府工作报告提出，2018年政府工作的重点之一是加快建设

创新型国家、打造"双创"升级版。报告提及"设立国家融资担保基金,支持优质创新型企业上市融资,将创业投资、天使投资税收优惠政策试点范围扩大到全国"。

2018年3月28日召开的国务院常务会议决定设立国家融资担保基金,该基金由中央财政发起、联合有意愿的金融机构共同设立国家融资担保基金,首期募资不低于600亿元,采取股权投资、再担保等形式支持各省(区、市)开展融资担保业务,带动各方资金扶持小微企业、"三农"和创业创新。目前兴业银行、民生银行和华夏银行均已出资参与了国家融资担保基金的设立。

国家融资担保基金主要通过市场化的方式去操作,但因为是准公共产品的定位,所以担保费率相对于市场的担保要低,并且也不会要求抵押和反担保,主要还是信用担保。这样它的便利程度、贷款可获得性相比较之下会比市场担保机构要更好一些。基金管理在目标定位上是坚持准公共定位,市场化运作,不以盈利为目的,实行再担保费率优惠。原则上不分红。通过不分红带动担保机构和银行共同降低融资成本,落实小微和"三农"服务双创的目标。只有基金结束的时候或者退出的时候才分配各自份额,平时操作运作过程中原则上不分红。

业务方式上基金主要采取再担保、股权投资方式。主要是与省级的再担保公司开展业务,支持省里面辖区内的担保机构为符合条件的小微企业提供贷款担保。其中,再担保和股权投资将分别发挥其功能,再担保主要是分散风险,股权投资是给它进一步"输血"的,提高担保机构的风险抵御能力和业务拓展能力。

合作机制上,基金不层层新设机构,将充分现有省、市、县各级融资担保机构开展业务。同时合理地设置合作机构准入门槛,限定业务范围,明确涉农涉小的业务应当占有的比重,严格控制成本和绩效考核,充分发挥引导带动作用。

在风险防控方面,基金采取有效责任公司的形式,财政以出资额为限承担责任,构建与担保公司、商业银行的风险分担机制,并健全内部风险控制,切实防控运行风险。在治理机构上,基金将建立健全完善的公司治理机构,面向市场择优组建专业化管理团队,并实施市场化员工激励措施,等等。

下一步将按照上述考虑和原则加紧工作,尽快地组织运行,尽早地让它发挥作用。在税制处理上要加以完善,以当前现存的最优税率来扶持。

(二)完善中小商业银行机构的税制结构

鉴于城市商业银行和农村商业银行市场定位、服务对象及服务区域聚焦在

"三农"领域，建议国家财税部门修改相关政策，取消城市商业银行和农村商业银行的注册地限制，将"法人机构在县（县级市、区、旗）及县以下地区的农村合作银行和农村商业银行提供金融服务收入，可以选择适用简易计税方法按照3%的征收率计算缴纳增值税"的规定，修改为"涉农贷款占比达到70%以上的城市商业银行和农村商业银行金融机构提供金融服务收入，可以选择适用简易计税方法按照3%的征收率计算缴纳增值税"，以进一步减轻农村金融机构负担，增强金融机构服务实体经济和乡村振兴战略的后劲和能力。

（三）完善我国资产证券化税收政策

我国资产证券化税收政策的完善仍需要结合行业特点，明确相关交易的税收属性，扫除税收实务难点和盲区。力争在强化税收征管的同时，便利行业的整体发展。最终通过繁荣资产证券化市场、促进金融变革，"反哺"国家财政税收，实现多方共赢。因此，亟待相关法规的制定部门尽快针对资产证券化业务出台内容更为细化、规定更为系统、更具可操作性的税收政策，为配合鼓励资产证券化业务的发展发挥积极作用。

1. 明确资产证券化的税收属性，理顺法律、会计及税务关系

资产证券化的首要税务问题是资产证券化是原始权益人转让基础资产行为还是融资行为的税务界定不清晰。此问题不仅关系到资产证券化设立环节原始权益人纳税义务的认定，也直接影响后续证券化经营环节基础交易双方的税务处理。因此，未来资产证券化税收政策应当首先明确资产证券化的税收属性，也就是说，资产证券化究竟被认定为基础资产转让或原始权益人融资，还是两者兼而有之。此外，税务上也需要权衡有关法律和会计规定，明晰一项资产证券化安排构成基础资产转让或融资行为的基本条件，以及对应交易性质下，参与各方在流转税和企业所得税方面的税务处理。

2. 强化税收政策的可操作性，提升法规的实效价值

针对上述专项计划管理人（如信托公司）服务费发票的开具和抵扣问题、基础交易服务接受者（如原债务人、原承租人）的发票取得问题、原始权益人难以取得资产证券化有关融资费用/成本发票的问题，在未来资产证券税收政策的完善仍需最大限度地立足业务各方可能面临的实务问题。

3. 秉持税收中性原则，适度给予行业税收优惠

若税务上认定资产证券化为原始权益人的融资行为，则融资费用/成本应

作为利息支出进行税务处理。由于现行增值税下，利息支出的进项税不得抵扣。因此，按照增值税的中性特点，在不同资产证券化业务下，原始权益人列支的融资费用/成本的进项税均不得抵扣进项税。但实务中，原始权益人在不同资产证券化下的增值税处理却可能不尽相同。因此，未来税收政策应基于税收中性原则，细化统一不同基础资产证券化下，基础交易收入及证券化融资费用的税务处理，均衡税负水平。当然，在特定业务发展时期，可以根据国家政策发展需要对特定形式或特定资产的证券化业务给予适度税收优惠，发挥税收调节和激励作用。

4. 澄清专项计划是否具有企业所得税的"纳税主体身份"

不同于流转税纳税主体的认定，企业所得税法纳税主体的厘定通常取决于该主体在上位法中的法律地位。一般而言，企业所得税纳税主体首先应当是法人实体。简单来说，作为特殊目的实体的专项计划（非法人安排）不具有法人实体资格，其主要法律职能在于承载基础资产及未来现金流入，同时强制隔离基础资产与原始权益人或其他任何第三方受托/中介机构的财务风险。某种意义上，专项计划是投资者管理、核算与基础资产有关收入与支出的平台，专项计划本身（不是受托机构）并不因实现前述功能取得经济流入，形成自有"会计收入"。因此，从法律地位和业务实质来看，特殊目的信托/专项计划缺乏成为企业所得税纳税主体的法律、经济基础。因此，尽管按照140号文，专项计划本身似乎已具备增值税属性，其纳税人为受托管理机构，但对于企业所得税而言，仍建议考虑将专项计划"透明化"，从而调整5号文的有关规定，不再考虑产品收益是否在专项计划层面分配，而直接对顶层投资者应当取得的收益征收企业所得税，以减少实务操作的不便和可能的重复征税。

（四）完善融资租赁的税收政策

我国以增值税取代营业税的改革，无论对宏观经济运行还是融资租赁行业的长期发展，都具有重要意义。但目前关于融资租赁业的"营改增"政策仍存在改进空间。应充分考虑融资租赁业在实体经济中发挥的特有作用，对现行"营改增"政策进行微调，从而达到为实体经济减税、刺激经济运行的目的。

1. 充分发挥融资租赁行业特有优势，赋予必要税收激励

首先，融资租赁行业对于国民经济具有促进作用。由于特有的业务模式和行业性质，能够天然地服务于企业技术改造和设备更新，对企业改善财务结构、平衡利税、积累发展资本等有着其他信贷支持方式所达不到的效果，从

而有效促进整体经济发展，因此发达国家一般都赋予融资租赁业必要的税收优势。

其次，对融资租赁业赋予一定的税收激励，可以使其更好地帮助企业技术更新、促进宏观经济稳健运行，从而扩大国家整体增值税的税基，可以使国家税收收入不减反增。

最后，由于融资租赁业能够更好地鼓励资本在实体经济中增加投入，而非游离于实体经济之外，这一作用对于我国当前的经济形势，显得特别重要。另外，在科创中心建设和各地自贸区建设中作用巨大，为科技创新企业和自贸区相关企业提供融资租赁服务，有力地支持了其发展，契合国家政策导向。

因此，建议对融资租赁业出台相关鼓励政策，赋予更多税收激励，才能更有利于发挥融资租赁业对于国民经济的重要作用。建议一方面出台针对融资租赁业的专门税收优惠，鼓励更多企业选择融资租赁，充分发挥融资租赁业的作用。另一方面出台更多固定资产投资优惠政策，如投资税收减免、加速折旧等，并允许出租人代为行使上述税收抵免权力，并通过降低租金的方式，将得到的抵免优惠转移给承租人。

2. 解决售后回租业务承租人抵扣问题

金融租赁公司在服务实体经济，促进制造业转型升级和中国制造"走出去"等方面发挥着积极作用，但受限于一些外部因素，如法律法规要求、特种设备的登记管理制度、租赁与采购税收优惠政策区别等相关政策影响，使得租赁业务大多以融资性售后回租方式开展，以 2015 年金融租赁公司新增投放为例，回租业务投放约占总投放规模的 90%。36 号文将售后回租归入贷款服务，虽然金融租赁公司售后回租税负下降；但同时规定下游企业不能作为进项抵扣，导致承租人实际增加的融资成本大于金融租赁公司减少的税负，违背了营改增"减税、刺激经济运行"的初衷，因此，建议对于售后回租业务，允许下游承租人抵扣进项税，以体现国家对融资租赁业的扶持，同时降低实体经济融资成本。

3. 重新定义经营性租赁税基，解决营改增过程中仍然存在的重复征税问题

根据现行的营改增政策，经营性租赁的实际税基为全部租息，没有扣除资金成本，这不符合增值税仅对商品或劳务的增值部分征税的基本原则。另外对于租赁物为购入二手设备时，还可能面临因无法取得进项税发票，导致本金部分重复征税的问题。因此，建议税务机关重新审视经营性租赁的税基，按照增值税征税原则，将税基确定为增值部分，允许在原税基中扣除资金成本；对

于购入二手设备开展经营性租赁的，按其业务实质，允许其主动申报、直接扣减。

4. 按照增值实质，扩大资金成本的可抵扣范围

除银行借款及发债等资金成本外，融资租赁业从其他融资渠道如保理等获得资金的成本尚不能进行进项税抵扣，导致作为增值税税基的增值部分被人为扩大，此部分成本支出与银行利息支出并无本质差别，如不能抵扣有违增值税实质原则。另外，租赁公司多元化融资渠道，扩大资金来源，也有利于降低流动性和利率风险。因此，建议将此类成本支出纳入进项税抵扣范围，或以负面清单形式规定差额征税的不可扣除项目范围。

5. 对目前存在的政策执行层面问题进行调整

场外银行借款方面，在原营业税体系下，根据相关规定，营业税下金融机构间相互拆借、占用资金可以免征营业税，包括线下拆借。建议延续原免税政策，将线下拆借业务加入金融同业往来利息收入免征增值税范围，或以负面清单方式列举必须应税的业务行为，避免无谓地增加社会融资成本。

逾期利息方面，建议明确金融租赁公司属于金融企业，并可按相关规定将融资性售后回租逾期90天以上应收未收利息冲减当期利息收入，待实际收回时再计入当期应税销售额。

6. 关注金融行业可能存在的税负转嫁问题

"营改增"的全面推行使社会整体税负有所下降，但部分行业尤其是金融行业自身税负水平可能有所上升。由于金融行业在市场中处于相对强势地位，因此仍可能将自身上升的税负通过调高利率或增加其他费用的形式向其他市场主体转移，最终导致实体经济融资成本的上升。因此建议在评估相关税负政策调整结果时，应更多从实体经济的综合运营成本进行考量。

第九章
支持实体经济发展的经济政策协调基本框架

党的十九大报告指出,建设现代化经济体系,必须把发展经济的着力点放在实体经济上,把提高供给体系质量作为主攻方向,显著增强我国经济质量优势。加快建设制造强国,加快发展先进制造业,推动互联网、大数据、人工智能和实体经济深度融合,在中高端消费、创新引领、绿色低碳、共享经济、现代供应链、人力资本服务等领域培育新增长点、形成新动能。支持传统产业优化升级,加快发展现代服务业,瞄准国际标准提高水平。促进我国产业迈向全球价值链中高端,培育若干世界级先进制造业集群。党的十九大报告还指出,创新和完善宏观调控,发挥国家发展规划的战略导向作用,健全财政、货币、产业、区域等经济政策协调机制。习近平在中共中央政治局第三次集体学习时强调,要建设创新引领、协同发展的产业体系,实现实体经济、科技创新、现代金融、人力资源协同发展,使科技创新在实体经济发展中的贡献份额不断提高,现代金融服务实体经济的能力不断增强,人力资源支撑实体经济发展的作用不断优化。

实体经济是一国经济的立身之本,是财富创造的根本源泉,是国家强盛的重要支柱。马克思在《资本论》中最早把实体经济和虚拟经济划分开来,并描述了实体经济与虚拟经济的运行过程。从马克思的定义出发,不能单纯地划分哪些行业属于实体经济,哪些不属于实体经济,而是要看其对应的具体经济行为是否属于实体经济过程。也就是说,这一经济行为产生的经济增值是否创造了价值,是否属于实体增值。所谓实体增值,是指商品或者服务在流通过程中因实际需要产生的内在增值;与之相对的虚拟增值则是指以商品为载体进行的纯资本流通,从而导致商品市场价格大幅上扬的"增值",其实质就是资本的自我增值。

经济政策与实体经济之间的关系实质上是政府与市场之间的关系，坚持使市场在资源配置中起决定性作用，更好发挥政府作用，需要政府与市场协调配合，经济政策之间协调配合，支持实体经济发展才能有力有效。

一、市场与政府的协调配合

实体经济振兴离不开创新和企业家精神，但要注意它们不是外生变量，不是天然具有的。企业不是天生偏爱创新，而是取决于基本、基础性的市场制度，并且是竞争的市场制度，而不是政府随意干扰的市场制度下才形成的，关键要看是否有良好的基本制度环境作为前提条件。

振兴实体经济发展，核心是要实施创新驱动发展战略，以技术创新和制度创新为引领，通过技术创新提升实体经济发展的技术进步率和劳动生产率，以制度创新提升实体经济发展的资源配置效率。创新驱动引领和振兴实体经济。第一，要正本清源，充分认识到中国大国经济发展和强国经济最终要依靠实体经济的"强大与发展"，要尽快消除在当前经济转型升级过程中出现的一系列对实体经济的片面性认识和实践中的误区，发展服务经济是必然，但不可偏废实体经济。第二，要紧紧依靠科技创新和科技进步改造提升实体经济的质量和效益，既要发展战略性新兴产业，更要运用现代科学技术改造和提升实体经济发展。发挥企业家创新精神与"工匠精神"的合力，大力提升中国制造的质量、品质和技术标准。第三，以深化供给侧结构性改革加快实体经济结构性调整，加快清理退出"僵尸企业"，推动实体经济结构优化，有进有退。第四，以全面深化改革营造更加有利于实体经济发展的国际化法治化营商环境。通过市场主体再造、市场机制完善和法治环境营造以及政府的"放、管、服"，为实体经济发展创造公平竞争的外部环境。

（一）企业家精神

企业是实体经济的主体，企业家是企业的灵魂和核心，是实体经济的推动者。广大企业和企业家要提高自身素质、增强企业实力，提升实体经济的核心竞争力。

企业家精神不仅是企业家创业创新的精神资源，也是企业乃至整个经济社会可持续发展的重要动力。后国际金融危机时期，我国社会变革和经济体制转轨正处于关键时期，实体经济被弱化的苗头已经显现。因此，在全社会培育、弘扬和呵护企业家精神，探索企业可持续发展的精神动力和文化认同，具有十分重要的意义。同时，在企业转型升级的进程中，企业家心态和价值观的改造提升是关键。

企业家素质的高低攸关企业发展的成败，也决定着国家竞争力的发展水平。只有拥有高素质、具有创新意识和超前意识的优秀企业家，企业才能在国际经济竞争舞台上立于不败之地。企业家要勤于学习、终身学习，通过总结自身的经营管理经验、借鉴他人的成功经验再创新、学习形势政策以及进修学习等多种方式不断提高自身素质，以适应瞬息万变的市场经济，引领企业转型升级，发展壮大。

早期的经济学家，如亚当·斯密和马尔萨斯，强调土地在经济增长中的重要作用。之后，随着第一次工业革命，资本带来了动力机器，增加了产量，土地、资本、劳动力逐渐成为影响经济增长的支配性力量，传统经济学把它们称作三大生产要素。众所周知，土地、资产、劳动力等传统要素的供应增长受到很大限制，包括环境承载力等不可能无限制满足经济增长的需求。与此同时，经济学家罗伯特·索罗的经济增长理论认为，没有技术进步，由于资本报酬递减规律，传统要素驱动的经济增长最终都会趋于停滞，而技术进步等可以克服边际产出下降。

这也是传统动能减弱的重要原因，实体经济迫切需要生产要素的革新和升级（转换成"新要素"）。随着科技革命和产业变革的深入推进，人才、技术、知识、数据、信息等新生产要素的大规模应用，极大地放大了生产力的乘数，为经济增添新的活力，这是新动能发展的重要基础。激发技术、信息等新生产要素活力的主体，毫无疑问是"企业家"，"企业家"是市场配置各种资源的主导力量。正如习近平总书记深刻指出的："我们全面深化改革，就要激发市场蕴藏的活力。市场活力来自人，特别是来自企业家，来自企业家精神。"

经济学家一直将企业家才能及企业家精神视为一种重要的生产要素。古典经济学派的大师让·巴蒂斯特·萨伊，明确将"企业家精神"作为第四种生产要素，和传统的土地、劳动力、资本并列。古典经济学家理查德·康替龙也强调了"企业家"这个角色在经济生活中所起到的作用。他最早使用"企业家"这一称谓，发现了"企业家"及其"服务价值"，并揭示了风险与利润的偏好。

企业家是一种极为稀缺的生产要素，远比劳动力、土地、资本难以获取。在实际生产经营中，一个优秀的企业家几乎决定着企业的创建、兴衰成败。每一个优秀的企业背后必然有一个或者数代优秀企业家的支撑；反之亦然。因而，现代西方经济学已经将"企业家精神"视为四大生产要素之一。被誉为"创新之父"的熊彼特首次把企业家才能看作经济增长与发展的原动力，认为正是企业家的"创造性毁灭"推动着经济发展的波浪式上升，企业家通过不断开发新产品、引入新生产方式、开辟新市场、获取新材料、建立新兴组织的一系列创新来推动经济发展。由此来看，"企业家精神"是各种"新要素"产生的重要"催化剂"。

企业家精神最重要的部分是创新。科技创新是企业的生命，是企业可持续发展的不竭动力。企业家要坚持理念创新、知识创新和工作创新，敢于打破旧有的经营管理模式和技术方式的束缚，积极进行科技创新、制度创新、产品创新、品牌创新和业态创新，着力提高企业产品的市场竞争力，增强企业可持续发展的能力。企业家要有冒险精神，优秀企业家是国家经济的舵手和领航者，勇于冒险、善于进行"创造性破坏"是其必备的素质。同时，要努力改变世人长期将中国制造等同于低质低价代名词的偏见。实现中国实体企业的转型升级，企业家心态和价值观的全面改造是关键。

当前我国实体经济发展面临严峻的挑战，中国企业家当有"天下兴亡，匹夫有责"的豪情，要忍得下艰辛，遵循产业规律，坚持发展主业不动摇。要围绕主业，抓住机遇，提高自主创新能力，坚持以品质取信、以品牌立世，做强主业，把企业可持续发展当作企业家一生甚至是数代人的事业去经营，争创全国和世界一流企业，打造百年老店。"实业报国"是指矢志实业，报效祖国，它应成为中国企业家发展实业的宗旨。企业的生存与发展，企业家所取得的辉煌成就，离不开国家和全社会的支持。因此，追求个人的富足并不是企业家精神的本质，对于优秀企业家来说，最重要的是如何出色地服务和回报社会，即社会责任感才是衡量企业家成败的标杆。自古以来我国企业家就有实业兴国的理想，力图通过兴办实业为振兴中华贡献一分力量。现代中国企业家更要超越单一的盈利动机，树立矢志实业、报恩国家、报恩人民的理想，勇担社会责任，自觉地将企业的发展目标与经济社会进步和中华民族伟大复兴中国梦融为一体，为民富国强作出应有的贡献。尽管企业家的创新精神是企业发展的不竭动力，但是具有"创造性破坏"能力的企业家精神必须时刻受到道德和法律的约束。勤劳创业和实业致富乃中国经济发展的动力源泉。勤劳致富是指勤奋劳动不怕吃苦，艰苦创业发家致富。同时，市场经济是法治经济，依法经营，诚实守信是企业家成功的基本前提。但是近年来"瘦肉精""塑化剂""毒奶粉""毒胶囊"等伤天害理的事在中国屡见不鲜，中国企业经营者缺乏对道德和良知的敬畏。中国企业家要不断自省、自律、自觉谋求道德素质的提高，遵纪守法，诚实守信，脚踏实地艰苦创业，谋求企业跨越发展。

培养和完善企业家精神是一项复杂的系统工程，政府要为企业家精神的生长提供肥沃的土壤，而中国企业家应抓住机遇，团结社会和他人，将个人的企业家精神转变成中华民族的实业精神，让企业家精神在发展实体经济的历史中焕发出耀眼的光芒。

振兴实体经济的主战场在制造业。核心是要坚持实施制造业创新驱动的发展战略，以技术创新和制度创新为引领，通过技术创新提升制造业发展的技术进步率和劳动生产率，通过制度创新提升制造业发展的资源配置效率。

当今，我国已是全球制造业第一大国，却面临大而不强的尴尬。改革开放数十年，我国制造业一路高歌猛进，制造业增加值在 21 世纪初赶上德国，2006 年超过日本，2010 年追上了美国，现在已经稳居世界第一。我国制造业不论是总产量、进出口，还是从业人数都名列全球第一，成为名副其实的制造业大国。在 500 多种主要工业品中我国有 220 多种产量居世界第一。然而，值得骄傲的成绩背后却是无法回避的尴尬。近年来，我国制造业增速呈现不断放缓的趋势，表明我国制造业正处在向新型制造业转型升级的"犹豫期"。所谓新型制造业，就是不断依靠科技创新、不断降低能源消耗、减少环境污染、提高经济效益、提升竞争能力，进而实现可持续发展的制造业。在新常态下，只有深入实施创新驱动发展战略，才能推动"中国制造"向"中国创造"迈进。

从世界科技发展的历史和实践来看，科技兴则民族兴，科技强则国家强。只有具备强大的自主创新能力的国家，才能在激烈的国际竞争中长期立于不败之地。提高自主创新能力不仅是我国企业生存发展的重要手段，也是推动我国实体经济稳健发展的关键之举。在错综复杂的国内外经济形势下，为了更好地应对第三次工业革命的挑战，更为了早日实现中华民族伟大复兴的中国梦，我们必须大力实施创新驱动发展战略，坚定不移地走中国特色自主创新道路，通过深化科技体制改革，充分发挥科技创新的重大支撑和引领作用，不断提高我国实体经济的发展质量和效益。

创新不仅是作为生产经营主体的企业在激烈的市场竞争中的取胜之道，也是确保我国实体经济稳健发展的迫切需要。党的十八大报告明确指出，着力构建以企业为主体、市场为导向、产学研相结合的技术创新体系，这就为我们加快推进创新型国家建设指明了方向。因此，要从国家长远发展的战略高度，有效整合各种创新力量，强化企业技术创新的主体地位，充分发挥企业在技术创新决策、研发投入、科研组织和成果转化中的主体作用，确保实现科技与经济的紧密结合。

首先，要从企业创新的内生动力和现实需求出发，制定与技术创新政策相匹配的产业政策、金融政策以及法律法规，从政策和法律上确保企业创新活动的正常开展，为企业成为我国的创新主体奠定坚实的基础。例如，要加强技术创新立法，尽快修订《促进科技成果转化法》《科学技术进步法》，还要加大税费减免力度，完善支持企业技术创新的税费政策。其次，要深化配套改革，释放改革红利。目前，扫清制约企业技术创新的体制性障碍，关键在于处理好政府与市场的关系，尽量减少行政审批，充分发挥政府在技术创新体系中的重大作用，从而释放市场新活力，激发企业创新的内在动力。总之，有了体制机制的制度护航和加油助力，企业创新的闯劲将更大，动力也更足，必将开拓我国

技术创新的一片新天地。

科技投入是增强科技实力的基本前提。放眼当今世界，无论是发达国家还是新兴工业化国家，均把增加政府科技经费投入作为提升国家综合竞争力的战略举措。我国必须更加重视科研活动，构建长效的科技投入机制，大幅度增加科技创新投入，以更好地解决实体企业技术研发投入不足的难题。首先，要充分发挥财政科技经费投入的杠杆作用，认真落实国家财政科技投入的法定增长要求，鼓励地方政府加大财政科技经费投入，不断提高政府科技资金中投入企业技术创新的比重。要完善科研项目、政府科技资金的管理制度，推动企业着力加大技术创新投入。例如，中央国有资本经营预算产业升级与发展专项资金，要确保加大对中央企业技术创新的支持力度。建立健全技术标准和能源资源消耗指标，倒逼企业不断加大科技投入，提高创新水平。要创新大中型企业负责人的考核制度，倒逼企业负责人加快技术创新的步伐，对于技术创新的领军人物和典型企业，都应加大国家科技奖励力度，充分发挥其对技术创新的示范及引领作用。其次，构建科技金融合作机制。科学技术是第一生产力，金融则是实体经济的核心。实现科技创新与金融创新的有效结合，是提高我国自主创新能力的现实选择，也是建设创新型国家、提高实体经济综合竞争力的重大战略。因此，要鼓励和引导创业投资、政策性银行和商业银行创新金融产品，提升为科技型企业服务的水平，确实加大对科技型企业的创新投入；而科技型企业也要内外兼修，努力使企业符合银行的信贷要求。

为了增强企业技术创新的内生动力，我国应将强化以企业为主体的技术创新体系建设提升到国家战略的高度。首先，要为企业技术创新营造一个公平竞争的市场环境，推动各类创新要素向各种企业集聚，充分发挥企业在技术创新决策、研发投入、科研组织、创新收益和风险承担中的主体作用。其次，加大知识产权保护力度。知识产权是企业重要的无形资产，也是我国经济转型升级背景下企业创新发展中必不可少的宝贵财富，因此加大知识产权保护力度至关重要。促进创新资源高效配置和综合集成，把全社会的智慧和力量凝聚到创新发展上来。因此，要着力培育企业知识产权保护意识，明确知识产权的政策导向，对企业申请发明专利、注册商标，尤其是自主知识产权项目等，要加大政策和资金的支持力度，鼓励企业积极参与国际技术标准的制定和修订，不断完善企业的知识产权保护体系，让企业的创新行为得到应有回报；同时，要尽快制定并颁布能够真正保护知识产权的法律法规，实行更加严厉的侵权赔偿标准，提高侵权成本，降低维权成本，依法严惩侵犯知识产权的各种违法犯罪行为，让企业的创新利益得到应有保护，为企业创新发展提供一个更加公平的竞争环境。最后，营造鼓励创新的文化氛围。要善于继承和发展鼓励创新的中华传统文化，借鉴国外的创新理念，努力营造勇于创新、鼓励成功、宽容失败的社会氛围。要通过网络、电视、广播和报刊等舆论媒体大力传播创新精神和创新实践，不断拓宽创新文化的宣传渠道，激发全社会的创新精神，为创新型国家建设添砖加瓦。

（二）政府职能

政府基本作用和职能，在"维护"和"服务"上，也就是制定基本的规则和保障社会秩序的稳定以及供给公共产品和服务，充分发挥市场在资源配置中的决定性作用和更好发挥政府的作用。

第一，为了促进实体经济健康发展，要更好发挥政府作用，优化实体经济发展的相关体制机制，培厚发展实体经济的肥沃土壤，增强实体经济的吸引力，让各类市场要素特别是人才和资金更多地向实体经济领域聚集，推进实体经济健康发展。

一是制定发展规划，推进实体经济稳健发展。近年来，我国实体经济的发展面临诸多困难，原因是多方面的，但最根本的原因是经济发展方式的可持续性出了问题。鉴于实体经济是国民经济的根基，中央高层在各种场合强调要大力发展实体经济，这是党和国家基于我国国情所做出的重要决策。大力发展实体经济，加快推进中国向工业大国和工业强国转变，是攸关中国未来的重大经济战略，因此中国亟待制定发展实体经济的长远战略规划。要在加快转变经济发展方式的过程中促进实体经济实现又好又快发展，充分发挥实体经济在创造社会财富、保障和改善民生等方面的重要作用。要统筹考虑农业、工业和服务业等不同实体经济部门的产业特点、发展基础和发展前景等因素，在此基础上尽快研究制定《中国实体经济中长期发展规划》，科学描绘我国主要实体经济部门的发展路线图，合理设定各个阶段的具体发展目标，并在此基础上进一步做好各地区实体经济发展的中长期规划与年度计划，以期做优农业、做强工业、做实服务业，并实现实体经济各部门的协调、有序、持续和快速发展。要建立健全实体经济发展部际协调机制，加大宏观调控力度，优化配置政策资源，使各种资源流入实体经济部门的同时，充分发挥虚拟经济服务于实体经济的作用。

二是坚持扩大内需，推动实体经济转型升级。增加居民收入是扩大内需的基础。我国国内消费需求难以提振的重要原因是收入差距过大、劳动收入在国民总收入中所占的比重过低，而究其根源则在于收入分配制度不健全。因此，要深化收入分配制度改革，建立工资与效益良性增长机制，努力实现居民收入增长和经济发展同步、劳动报酬增长和劳动生产率提高同步，提高居民收入在国民收入分配中的比重，提高劳动报酬在初次分配中的比重，从而切实增加低收入者收入，增加中等收入者比重，千方百计提高居民收入水平，为我国的消费增长奠定坚实基础；完善的社会保障制度是扩大内需的强大支撑。拓宽就业渠道，提高国民收入水平，不断完善社会保障体系，是充分释放居民有效需求的重要举措。因此，要不断完善就业优先的政策保障机制，多管齐下拓宽就业渠道，着力解决全国大中专院校毕业生、农村剩余劳动力以及城镇就业困难人员的就业问题，注重提高就业的质量和水平，努力增加居民收入。要着力健全覆盖城乡的社会保障体系，通过加大教育经费投入、完善城乡居民最低生活保障制度、健全城乡医疗保险和养老服务体系、构建多层次的住房保障体系等措施，不断提高我国社会保障的发展水平，解除老百姓在教育、医疗、养老和住房等方面的后顾之忧，加快推进我国居民消费结构升级的步伐，充分释放老百姓的消费潜力，使之成为实体经济可持续发展的强大动力；扩大国内的消费需求，要不断完善消费政策，健全与消费相关的法律法规，规范消费市场的秩序，努力为消费者提供安全、放心的消费环境。要开发消费新产品，既能通过加快消费品的升级换代满足高收入者的高端消费，又能开发合适的产品满足规模庞大的农民工群体的消费需要。要顺应绿色消费的国际潮流，创新各种节能环保的绿色消费品，力争占领未来消费品竞争力的制高点。

第二，在发挥政府作用过程中，要把职能定位放在"维护"和"服务"之上。如果政府对市场经济行为干预过多，则违反市场决定资源配置这一市场经济的一般规律。由于政府介入微观经济领域，使其在"市场参与者"和"市场监督者"两个角色之间很难有一个准确定位。由于政府掌握重要经济资源配置权并控制重要生产要素的价格，从而会削弱政府对市场活动规范性监督的职能，并使企业缺乏自主发展的动力。所以，即便是在2008年金融危机后，凯恩斯主义的需求管理成为政府介入经济的理论基础，但政府职能仍然只限于宏观调控，微观经济领域政府并不直接介入。中央指出，必须积极稳妥地从广度和深度上推进市场化改革，大幅度减少政府对资源的直接配置，推动资源配置依据市场规则、市场价格、市场竞争实现效益最大化和效率最优化。政府的职责和作用主要是保持宏观经济稳定，加强和优化公共服务，保障公平竞争，加强市场监管，维护市场秩序，推动可持续发展，促进共同富裕，弥补市场失灵。

经济全球化给中国政府改革的影响是深远的。经济全球化的含义是：经济活动，包括经济资源的配置、生产活动的开展、交换行为的实现，总之，一切经营活动，都在全球范围内按经济规律统一考虑，并在较少限制的条件下进行。它体现的是成熟市场经济的原则，是经济在全球范围内获得发展的最好机制。它对政府的影响深刻而巨大，甚至是决定性的。经济的运行方式，也将从文化、观念、组织机构、行为方式、工作方法上影响着政府的变革。也就是说，在成熟的市场经济基础之上，必将形成与之相适应的政府理念、政府组织模式与工作模式。而在2008年金融危机之后回归实体经济的全球化浪潮中，对政府职能转换的要求也是统一的。我们的政府管理体制所受影响的总趋势是：成熟市场经济所体现出的政府理念、政府管理体制、政府管理方式和方法都将逐步地、不可改变地在中国得到落实。其中最关键的就是政企分开，以及在社会本位基础上科学合理地配置政府职能，使其从根本上转到为社会服务上来。因为在世界贸易自由化的前提下，在国际范围内的竞争必须有企业的高度积极性，而积极性又必须以主体性为前提，这是政府控制下的企业根本不具备的；竞争的结果又呼唤政府服务水平的提高，没有好的政府服务，企业的竞争力与主体性就确立不起来。而在这个大浪潮中的这种"顺策"的具体内容就是针对我国旧的管理体制的问题，把我国的各级政府建设成为服务型的政府。

第三，积极推动财政转型，以有效的财政税收政策促进实体经济的发展。

一是积极探索新经济下支持实体经济发展的财政政策。适应新经济，财政政策不能故步自封，要善于学习农业经济向工业经济转型的经验，从工业经济向新经济的转型过程中，财政理论和实践都可能大幅度创新。①认识到信息收集、处理和快速传递之于财政政策的重要性。面向企业和自然人的税收制度和转移支付体系，未来将更加复杂。财税部门不仅要掌握会计体系记录的经济信息，还要汇总一些诸如婚姻状况、社会角色以及赡养抚养人口等其他信息。说到底，信息而非其他决定了财政政策的有效性。②财政政策对实体经济的支持应迈向精细化。如今，各级财政约束越来越大。财政支出领域扩大与资金规模紧张之间的矛盾会进一步加剧。因此，做好财政刺激的效果预测与评价十分重要。适合中国实用的财政政策模型与数据分析亟待加强。③实体经济创新发展是财政政策的优先支持方向。全球化为创新发展提供了广阔空间，财政政策应为行业和企业创新发展创造可能。吸收引进更多的优质科研成果与优秀人才，是大国崛起的前提也是标志。财政政策不能局限在投资和消费领域，完全可以为铸就全球创新高地营造更宽松的环境。

二是稳妥推进现代财政制度建设。现代财政制度建设有利于实体经济尽快摆脱困境。①找准现有财政制度与实体经济之间的摩擦点。降低工业企业税费负担，关键是找到收入替代，全面分析如何有效并合理地向电子商务、金融证券和其他新兴经济形式筹集收入，扩大税基，减轻实体经济压力。②确立稳定的分税制财税体制机制。1994年"税改"未完成的体制机制改革亟待持续推进。解决地方财政困难的关键是为其找到稳定的收入来源，增加税种（如房产税）或者提高税率（如所得税）有待进一步考证是不是有效的弥补收入办法。因为，此举会加重实体经济负担，不利于转型发展。更为可靠的办法是，利用现代国家治理结构的框架，重构转移制度，使之有利于统一市场均衡税率并解决事权划分不当等问题。③现代财政制度建设的视野可以更宽广，发挥多部门信息汇总与数据分析的优势，为直接税改革创造条件，也为提高社保、教育和医疗等支出的有效性提供支撑。利用宏观经济分析及微观实证结论，发挥财政制度中长期调节资源配置、稳定经济运行、促进企业转型和改善社会福利水平等积极作用。走出政府财务管理的狭小空间，放大财政功能，体现财政价值。

三是利用产业优化和金融改革推动财政转型。产业优化和金融改革的协调推进，是财政转型的有力帮手。①产业优化形成的新产业结构，有利于财政走出对工业企业为代表的实体经济依赖，消除垄断和鼓励创新都是支持实体经济的关键性工作，新的经济增长点都是新的收入来源。增量改革先行、存量调整跟进，财政转型的速度也会加快。②金融改革有利于减轻财政转型负担。实体企业融资成本高、生存压力大，很大程度上源自资本配置效率的降低。金融"输血"造成的"僵尸企业"是金融改革的风险，更是财政转型的负担。清除"僵尸企业"的根本办法是让金融企业有理想选择机会，真正扭转企业尾大不掉的下滑趋势！切实认识到不是每一个实体经济都要财政金融去拯救。③产业优化与金融改革对化解财政风险意义重大。政府债务问题表现为金融机构借款违约与产业补贴负担。化解政府债务违约对财政稳定性的冲击，关键是"开前门、堵后门"注意分别化解存量债务和新增债务风险，始终防范金融、财政乃至经济风险的"连锁式"爆发。产业补贴中的直接补贴和产业发展基金问题亟须高度重视。防止用新的政策概念，变相增加政府债务。

二、财税等经济政策与实体经济的关系

（一）实体经济是财政金融发展的基础

财政金融应以有效服务和支持实体经济发展为目标导向，如果偏离实体经济，财政金融就会成为无源之水，不可持续。财政金融发展状况与实体经济的运行状态相辅相成，不应出现长期的大幅度偏离。资金是现代经济运行的血脉，财政和金融都涉及资金的运动，前者是公共资金的运动，后者是社会资金的运动，财政金融活动对实体经济发展具有深入而广泛的影响，既可以有效支持实体经济发展，也可能成为实体经济耗损的重要因素。构建现代财政金融制度，正确运用财政工具和金融工具可以引导或推动实体经济发展，而财政风险、通货膨胀、金融压抑等则是耗损因素，甚至是破坏性因素，例如，金融危机、财政危机与经济危机常常相伴。

观察近年来全球经济的运行状况，也可以验证财政金融发展与实体经济之间相辅相成和相生相克的逻辑关系。20世纪初期，美国在网络"经济泡沫"

破灭以后，运用低利率的货币政策刺激经济和房地产市场发展，实现了金融业繁荣和实体经济稳步增长的目标，但是，也埋下了金融危机的种子。2008年，美国次贷危机引发国际金融危机和经济衰退，扩张性财政政策和量化宽松的货币政策成为应对措施，与之相伴的是政府债务的快速攀升，甚至美国国债作为无风险资产的地位都一度受到质疑，金融风险向财政风险转化，凭借着能源等领域的科技进步和美元作为世界货币的国际地位，经过6年的努力，美国经济才逐步回归到正常运行轨道，通过实体经济增长消化累积的财政风险。而其他发达经济体则没有这样幸运，仍然没有完全走出财政风险、金融风险和经济衰退相互反馈的泥潭，欧洲债务危机的爆发和日本经济长期衰退即为例证。问题的起因都是在于老龄化、外部不景气等因素引起经济增长乏力，进而金融风险暴露，表现为银行不良资产激增、房地产、股票市场等资产价格快速下滑，政府通过扩张性财政政策刺激经济发展，导致政府债务水平激增，甚至财政危机。面对这种困境，欧元区国家被迫实行财政紧缩，经济衰退条件下的财政紧缩措施进一步拖累实体经济复苏。面对财政金融发展与实体经济交织互动的复杂作用机制，发达经济体尚且如此，对收入水平相对较低的发展中国家而言，则更具挑战性。

发展实体经济，必须要落实到企业。财税政策支持实体经济的发展，实质上是财税政策支持实体经济企业的发展，涉及政府和企业的关系，其深化后即政府和市场关系。让企业这一微观经济主体能够在市场中充分发展，恰恰是政府职能转变的方向。所以，中央指出，必须积极稳妥地从广度和深度上推进市场化改革，大幅度减少政府对资源的直接配置，推动资源配置依据市场规则、市场价格、市场竞争实现效益最大化和效率最优化。政府的职责和作用主要是保持宏观经济稳定，加强和优化公共服务，保障公平竞争，加强市场监管，维护市场秩序，推动可持续发展，促进共同富裕。改革开放以来，我国的改革在体制层面经历了从有计划的商品经济到社会主义市场经济体制的转变，而在管理和运行层面，则经历了从政府和企业关系的调整到政府和市场关系的调整。这种调整围绕的核心就是政府职能的转变。

在现代经济发展中，政府的权力不是削弱了，而是加强了。只不过这种加强与古典时期相比，更多地采用间接的宏观调控手段，通过第三方——法律手段来进行。在微观经济运行领域，则是通过企业行为规范和市场中介组织的形成来进行"自律"。财税政策显然是政府作用于市场的宏观调控手段之一。

振兴实体经济不仅涉及政府与市场的权力与边界之争，更重要的是如何将两者的功效结合起来。回顾"二战"后世界经济发展历程，宣扬自由市场经济的国家恰恰采用的是重商主义的国家干预，这已达成基本共识。之所以存在发达国家采用的是政府不干预的认识，主要是因为在发达国家除政府之外，多种

力量和手段参与经济运行和管理，政府就显得弱化了。这些共同的管理力量包括法律、规则、中介组织、行业协会、舆论监督、企业自律以及消费者的"用脚投票"，等等。这些因素与政府和市场一起，良好地联结，共同发挥作用。只有在这个意义上才能寻找到最佳的振兴实业之路。

财政税收政策是政府通过财政收支总量和结构的变化调控宏观经济，使经济目标得以实现的经济政策。或者说，财政税收政策是透过政府课税及支出的行为，以影响社会的有效需求，促进就业水准的提高并避免通货膨胀或者通货紧缩，并实现其余国家职能而达成经济发展与稳定的政策。财政税收政策是以宏观经济目标为指导，而立足于微观经济主体的政策方式与手段。

这一过程是财政部门为国家履行宏观经济管理者职能相关。筹集运用资金的分配活动，为解决社会总供给与总需求的平衡，保证国民经济持续、健康、快速发展等宏观经济问题，处理国家履行政治职能、社会管理职能、经济建设与宏观调控职能资金所需要的分配关系。

虽然宏观经济学的研究成果天然地具有政策应用的特性和需求，但现实的经济并非如新古典假设的那样，放任市场通常也难以实现社会资源的最优配置。相反，需要实施恰当的宏观经济政策以缓解宏观经济的波动。

（二）产业政策与实体经济之间的关系

国家产业政策是政府为了实现一定的经济和社会目标而对产业的形成和发展进行干预的各种政策的总和。干预包括规划、引导、促进、调整、保护、扶持、限制等方面的含义。产业政策的功能主要是弥补市场缺陷，有效配置资源；保护幼小民族产业的成长；熨平经济震荡；发挥后发优势，增强适应能力。产业政策包括产业组织政策、产业结构政策、产业技术政策和产业布局政策，以及其他对产业发展有重大影响的政策和法规。

1. 加快传统产业的改造提升

传统产业是中国工业经济的发展基础和重要支柱力量。要全面组织钢铁、石化、建材、汽车、船舶、医药、纺织、有色金属、装备制造、电子信息、轻工食品等产业转型升级规划的实施，重点抓好信息技术对装备制造、电力、石化、冶金、建材、纺织、印染七大重点行业的改造提升。建立健全落后产能退出机制，加快淘汰电力、钢铁、水泥、有色、造纸、皮革、印染等行业的落后产能，推动新一轮热电联产改造。

2. 加快培育战略性新兴产业

加快培育战略性新兴产业是抢抓下一轮全球经济发展机遇、打造经济新增长点的重大举措，也是推进工业经济转型升级的重要内容。

3. 重视发展生产性服务业

大力发展科技服务、现代物流、国际贸易、创意设计和售后服务等生产性服务业，落实各项促进生产性服务业发展的政策措施，重点探索产业集群、百强企业分离发展生产性服务业，抓好生产性服务业集聚区建设，推动制造业向研发设计和营销服务两端延伸、向价值链高端提升，提高传统特色产业竞争力和产品附加值，推动生产性服务业发展。

第十章
支持实体经济发展的经济政策协调建议

一、国际经验教训

新时代对政策的协调配合提出了新要求。党的十九大报告明确提出，创新和完善宏观调控，发挥国家发展规划的战略导向作用，健全财政、货币、产业、区域等经济政策协调机制。

（一）德国

德国政府在制定经济政策时，注重建立法律和法规，将宏观经济政策的实施纳入法制化轨道，并重视财政政策与金融政策的协调配合。从第二次世界大战后初期到20世纪60年代中期，维护保持通货稳定，德国政府主要采取了控制财政赤字和货币供应量等措施。通过价格改革，恢复了市场机制的功能；通过货币改革，重新确定了有效的货币制度。德国中央银行全权负责货币发行和市场物价的稳定，独立性较强。独立运行的银行体系，为德国经济在这一时期保持稳定增长提供了条件。

20世纪60年代中期到80年代初，以促进经济增长和保持高就业为主要目标，德国推行了凯恩斯主义政策，实行了政府全面干预的市场经济体制。80年代初期以后，恢复了政府有限干预的社会市场经济体制，财政政策注重维持收支平衡，货币政策注重保持物价稳定。

2008年国际金融危机以来，德国政府采取了积极宽松的财政与货币政策，帮助金融机构及企业及时克服危机带来的困难：2008年10月至11月，推出5000亿欧元救市计划稳定金融市场、通过"以促进增长保障就业"振兴经济方案、批准310亿欧元经济激励计划。

（二）欧盟

为了保持欧盟经济的稳定、欧盟国家从整体上能够采取财政政策、货币政策、汇率政策及其不同的政策组合。但是，对欧盟成员国每个主权国家来说，他们均向欧盟让渡了货币政策、汇率政策两种宏观经济调控手段，财政政策就成为调控经济、应对外部冲击的最主要措施。这种情况下，财政货币两大政策的协调，呈现单向特征：货币政策对财政政策的协调配合，远不如财政政策对货币政策的协调配合灵活、积极。为促进成员国加强财政约束，负责欧盟货币政策的欧洲中央银行，不愿放松货币政策。罔顾瞬息万变的欧盟经济运行形势和复杂多变的国际经济环境，欧盟长期实行的宽松财政政策与从紧货币政策组合，在一定程度上妨碍了投资和经济增长。

国际金融危机发生后，欧盟成员国普遍实施了扩张性的财政刺激计划。再加上老龄化问题、医疗支出压力等长期因素的作用，各国财政赤字急剧攀升。由于担心希腊政府违约，投资者开始大规模抛售希腊国债，希腊主权债务危机全面爆发，并出现在欧元区传染的态势，欧元面临贬值压力。货币政策需要强有力的财政政策支持。欧元区两大政策不协调的理论后果在主权债务危机中得到验证。缺乏应对危机的应急救援机制，是欧盟财政货币两大政策不协调的又一表现。欧盟需要加强财政政策或经济政策一体化，使用好财政政策，有助于实现欧洲中央银行的中期物价稳定的目标。2016年1月27日，欧洲中央银行执委库勒表示，为实现欧元区经济复苏，成员国政府需采取以稳定为导向的财政政策，以支持欧洲中央银行的货币政策。

（三）韩国

韩国的宏观调控长期以计划为中心。把财政预算支出计划和经济发展计划统一起来，用预算计划和信贷计划支撑经济发展计划，是韩国宏观经济管理体制上的一大特点。20世纪60年代初期成立的经济企划院是政府主导下的市场经济体制的中枢，负有制订计划、政策协调、编制预算和维护市场四大职能。

韩国从1962年至1991年，年均增长8%，特别是1986年至1988年，他们利用国际范围内出现的石油价格低、国际贷款利率低和美元比率低的有利环境，实现经济增长连续三年平均达到12%，同时物价上涨率不超过3%。1997年11月，韩国爆发金融危机，促使韩国对经济进行了全面重组和改革。为了应对突然贬值给韩国经济造成的混乱，韩国政府采取紧缩性货币政策和财政政策收紧国内需求，改善了经常账户，稳定了汇率。流动性危机解决之后，韩国政府转向扩张性政策，产出随之迅速增长。2008年国际金融危机的冲击下，韩国金融体系再次暴露出其自身的脆弱性，韩国国内外国资本大量出逃，金融状况恶化。面对冲击，建立由总统直接负责"非常经济对策会议"制，实行扩张性财政政策，放松国内货币政策，对金融机构进行再注资。同时，为增强经济在中长期的竞争力，韩国政府积极改善经济结构，对企业、劳动力市场等各部门进行全面改革，增强了经济活力。

（四）日本

日本是政府主导型的市场经济国家。日本政府重视产业政策、财政政策与货币政策的协调配合，其中产业政策处于主导地位。"二战"后，日本在解散财阀、农地改革和劳动制度改革等措施的基础上，重建起竞争性寡头垄断市场经济。政府通过行政、法律、经济等手段，主动介入经济活动。政府根据不同时期经济发展的任务，制定产业政策，并在财政、金融政策上给予扶持。通过减免税收、提供优惠利率等手段，重点扶持国家基础产业和有发展前途的产业，实现产业结构的优化，促进经济的均衡快速发展。

日本的宏观调控，实际上是以财政为中心的。日本在短时期内迅速实现重化工业化，出口大幅度增长，靠的是财政投资、融资的支持。特别是在20世纪六七十年代经济高速增长时期，政府用财政手段集中了大批建设资金。将政府民间储蓄、年金收入等集中起来，建立"官民并举"的财政投资贷款，以贯彻政府产业政策。日本在财政政策与货币政策的协调中，将财政预算资金、国债基金、邮政储蓄和保险基金等，用于政策性投资贷款。在政府的窗口指导下，上述来源的资金通过引导商业银行贷款，支持了产业政策的实施和经济计划的实现。采取扩大生产性开支的财政政策，对不景气的行业实行特别的财政优惠政策，对有发展前景的行业给予免税和财政补贴。可以说，财政投资、融资是日本宏观经济管理的最成功之处，是日本实现经济增长的重要原因之一。

（五）美国

美国是自由市场经济国家，经济决策的主体是消费者、生产者和政府。联邦政府层面不制订统一的经济发展计划，只制订以经常项目为主的财政预算计划；国家也不制定产业政策，但在不同时期，对某些行业实行保护性关税政策；企业资金的来源以直接融资为主，以间接融资为辅。

美国重视财政政策与货币政策的协调配合，但没有明确的产业政策。罗斯福新政以及第二次世界大战以后、在20世纪70年代以前，在财政政策与货币政策的协调配合中，更偏重于财政政策，充分发挥财政政策刺激经济增长的作用。70年代以后，美国随着经济陷入滞胀，逐渐地从倚重财政政策转向货币政策，采用货币主义和供给学派为基础的混合经济政策，较多地发挥货币政策的作用。进入90年代后，继续偏重货币政策，而且将原来控制货币供给量和利率的两大政策手段，并用变为重视贴现率，很少运用改变存款准备金制度。

美国虽无明确的产业政策，但是美国政府一直重视教育和科研及新产品开发，对其进行财政和金融方面的支持，促进高新技术产业的发展和产业升级。美国的外贸政策则为产业的发展营造了一个良好的市场环境，使市场需求充足，极大地带动了产业的增长。这说明，为了能够保证经济长期的稳定发展，仅仅依靠财政和货币政策是不够的，只有搭配比较合理的产业政策，外贸政策等，才能够从根本上实现经济的可持续发展。

（六）启示

第一，要总结发达国家的经验教训。历史经验教训证明，为了避免经济的大起大伏，必须搞好经济总量的管理。避免财政支出和货币供给失去控制，进行科学的需求总量管理，才能防止经济增速大起大落。在发达市场经济国家，都把需求总量的管理作为宏观经济管理的重要内容，并积累了丰富的经验。东亚一些新兴工业化国家和地区在某些时期内也成功地做到了这一点。只有按照经济发展的实际需要和客观规律，合理把握和适时适度调节社会需求总量，才能把握好经济发展的势头，既避免需求过旺，经济过热，为后几年的发展埋下隐患，又避免刹车过猛，引起社会经济生活震荡。

第二，要选择符合本国国情实际的宏观调控体系。虽然德国、日本和韩国的宏观经济管理体制各有不同，但实践证明都是成功的。这是因为他们的体制符合本国的经济和技术发展水平、企业的国际竞争能力、文化和社会背景，同时适应了不同时期经济发展主要任务的要求。尽管目前日本和韩国的宏观经济体制同高速增长时期已经有了很大不同，但他们的历史经验以及其他新兴工业化国家和地区的经验都证明，后发展国家要实施赶超战略，在较短的时间内走完发达国家用二三百年走过的道路，必须发挥政府的主导作用，把资源集中配置到经济效益最好的地方，依靠国家的力量来弥补市场调节的不足。如果没有政府强有力的宏观调控，依靠市场的自发调节，那么工业的发展必然要走一条漫长的道路，即先是大量低水平的重复建设，然后再通过竞争不断提高生产的技术水平和集中度。如此，后发展的优势就不可能得以发挥。

第三，不同经济运行阶段要选择不同的政策搭配方式。宏观经济运行有其运行和发展的内在规律。财政货币政策、发展政策的协调配合，要从把握经济运行规律的角度出发，针对不同的经济形势和现实必须采取不同的宏观经济政策。既要保持宏观经济政策的连续性和遵循一定的原则，又要保持其灵活运用的可能性和抉择性。以德国为例，20世纪60年代推行扩张性财政政策，而到了20世纪80年代，鉴于通胀居高不下，经济增长乏力，出现严重财政和经济危机，转而实行了平衡财政政策，经济运行状况逐渐好转。

第四，加快实施《中国制造2025》，完善国家政策支撑体系。为抢占未来制造业发展的制高点，各国纷纷出台战略规划，制定政策体系，对先进制造业进行战略性、前瞻性布局。如美国"先进制造业国家战略计划"、德国"'工业4.0'战略"、巴西"工业强国计划"、印度"国家制造业政策"等。为实施制造强国战略，在《中国制造2025》的基础上，我国应进一步加快完善国家政策支撑体系，推进制造业全面发展。一是强化国家制造强国建设领导小组战略谋划、统筹协调、项目落地等职能作用，提高政府服务水平，为制造业的发展营造一个良好的行政管理环境。二是采取加大对制造业企业的税收扶持力度、技术研发投入强度、金融支持力度以及优化国内能源结构等政策措施，进一步降低制造业企业运营成本。三是强化对外贸易政策，引导企业积极拓展海外贸易市场，积极参与先进制造业贸易规则和竞争规则的制定，进一步提高制造业产品的国际竞争力。四是加强国际技术合作，通过积极引进国际先进技术、领军人才和提高自主创新水平等措施，缩小我国与发达国家之间的技术差距，实现技术赶超。

二、政策协调支持实体经济的总体思路及主要措施

党的十九大对发展实体经济提出新要求，综合来看，可以概括为：一个"协同"，实现实体经济、科技创新、现代金融、人力资源协同发展；两个"加快"，加快发展先进制造业，推动互联网、大数据、人工智能和实体经济深度融合，加快发展现代服务业；三个"不断"，使科技创新在实体经济发展中的贡献份额不断提高，现代金融服务实体经济的能力不断增强，人力资源支撑实体经济发展的作用不断优化。

未来的财税政策改革应全面贯彻落实党的十九大精神，坚持习近平新时代中国特色社会主义思想。适应主要矛盾变化，坚持新发展理念，有利于建设现代化经济体系，加快建立现代财政制度，构建科学的财税政策体系。更好发挥财政在国家治理中的基础和重要支柱作用，推动国家治理体系和治理能力现代化。支持实体经济的大方向：在两个"加快"和三个"不断"上下功夫。财税政策如何改，才能使先进制造业加快发展？并且推动互联网、大数据、人工智能和实体经济深度融合。使科技创新在实体经济发展中的贡献份额不断提高，

现代金融服务实体经济的能力不断增强，人力资源支撑实体经济发展的作用不断优化。实现实体经济、科技创新、现代金融、人力资源协同发展。加强政策的整体性、协调性，建立规划、财税、货币、产业等政策的协调机制，营造良好的政策生态。

（一）营造环境，激发活力、增强动力

优化社会氛围，营造勤劳创业的外部环境。当今迫切需要正确的精神支撑和价值引导，营造勤劳创业的社会氛围。马克思认为，劳动是价值的唯一源泉。劳动最光荣，创造了世界古今文明财富的劳动者最伟大。发展实体经济，要在不断完善社会保障体系的基础上，大力提倡"勤劳创业实业致富"的观念，并在媒体上进行系列、深入的报道，努力营造鼓励脚踏实地、勤劳创业、实业致富的社会氛围。要健全相关的政策措施，加大资金扶持力度，同时提供更多的信息、科技和培训等方面的社会服务，引导和带动人们踊跃加入创业大军的队伍，营造勤劳创业的社会氛围。要深化收入分配制度改革，构建居民、企业和政府可支配收入协调增长的机制，收入分配更多地向中低收入劳动者群体倾斜，提高劳动者的劳动报酬，保护劳动者的合法权益。要进一步放开市场准入、拓宽民间资本的投资渠道，充分发挥财税杠杆的调节作用，确保资金在实体经济领域得到优化配置，解决实体经济融资难的痼疾，摆脱做实业越来越不赚钱的困境，让投资实体经济的人感到有奔头、能致富，从而增强实体经济对社会资金的吸引力。要调控实体经济与虚拟经济的回报率，改变个别领域非理性暴涨、获取暴利的状况，挤压"炒"经济的空间，为实体经济发展及时化解风险。总之，要加强舆论引导，校正价值取向，在全社会构建一种大兴实体经济的社会风气，营造勤劳做实业能富、创新做实业大富的市场环境，丰厚实体经济发展的土壤，使我国实体经济发展实现"稳中求进"。

（二）坚持市场在资源配置中的基础地位，更好地发挥政府作用

我国要以马克思主义理论为指导，深入贯彻落实党的十九大报告精神，牢牢把握发展实体经济这一坚实基础，营造鼓励脚踏实地、勤劳创业、实业致富的社会氛围。要继续解放思想，积极探索，加快体制和机制创新，完善宏观调控，释放改革红利，着力促进实体经济健康发展。贯彻落实创新驱动发展战略，把使市场在资源配置中起决定性作用和更好发挥政府作用有机结合起来，不断增强我国工业的核心竞争力，形成战略性新兴产业和传统制造业并驾齐驱、现代服务业和传统服务业相互促进、信息化和工业化深度融合的产业发

展新格局；要大力发展集战略性新兴产业和先进制造业于一身的高端装备制造业，培育新兴装备制造产业集群，同时大力培育支撑中国制造、中国创造的高技能人才队伍。总之，要着力优化产业结构，有效化解产能过剩，不断提高我国实体经济的发展质量和效益。其中，最重要的是牢牢把握市场在资源配置的基础地位，并且通过财政税收政策来将政府作用最大化。

第一，国家宏观调控和市场机制一样，也是社会化大生产和市场经济发展的内在要求，但它有不同于市场机制的作用方向。调整异常复杂的经济活动，市场机制有它的优点，但市场经济是以竞争为特征的，各经济主体为了追求各自的利益，难免盲目竞争，造成经济失衡，市场紊乱，甚至发生经济危机和无政府状态。作为社会主义市场经济，不仅需要其主体的自主经营、平等竞争、自我发展，而且也需要整体规范和有序，以保证社会经济健康发展。

第二，国家宏观调控和市场机制都是调节市场经济运行的手段，一只是"看得见的手"，一只是"看不见的手"，两只手各有其自己的作用。"看不见的"要靠"看得见的"来引路，这在现代市场经济的运行中也是适用的。市场机制调节经济活动，主要是价值规律在起调节作用。而各个市场经济主体由于受局部利益和眼前利益的驱动，其经济活动难免带有自发性、盲目性，对经济生活发生的影响和结果只在事后才能反映出来。所以，单靠市场机制"看不见的手"来调节，自有它的局限性，还必须要用宏观调控这只"看得见的手"。在这方面，国民经济计划作为宏观调控的一种手段具有重要意义。国家通过自觉地运用价值规律，编制指导全局性的经济计划，来增强社会经济活动的目的性、预见性和自觉性，克服盲目性、自发性。对推动社会经济协调发展是完全必要的。这里所说的计划，不是原来计划经济模式中那种强制性的无所不包的指令计划，而是适应市场经济模式要求的计划，它在总体上是指导性的、政策性和预见性的，主旨在宏观导向和重大比例的平衡、协调，这是市场机制难以解决的。

第三，国家宏观调控和市场机制都具有调节资源配置的功能，但它们各自的着眼点、作用的层面和范围不尽相同。市场对资源配置起基础性作用，具有信号灵敏、变化迅速、效率高等明显的长处，但也有其自身的弱点和不足。它的作用偏于横向。多着眼于局部和眼前，难以从社会全局出发在更高层面和更大范围内发挥作用。国家宏观调控则不然，它由我国社会主义基本政治、经济制度所决定，能够从社会全局出发，把整体利益和局部利益、长远利益与眼前利益结合起来，在更高层面和更广范围内规划、调节资源配置，发挥宏观主导作用。如社会经济发展长远战略目标，经济总量平衡、协调，重大比例和结构调整，收入分配中的公平与效率兼顾，环境保护与国土整治，地区经济布局和老、少、边、穷地区的经济发展。

第四，宏观调控和市场机制一样，也是我国社会主义市场经济体制的重要组成部分，它对市场的培育和发展，市场体系的建立和健全，具有市场机制不可替代的作用。目前，我国正处在新旧经济体制转换时期，市场发育程度很低，市场体系还很不健全，有待于进一步建立和完善。市场营运还不规范、盲目投资、乱上项目、一哄而起、重复建设、不平等竞争、走私贩私，这些不良现象的存在和不断发生，一方面表明市场机制作用的力度还很低，另一方面说明国家用政策来协调市场，用经济杠杆来调控市场，用法律法规来规范市场，加强对市场的管理，建立健全宏观调控价格，创造市场发育的环境，是十分必要的。

第五，特别需要强调的是，在当今世界激烈竞争的经济舞台上，政府参与和干预是绝对必需的。我国是发展中的社会主义国家，经济还比较落后，综合国力不强，属于"后起国"之列，缺乏国际经济竞争能力。要在这种情况下开展实体经济的对外经济贸易交往，进入国际市场参与竞争，仅靠市场机制而没有国家的对外开放政策，不搞独立自主的和平外交，不在关税、汇率等方面采取明智性政策，不加强国家的宏观调控是寸步难行的。

综上所述，发展实体经济必须正确对待市场机制与国家宏观调控，处理好两者间的关系。其原则应该是：宏观调控要面向市场，以市场为基础，反映市场变化，遵循价值规律，为培育和健全市场服务；同时，宏观调控又要引导市场，调节市场，弥补市场功能的不足，抑制市场的消极作用，为发挥市场机制的积极作用指航开道。只有把宏观调控和市场机制两者联结、配合起来，才能推动我国社会主义市场经济不断前进、才能真正地完成振兴实业的目标。

（三）继续推动减税降费，同步降低企业税负和政府支出

1. 推动税费改革，降低企业成本

税费偏重是阻碍我国实体经济发展的一个制度性因素，现行的税收制度，总体上不利于破解实体经济的融资难题和制度困境，不利于实体经济的持续发展。就收费而言，1994年税制改革后，我国地方政府的收费欲望非但没降低，反而还有一定程度的增强。收费是准公共产品成本的有效弥补方式，但地方政府对财政资金的需求永无止境，加之收费方面缺失强制性的制度管制，导致地方政府对收费的综合治理效率相对低下、收费项目过多、规模较大，直接影响了实体经济的经营成本和竞争力。以企业造厂房为例，即存在三四十项收费，如图审费、质检行政费、白蚁防治费、防雷费、房产测绘费、房屋登记费、竣工测量费、散装水泥基金、消防检测费、环保检测费、建筑物正负零验线费等，甚至在个别地方出现了"税不足费来补"的现象，严重扭曲市场经济行为

主体的正常选择。由此可以看出，偏重的税费负担已经严重影响了实体经济的正常生产经营活动，不利于营造促进实体经济健康发展的税费环境。

税收本身构成了企业的生产经营成本，是企业财务成本、经营利润的重要影响因素。因此，减税是降低企业财务成本、提高企业经营利润的重要途径，当然也是提升实体经济竞争力的重要策略。依据现阶段我国的税收优惠思想，"减税"主要表现为税收豁免、纳税扣除、税收抵免、优惠税率、延期纳税、盈亏相抵等形式，归结为两个政策导向是税款免征和直接减税。

降低税负的同时也需要进行收费制度改革。从某种程度上讲，地方政府所拥有的收费权力成了现阶段实体经济乱收费制度的祸根，彻底清除各种显性和隐性乱收费，是当前提升实体经济发展水平、净化实体经济发展环境的重要举措。治理政府的乱收费制度，要积极转变政府职能，由市场经济的组织者、干预者积极转变为市场经济的服务者、调控者，对于实体经济而言，政府理应降低收费水平，使之符合实体经济发展需要。

2. 实行政府支出改革，提高政府支出效率

在市场主体可参与的领域，转变财政投入的方式，包括科技、教育、农业等领域的财政支出改革。这需要考虑三个层次的问题：一是直接财政投入还是间接财政投入；二是消耗性的财政投入还是循环性的财政投入；三是全国性的财政投入还是散点式的财政投入，中央干中央的，地方干地方的，还是建立一个蛛网式的财政投入格局，来统筹全国在某一事项上的财政投入资金。相比而言，间接式财政投入、循环式财政投入、蛛网式财政投入有利于吸引社会资金流向这些领域，更有利于节约财政资金，扩大财政支持范围和效率。

三、加强规划、财政、货币、价格等政策协调

规划导向、财政、货币等经济政策相互协调的宏观调控体系，是我国社会主义市场经济体制的重要组成部分。在面临重大调控任务时，三大政策必须密切配合、协调行动。如能形成合力，则事半功倍。当前，三大政策围绕加快转变经济发展方式、促进经济增速止跌回升、在结构优化中实现平稳较快发展，协调配合，共同发力。

（一）深化行政管理、财税和金融体制改革

当前经济运行中的矛盾和问题，归根结底是结构问题、增长方式问题和体制问题。解决这些问题的方法只有靠改革。改革必须抓住主要矛盾，深化关键

领域的改革，完善政策效应传导机制。

改革行政管理体系。建立政府调控机制和社会协调机制互联、政府行政功能和社会自治功能优势互补，政府管理力量和社会调节力量互动的管理网络，形成对全社会有效覆盖和全面管理的体系，完善人民矛盾处理的方式和方法，注重从源头上减少人民内部矛盾的发生，建立健全社会矛盾纠纷调处机制。

深化财税体制改革。建立健全公共财政制度，深化预算制度改革，建立责任与支出相适应的财税制度。加快形成统一规范透明的财政转移支付力度。按照简税制、宽税基、低税率、严征管的原则，深化税制改革。对收入水平低的行业实行结构性减税让利，降低中高档消费品进口关税，进一步提高小微企业增值税的起征点，加快服务业营业税改增值税推广，加大对自主创新和发展战略性新兴产业的支持力度。

加快金融体制改革。建设多种所有制和多种经营形式、结构合理、功能完善、高效安全的现代金融体系。大力发展资本市场，扩大直接融资规模和比重。深化银行、保险业改革。稳步推进利率市场化，满足中小微企业和农户贷款需求。建立以用汇为主的外汇管理体制，提高资金周转率和使用效益。提高金融监管水平，及时化解金融风险，切实维护金融安全。

（二）加强宏观调控目标和政策手段机制化建设，突出发展政策的综合协调功能

按照社会主义市场经济的要求，突出战略性、宏观性和政策性，更好地发挥发展政策的综合协调功能。抓紧改革和完善规划体制，健全编制程序，完善国家中长期规划和年度计划的管理和实施机制，形成以经济社会发展规划为统领，各类规划定位清晰、功能互补、统一衔接的规划体系。加强对重大问题的研究，搞好年度计划、专项计划和产业政策的制定和实施。通过中长期发展规划与年度计划，围绕提高居民消费率等目标，制定国民收入分配政策、投资与消费政策、国际收支平衡政策等。通过制定发展战略、产业政策、区域规划，引导产业结构优化和地区生产力的合理布局。通过国民经济和社会发展中长期规划对财政政策和货币政策进行统筹安排和政策协调，协调财政货币政策的目标、财政赤字和金融不良资产的定期跟踪测算、财政金融稳定性的预安排、财政金融政策和操作工具进行互动效率评估和化解金融不良债务安排等。完善产业政策、收入分配政策与财政政策和货币政策的协调配合机制，财政支出要能够支持产业政策目标的实现，政策性信贷体现产业政策规定的优先顺序，税收政策按产业政策有所倾斜和体现差别，国有资产存量分布结构按照产业政策进行调整。通过改革创新、结构升级，重点提高财政、金融、能源、矿产资源、

水资源、粮食、生态环保、安全生产、网络安全等方面的风险防控能力,将发展成果更多地转化为防范风险、保障安全的能力。

(三)推进供给侧结构性改革,更加注重宏观调控政策的中长期选择

从长远来看,我国经济成长中结构性矛盾的不断积累,短期政策连带的"副产品",可能在长期将使我国经济成长中的结构性矛盾更加突出。所以,在考虑应对危机的策略时,既要考虑眼前救急,也要考虑中国经济更为长远的可持续、健康和谐的发展。在继续搞好对总需求短期调控的同时,要把更多的精力用到研究并采取长期供给政策上,着眼于改善中长期供给能力,大力实施创新驱动发展战略,推进结构性改革特别是供给侧结构性改革,化解过剩产能、推动传统产业的转型升级,培育新的经济增长点、增长极、增长带,加快推动经济结构优化,不断提高要素产出效率,促进经济提质增效升级,提升经济潜在增长能力,为经济持续健康发展奠定坚实基础。

在宏观调控的实践中,应把短期政策和长期政策区别开来。在这方面,应汲取经验教训。在20世纪80年代到90年代,我国经济始终未能摆脱周期性大起大落的困扰。每隔四五年就要出现一次波动。在经济上升期时,各方面盲目增加投资,很快引发通货膨胀,紧接着开始治理整顿,压缩投资,正在建设的项目被勒令停工,造成较大的损失,并形成通货紧缩、增长乏力的后果。进入21世纪以来,通过总结经验教训,不断改善宏观调控,我国终于摆脱了周期性大起大落的困扰,实现了高增长、低通胀、高效益,走上了长期持续稳定增长的道路。这个经验没有过时,应当继承和发展。在当前的宏观调控工作中,要在适度扩大总需求的同时,加大供给侧结构性改革,使总需求保持均衡增长,对经济增长保持均衡持久的拉动力。以结构调整为主的宏观调控,更需要财政、货币、发展三大调控杠杆形成合力。在宏观调控转向结构调整为主的时候,要更多地发挥财税杠杆的作用,运用贴息、资本金补助、降税等手段,引导社会资金投向,特别是引导银行贷款投向。

(四)继续清理规范涉企收费

目前收费名目较多、乱收费、部分垄断行业收费行为不规范等问题依然突出,加重了企业负担,也是企业和社会关注的焦点之一,应继续加大涉企收费监管力度。2017年7月21日,国家发改委曝光十起涉企违规收费案件,引起各界广泛关注。持续加大对涉企乱收费行为的查处力度,要求取消、停征或者减免的收费要逐项落实到位,不得变换、自立收费项目,切实减轻企业负担。

取消不合理收费项目、降低收费标准。对不具备竞争条件、确需政府定价管理的极少数经营服务性收费，列入政府定价收费目录清单，要规范定价程序，准确核定成本，降低偏高标准。国家层面，重点是对金融、铁路、进出口、检验检测检疫、人才流动、物流等领域和环节加强清理规范。各地也要结合本地区实际情况，对所有政府定价管理的经营服务性收费标准重新进行审核，特别是对企业反映突出、问题较多的重点收费项目，加强成本调查和监审，严格核定收费标准，对偏高的收费标准，要坚决降低。加强收费政策执行情况的后评估工作，调查掌握收费单位执行政策的规范性、收费标准的合理性、政策执行的有效性，及时发现偏高收费标准，动态调整，减轻企业负担。

坚决遏制交通运输领域乱罚款乱收费。进一步明确公安、交通等部门对道路货运违规行为的管理职责、执法权限，制定全国统一的道路违规行为处罚标准。规范道路货运行业管理和行政执法行为。规范货运市场秩序。完善道路运输准入制度，严格资质条件，引导运输企业走集约化、规模化经营之路，鼓励运营车辆更新改造，提高道路货运装备水平。加强信息共享平台建设，加强物流园区之间的协同作业，为货物运输提供运营支持保障。

加大对向企业乱收费、乱罚款和各种摊派行为的监督检查力度，严格执行收费公示制度，加强社会和舆论监督。从扩大市场主体运行空间、优化其生存发展条件的要求出发，集中抓好对涉企行政事业性收费督查，以收费年审为契机，协调组织财政、经贸、审计、监察等相关部门，对所有涉企行政事业性收费项目，全面进行清理检查。对于违规收费的部门和单位，一经发现即予严肃处理。加强对中介性机构、各类协会等涉企收费的督查。重点检查以为企业服务为名，行转移行政职能收费为实的涉企收费行为，从行政、经济等方面做出明确规定，规范其收费行为。加强对垄断经营性服务收费的督查，采取切实措施进一步规范。

依法开展检查，推动清理规范工作。各级价格主管部门要牢牢把握清理规范的工作目标、清理范围、主要措施和时间要求，有计划、有步骤地扎实推进。各级价格主管部门要会同有关部门严格落实《国务院办公厅关于清理规范国务院部门行政审批中介服务的通知》（国办发〔2015〕31号）精神，根据行政审批前置中介服务事项目录清单对中介服务收费进行清查，坚决取消违规收费。对审批部门在审批过程中委托开展的技术性服务活动，服务费用一律由审批部门支付并纳入部门预算，坚决取消向企业收费。电子政务平台免费向社会开放，各级行政机关、代行政府职能的事业单位、社会团体及其他组织不得利用电子政务平台从事商业活动，坚决取消以技术维护费、服务费、电子介质成本费等名义收取的任何经营服务性费用。

规范市场经营服务性收费行为。要按照"清理与规范相结合、清理与查处相结合、清理与减负相结合"和"双随机、一公开"的要求,开展重点检查,严肃查处各类违法违规收费行为,督促相关单位、部门从源头加强整改,积极构建涉企收费监管长效机制。查处工作的重点:一是行政审批中介服务。重点查处违反《国务院办公厅关于清理规范国务院部门行政审批中介服务的通知》(国办发〔2015〕31号)文件规定,审批部门在审批过程中委托开展的技术性服务活动的费用,转嫁给申请人承担等行为。二是行业协会商会收费。重点查处行业协会商会依靠代行政府职能或者利用行政资源擅自设立收费项目、提高收费标准;强制企业入会并收取会费等违规收费行为。三是进出口环节收费。重点查处海关、口岸、出入境检验检疫、港口等部门和单位自立项目、自定标准收费;继续收取已经明令取消的收费等行为。四是金融机构收费。督促商业银行认真对照《商业银行收费行为执法指南》加强内部收费管理。重点查处与贷款捆绑强制收费,只收费不服务,超范围、超标准收费等行为。五是电子政务平台收费。重点查处违反《财政部、国家发展和改革委员会、工业和信息化部关于规范电子政务平台收费管理的通知》(财综函〔2011〕14号)规定,利用电子政务平台从事商业经营活动并收费等行为。六是建设领域收费。建设领域收费主体多、链条长、环节复杂,要认真梳理、全面检查住建、规划、国土等行业从申报立项到竣工验收等各环节、全流程的涉企收费情况。严格落实《国务院办公厅关于清理规范工程建设领域保证金的通知》(国办发〔2016〕49号)等文件要求,重点查处继续收取已取消的保证金或者违规新设保证金项目;利用行政权力指定服务、强制收费等行为。

(五)加大行政审批中介服务事项清理力度

一要对仍需保留的中介服务事项实行标准化、清单化管理,并加大公开力度。比如,明确事项设定依据、办理事项和流程、收费标准、举报电话等,并向社会公布。二要深化行政审批中介服务市场化改革。放宽准入,进一步割断中介服务机构和行政审批部门的各种联系。三要继续加大对基层行政审批中介服务事项清理力度。明确不得设定为中介服务的情形,合并相同或类似的事项,加大对中介服务事项的合法性、合理性和必要性审查。四要加大对中介服务机构的监管力度。建立健全"双随机、一公开"、信用奖惩等监督管理制度,规范收费标准和服务标准。

(六)推动完成各类价格改革,打破行业垄断

价格杠杆是调节利益关系最直接、最灵敏、最有效的手段。价格机制是市

场机制的核心，市场决定价格是市场在资源配置中起决定性作用的关键。要紧紧围绕使市场在资源配置中起决定性作用和更好发挥政府作用，在价格形成机制、调控体系、监管方式上探索创新，全面深化改革，完善重点领域价格形成机制，健全政府定价制度，加强市场价格监管和反垄断执法，充分发挥价格杠杆作用，为经济社会发展营造良好价格环境，促进经济转型升级和提质增效。

1. 完善实体经济相关重点领域价格形成机制

紧紧围绕使市场在资源配置中起决定性作用，加快价格改革步伐，推进农产品、水、石油、天然气、电力、交通运输等领域价格改革，放开竞争性环节价格。

一是统筹利用国际国内两个市场，注重发挥市场形成价格作用，农产品价格应主要由市场决定。

二是按照"管住中间、放开两头"的总体思路，推进电力、天然气等能源价格改革，促进市场主体多元化竞争。择机放开成品油价格，尽快全面理顺天然气价格，加快放开天然气气源和销售价格，有序放开上网电价和公益性以外的销售电价，建立主要由市场决定能源价格的机制。把输配电价与发售电价在形成机制上分开，单独核定输配电价，分步实现公益性以外的发售电价由市场形成。按照"准许成本加合理收益"的原则，合理制定天然气管网输配价格。全面梳理天然气各环节价格，降低过高的省内管道运输价格和配气价格，同时要减少供气中间环节，整顿规范燃气行业收费行为，降低企业用气成本。

三是逐步放开铁路运输竞争性领域价格，扩大由经营者自主定价的范围；完善铁路货运与公路挂钩的价格动态调整机制，简化运价结构；构建以列车运行速度和等级为基础、体现服务质量差异的旅客运输票价体系。逐步扩大道路客运、民航国内航线客运、港口经营等领域由经营者自主定价的范围，适时放开竞争性领域价格，完善价格收费规则。

四是健全生产领域节能环保价格政策。建立有利于节能减排的价格体系，逐步使能源价格充分反映环境治理成本。对风力发电、垃圾发电、生物质能发电等清洁能源和可再生能源上网电价给予支持。继续实施并适时调整脱硫、脱硝、除尘等环保电价政策，对公用燃煤热电企业脱硫设施进行在线监测和脱硫考核，促进燃煤电厂脱硫设施运行。鼓励各地根据产业发展实际和结构调整需要，结合电力、水等领域体制改革进程，研究完善对"两高一剩"（高耗能、高污染、产能过剩）行业落后工艺、设备和产品生产的差别电价、水价等价格措施，对电解铝、水泥等行业实行基于单位能耗超定额加价的电价政策，加快淘汰落后产能，促进产业结构转型升级。在调整和满足日益增长的污水处理成本的基础上，用差别水价引导产业升级和结构调整，逐步优化水价结构比例，积极推广再生水使用,按低于自来水价格的一定比例合理确定再生水价格,对直接使用再生水的用户,免征水资源费和城市公用事业附加。完善排污费政策。市政绿化及景观使用再生水的,免征污水处理费。逐步提高主要污染物排污费征收标准,并将主要污染物范围逐步扩大到电磁辐射、光污染等。完善城市施工工地扬尘排污费征收政策,逐步扩大试点城市范围,并适当提高试点城市扬尘排污费征收标准。

2. 建立健全政府定价制度

将政府定价范围主要限定在重要公用事业、公益性服务、网络型自然垄断环节,严格规范政府定价领域的政府定价行为,坚决管细管好管到位。

推进政府定价项目清单化。凡是政府定价项目,一律纳入政府定价目录管理。目录内的定价项目要逐项明确定价内容和定价部门,确保目录之外无定价权,政府定价纳入权力和责任清单。全面实行政府定价收费清单制度,深化和扩展涉企收费清单制度的实施范围,不断完善政府定价的涉企收费清单。目前,国家和省级价格主管部门已经实行了涉企、进出口环节、行政审批前置经营服务性收费"三项收费目录清单制度",要继续进行系统梳理、整合,实行政府定价管理的所有经营服务性收费一张清单,并向社会公示,同时建立清单动态调整机制,及时根据实际工作情况调整清单,增加政策透明度。

定期评估价格改革成效和市场竞争程度,适时调整具体定价项目。对纳入政府定价目录的项目,要制定具体的管理办法、定价机制、成本监审规则,进一步规范定价程序。鼓励和支持第三方提出定调价方案建议、参与价格听证。完善政府定价过程中的公众参与、合法性审查、专家论证等制度,保证工作程序明晰、规范、公开、透明,主动接受社会监督,有效约束政府定价行为。对已明确取消的行政审批前置中介服务事项,收费一律不再实行政府定价。对政府定价的经营服务性收费要进行全面彻底清理,不光清理大项,还要清理各级子项。

3. 充分发挥价格杠杆作用

按照"突出重点、有保有放"的原则,立足我国国情,对不同农产品品种实行差别化支持政策,调整改进"黄箱"支持政策,逐步扩大"绿箱"支持政策实施规模和范围,保护农民生产积极性,促进农业生产可持续发展,确保谷物基本自给、口粮绝对安全。继续执行并完善稻谷、小麦最低收购价政策,改革完善玉米收储制度,继续实施棉花、大豆目标价格改革试点,完善补贴发放办法。加强农产品成本调查和价格监测,加快建立全球农业数据调查分析系统,为政府制定农产品价格、农业补贴等政策提供重要支撑。

改变对电网企业的监管模式，逐步形成规则明晰、水平合理、监管有力、科学透明的独立输配电价体系。在放开竞争性环节电价之前，完善煤电价格联动机制和标杆电价体系，使电力价格更好地反映市场需求和成本变化。综合采取签订中长期合同、完善减量化生产措施、释放煤炭先进产能等措施，促使煤炭价格回落，中国电煤价格指数、环渤海动力煤价格指数回归到合理区间。要合理调整电价结构，初步确定取消工业企业结构调整专项资金、合理降低重大水利工程建设基金和大中型水库移民后期扶持基金的征收标准。要适当降低脱硫脱硝电价。同时，发电企业也要内部挖潜、节能增效，降低成本。

价格改革要与财政税收、收入分配、行业管理体制等改革相协调。加强价格与财政、货币、投资、产业、进出口、物资储备等政策手段的协调配合，合理运用法律手段、经济手段和必要的行政手段，形成政策合力，努力保持价格总水平处于合理区间。加强通缩、通胀预警，制定和完善相应防范治理预案。健全价格监测预警机制和应急处置体系，构建大宗商品价格指数体系，健全重要商品储备制度，提升价格总水平调控能力。

创新促进区域发展的价格政策。对具有区域特征的政府和社会资本合作项目，已具备竞争条件的，尽快放开价格管理；仍需要实行价格管理的，探索将定价权限下放到地方，提高价格调整灵活性，调动社会投资积极性。加快制定完善适应自由贸易试验区发展的价格政策，能够下放到区内自主实施的尽快下放，促进各类市场主体公平竞争。

积极采取促进服务业发展的价费政策。在我国经济发展的现阶段，服务业尤其是现代服务业的发展非常关键。认真贯彻落实国务院《进一步推进物流降本增效促进实体经济发展的意见》，以减负担降成本、提高效率效益为核心，坚持问题导向与发展导向并举，把降低物流企业成本与降低全社会物流成本结合起来，深化"放管服"改革、加大降税清费力度、加强重点领域和薄弱环节建设、加快推进物流仓储信息化标准化智能化、深化联动融合、打通信息互联渠道、推进体制机制改革。要积极采取价费优惠政策，加大对服务业发展的扶持力度。进一步减少物流运输环节相关收费，减少或降低高速公路收费、国道省道公路收费、渡口收费、路桥收费。做好收费公路通行费营改增相关工作，选择部分高速公路开展分时段差异化收费试点，使之与鼓励物流业发展要求相适应。改革完善停车业和物管业收费管理办法。对具有重要链接作用的中介服务业，要分门别类加强价费管理，其中垄断性的中介服务业是管理的重点，其他中介服务业，可探索建立成本公示约束机制，或者明确服务中准价或价费调节幅度，由供需双方协商议定，并引导建立规范的书面协议，重点是对督促和约束收费行为的规范。

4. 加强市场价格监管和反垄断执法

清理和废除妨碍全国统一市场和公平竞争的各种规定和做法，严禁和惩处各类违法实行优惠政策行为，建立公平、开放、透明的市场价格监管规则，大力推进市场价格监管和反垄断执法，反对垄断和不正当竞争。加快建立竞争政策与产业、投资等政策的协调机制，实施公平竞争审查制度，促进统一开放、竞争有序的市场体系建设。

在经营者自主定价领域，对经济社会影响重大特别是与民生紧密相关的商品和服务，要依法制定价格行为规则和监管办法；对存在市场竞争不充分、交易双方地位不对等、市场信息不对称等问题的领域，要研究制定相应议价规则、价格行为规范和指南，完善明码标价、收费公示等制度规定，合理引导经营者价格行为。

规范电信资费行为，推进宽带网络提速降费，为"互联网+"发展提供有力支撑。指导、推动电信企业简化资费结构，切实提高宽带上网等业务的性价比，并为城乡低收入群体提供更加优惠的资费方案。督促电信企业合理制定互联网接入服务资费标准和计费办法，促进电信网间互联互通。严禁利用不正当定价行为阻碍电信服务竞争，扰乱市场秩序。加强资费行为监管，清理宽带网络建设环节中存在的进场费、协调费、分摊费等不合理费用，严厉打击价格违法行为。

强化反垄断执法。密切关注竞争动态，对涉嫌垄断的行为及时启动反垄断调查，着力查处达成实施垄断协议、滥用市场支配地位和滥用行政权力排除限制竞争等垄断行为，依法公布处理决定，维护公平竞争的市场环境。建立健全垄断案件线索收集机制，拓宽案件来源。研究制定反垄断相关指南，完善市场竞争规则。促进经营者加强反垄断合规建设。

加强成本监审，成本监审是提升政府价格监管水平、促进经营者加强管理、保护消费者合法权益的一项重要制度，是政府定价的重要程序，是价格监管的主要内容。加强定价成本监审是价格工作定位转型的重要方向，特别是对提升政府价格监管水平，推进政府定价公开透明非常重要。对于极少数保留的政府定价项目要规范定价程序，加强成本监审，推进成本公开，坚持成本监审原则，将成本监审作为政府制定和调整价格的重要程序，不断完善成本监审机制。

专题报告
世界主要国家增值税比较研究

一、增值税界定

(一) 增值税起源

增值税最早由法国财政部官员莫里斯·劳莱于 1954 年提出,并率先在法国实行获得成功。尤其随着工业社会的到来,社会财富的形式也在发生变化,与生产有关的产品以及服务逐渐成为课税对象。早在 15 世纪至 19 世纪的德国,就出现过一种叫 Aksisen 的特别消费税。1863~1884 年,德国不来梅也曾实施过一种综合交易税。第一次世界大战期间,德国于 1916 年重新确立这一税制,这在税制发展史上具有标志性的事件也被学界视为增值税的萌芽。受德国的影响,法国于 1917 年出现了累积税。由于文化传统的不同,法国人通常将这种累积税称为营业税(impots sur les chiffres d'affaires),涉及货物销售和服务提供的传统累积税因具重叠征税的性质(重叠征税即每经过一道销售环节即课征一次税),渐渐产生了一系列的弊端,如税率过低、偷税漏税问题严重,等等。当时法国正处于欧洲的中心,商品流通和贸易往来频繁,为了进一步发挥国际贸易优势,减轻生产和流通领域各环节的税收负担,同时也为了消除间接税重复征税的弊端,法国政府于 1948 年把制造阶段的商品税(消费税)改按增值额计税的方法计征税额。由此,增值税正式在法国问世。1954 年,法国又将增值税推至批发环节征收(对制造商和批发商的生产经营征收增值税,但对零售商和提供劳务的小企业主专门征收特定消费税,不征收增值税),并率先实行消费型增值税制度,至此也标志着增值税正式诞生于法国。

（二）增值税名称

无论在学术上还是实践中，增值税有时被称作"流转税""消费税""支出税""间接税""商品服务税"等，似乎非常混乱。除非另有明确规定，实际上，企业生产的所有商品和提供的服务均需缴纳增值税。所以，增值税是一种"商品服务税"。

从有缴税义务的企业来看，增值税是流转税，因为该项税收是由企业产出的交易价值（营业额）所致。但是，增值税的实际目的是对最终消费者征税。而"最终消费者"是指对商品和服务消费的任何客户，他们不必承担向税务机关缴纳增值税的责任。从这个角度来看，增值税可以被称为"消费税"（见专表1）。

专表1 增值税相关名称比较

增值税名称			
按性质分		按名称分	
间接税 （Indirect Tax）	流转税 （Turnover Tax）	VAT （Value Added Tax）	GST （Goods and Services Tax）
一般情况下，增值税由提供商品或服务的企业向税务机关缴纳。但是，供应商一般会向其客户收取增值税，将税负转移至客户	因为增值税是根据企业的产出交易价值来征收的	具体征税对象为对商品生产、流通、劳务服务中多个环节的新增价值或商品的附加值	采用国家有加拿大、澳大利亚、新西兰、马来西亚、新加坡等

增值税也是一种间接税，因为向税务机关缴纳税款的企业并不打算承担税收负担。通常，增值税由提供商品或服务的企业（供应商）向税务机关缴纳。但是，供应商会向其客户收取增值税金额。如果客户是企业，则客户有权将该增值税扣除，此为"进项增值税"。如果客户无权扣除进项增值税，则必须承担税款负担。在进项增值税扣除机制下，税收本身并不是企业负担。

商品劳务税是指以销售商品或提供劳务而取得的销售收入额或营业收入额为征税对象的一类税。商品劳务税也可称为流转税，其中的增值税则是流转税的典型代表。

（三）征税原则

1. 生产地原则

商品在哪个国家（地区）生产就在该生产地征税（通常采用注册地管理办法）。能够激励地方关注招商引资，从而获得更多的税收分享和税收返还，同时地方也会得到更多来自其他地区居民消费本地生产商品所承担的税收，但是这种征税方法会导致税收发生转移，从而扩大地区间的税收差异，扩大地方财力差距，同时也会刺激地方政府进行税收竞争，盲目地招商引资，不利于经济增长方式的转型。

2. 消费地原则

商品在哪个国家（地区）消费就在该消费地征税。增值税作为一种流转税，征税对象是最终消费者，企业只是纳税人，按消费地进行征税较为符合增值税的原理，但是这种原则有前提，即边境控制。因为商品在一国内不同地区之间的完全流动，会自然形成一种跨地区的贸易壁垒。若要在一个多行政区的国家建立边境控制也会带来巨大的运行与管理费用，徒增税收成本，这也是当前许多国家不使用消费地原则的原因之一。

3. 增值税的类型

截至2017年7月，世界上有166个国家与地区开征增值税，其中半数以上采取"消费型增值税"。不少国家是由最初的"生产型增值税"逐步过渡到"收入型增值税"直至"消费型增值税"的（三种类型增值税的比较详见专表2）。

专表2 增值税的类型

类型	计算方法	特点	影响
生产型增值税	计算增值税时，不允许扣除任何外购固定资产的价款	此种类型的增值税其法定增值额大于理论增值额，对固定资产存在重复征税，企业税负增加	虽然不利于鼓励投资，但可以保证财政收入
收入型增值税	对外购固定资产价款只允许扣除当期产品价值的折旧费部分	此种类型的增值税其法定增值额与理论增值额一致，从理论来讲是一种标准的增值税	由于外购固定资产价款是以计提折旧的方式分期转入产品价值的，且转入部分没有合法的外购凭证，故给凭发票扣税的计算方法带来困难

续表

类型	计算方法	特点	影响
消费型增值税	允许将当期购入的固定资产价款一次全部扣除	此种增值税在购进固定资产的当期因扣除额大大增加，企业税负减少	既便于操作，也便于管理，是三种类型中最先进、最能体现增值税优越性的一种类型

消费型是将最终产品的价值扣除中间产品和投资品购买成本后的费用视为增加值，一般不改变企业投资取向，也无须计算折旧费，便于使用和管理。最主要的是克服了生产型、收入型存在的重复征税的弊病，对经济增长影响呈"中性"。因此，世界上多数国家采用消费型增值税是有其合理性的，而更重要的是，有利于建立经济增长的传递机制：取消重复征税可以使工资收入增加、消费水平提高，从而拉动需求、促进经济增长；鼓励企业投资，产生投资拉动效应；对高新技术产业发展有刺激效应；实现出口彻底退税。

二、主要国家增值税的发展历程

在全球性税制改革的大背景下，OECD成员国和周围国家增值税改革情况在一定程度上能够反映增值税改革的国际趋势。本部分将在OECD成员国里选择法国、德国、荷兰、瑞士、英国、加拿大、澳大利亚、日本、韩国九个国家，同时选择与中国有较多贸易往来的新加坡共十个国家，梳理其增值税发展历程及现状。

（一）欧盟国家

1. 法国

法国于1917年产生了近代意义的累积税，由于文化传统的不同，法国人通常将这种累积税称为营业税，涉及货物销售和服务提供的传统累积税因具重叠征税的性质（重叠征税即每经过一道销售环节即课征一次税），渐渐产生了一系列的弊端，如税率过低、偷税漏税问题严重，等等。当时法国正处于欧洲的中心，商品流通和贸易往来频繁，为了进一步发挥国际贸易优势，减轻生产和流通领域各环节的税收负担，同时也为了消除间接税重复征税的弊端，法国政府于1948年把制造阶段的商品税改按增值额计税的方法。1954年法国又将增值税推至批发环节征收（对制造商和批发商的生产经营征收增值税，但对零售商和提供劳务的小企业主专门征收特定消费税，不征收增值税），并率先实行消费型增值税。

2. 德国

德国早在 20 世纪 60 年代初就对增值税在本国的实施进行了大量的探索和准备，1968 年 1 月 1 日德国正式推行增值税制，以取代多年实行的一直延伸至零售环节征税的"阶梯式"的销售税。经过近 30 年来的不断改进与完善，德国的增值税制度已日趋合理，征收管理也较为规范并积累了丰富的经验。目前，德国的增值税是仅次于个人所得税的第二大主体税种。2006 年，德国联邦参议院批准了大联合政府提交的增值税上调法案。根据该法案，从 2007 年 1 月起，德国的增值税税率将从目前的 16% 提高到 19%。增加的税收主要用于消除德国联邦政府和各州政府从 2001 年至 2005 年产生的预算赤字。

3. 荷兰

荷兰增值税是荷兰政府对销售商品和提供劳务的企业和个人征收的一种流转税，始征于 1968 年，用以代替原来征收的累积性营业税。值得注意的是，增值税实施的第一年，荷兰消费价格上涨 7.5%，较实施增值税前一年物价指数上涨 3.7%，增加了 3.8 个百分点。

4. 瑞士（非欧盟）

瑞士从 1995 年开始，按照欧盟第六号增值税指令制定法规，开始征收增值税，以取代其原先的流通税。2001 年 1 月 1 日，瑞士税务当局又颁布新的增值税法，取代原来的增值税条例，主要针对应税交易、纳税人、税率、进项税、免税、非居民企业的增值税税务登记以及退税七个方面进行改革。2017 年 9 月 25 日，瑞士联邦政府网站发布新政，由于通过增值税为养老金账户融资的旧措施将于年底到期，且"养老金提案"未通过全民公投，再加上 2018 年 1 月起，通过增值税资助扩建铁路基础设施的措施将生效，因此从 2018 年 1 月 1 日起，瑞士把普通税率由 8% 降至 7.7%；低税率仍为 2.5%，适用于食品、药品、书刊等；特别税率由 3.8% 降至 3.7%，适用于酒店住宿和早餐费。

（二）英联邦国家

1. 英国

1972 年 7 月，英国通过了实行增值税制度的法案。1973 年 4 月，该法案正式生效，取代了以前的购买税（Purchase Tax）和选择性就业税（Selective Employment Tax）。欧盟实行第六号增值税指令，以协调各国包括金融服务在内的增值税制度。该指令规定，必须在所有 28 个欧盟成员国一致同意的情况下，才能变更各国的增值税制度。此外，欧盟还规定成员国内部一些限制性的标准，如各成员国的增值税标准税率最低不能低于15%，最高不能超过25%等，这使得英国增值税制度变更相当困难。但英国已经于2017年进行公投脱欧，2019年3月29日正式从欧洲脱离。英国目前增值税率为20%，同时由于在欧盟内货物流动是零税率，欧盟成员国之间可以自由流动。如果英国离开欧盟后，英欧贸易就变成了进出口贸易，设立海关，征缴税款也将成为必然。

2. 澳大利亚

商品劳务税（GST）的开征是澳大利亚2000年税制改革的重点之一。在引入商品劳务税之前，销售税长期以来是澳大利亚商品税（流转税）体系的主要税种。至20世纪末，澳大利亚已成为世界极少数仍然沿用传统的销售税的发达国家之一。从税收效率、公平、管理等原则出发，在经过多年的讨论与辩论后，澳大利亚终于在世纪之交用GST代替销售税。从2000年7月1日起，所有商品与劳务的应税交易将施行GST，其计税依据为供应商收取的交易价格，一般税率为10%。

增值税的开征和澳大利亚的经济发展密不可分，在过去20年间，澳大利亚开展了一系列经济改革，从而使其经济体制较为健全、稳定、富有一定的竞争力，为微观经济主体的商业决策提供了保障，以实现经济的持续发展。通过一系列的改革，澳大利亚实现了预算盈余；拥有世界一流的金融监督制度；完善为商业服务的公司法和破产制度；发展出一部分具有实质性竞争力的主要行业；开放资本市场；降低贸易壁垒；劳资关系日益改善。不断深化的国内经济改革对税收制度也提出更高的要求。同时，在日益深化的经济全球化进程的推动下，贸易、投资与信息的跨国界流动日益频繁，澳大利亚通过税制改革意图加强自身的国际竞争力。

3. 加拿大

加拿大于1991年1月1日起正式实施GST，规定凡是境内销售或者提供的商品和劳务普遍课征，税率为7%。到了1997年4月1日，HST（Harmonized Sales Tax）在新斯科舍省、新不伦瑞克省、纽芬兰和拉布拉多省取代了GST和以前的省级销售税制度。13年后，安大略省和不列颠哥伦比亚省从2010年7月1日起将省销售税改为HST。然而2013年4月1日起，不列颠哥伦比亚省退出HST，恢复GST，并重新实施省级销售税制度。爱德华王子岛省于2013年4月1日起采用HST。HST适用于受GST约束的同一商品和服务基础。自此，加拿大实施双重销售税制度，GST是在联邦一级实施的，适用于整个国家。时至今日，加拿大的增值税经过改革，各个行政区也可以自己制定税额，联邦税额为5%，另一些联邦和省政府为13%~15%，魁北克省为9.975%。这一双重税制与加拿大的国家结构有关，加拿大为联邦制国家，拥有十个省和三个地区，省拥有从联邦政府中获得的相当大的自治权，而特区则比较少，每个省和地区都有一个单院议会。

（三）亚洲国家

1. 韩国

1977年亚洲爆发金融风暴，也是从1977年7月1日起，韩国开始实行增值税课税制度，增加政府的财政收入。通过40余年的摸索和实践，韩国的增值税制度具有税制设计简便、征管信息化程度高、第三方涉税信息应用发达、推行电子发票制度等鲜明特点。韩国从一开始实施的就是相对比较完善的标准化增值税制度，税制相对稳定，至今没做过大的修订。近10年来，韩国增值税收入年均增长率达10.2%，约占整个税收收入的1/3，是韩国最具代表性的间接税税种。同时，韩国税收征管注重强制和鼓励相结合，重视税源监控和反避税，管理手段现代化，税收法制和管理机构健全，税收宣传和税务代理比较完善。

2. 日本

日本曾经三次试图引入增值税。第一次是在20世纪70年代末，由于石油危机的影响，日本的企业竞争力出现下滑，因此时任日本首相大平正芳决定减少企业所得税，引入增值税，但是这一建议遭到了许多反全球化党派的反对。第二次引入增值税是80年代中期，首相中曾根康弘再一次将引入增值税提上日程，但是他所希望的是仿效美国里根总统的税收改革，而非进行彻底的增值税代替所得税，但是此次改革仍未实现。第三次引入增值税则是80年代末，这时日本经济已经出现了明显的衰退，日本政府不得不想办法增加其本土企业在全球化中的竞争力。因此，日本首相竹下登在1988年进行了增值税改革，但是前两次的失败让他十分谨慎，由此当时的税率仅为3%，此后日本的增值税税率一直维持在非常低的水平。时至今日，安倍政府上任之后，日本的增值税仅仅只有一档，税率为8%，据了解安倍政府曾有意将增值税在2017年4月1日增至10%，但是由于国内的反对意见，日本可能将这一决定推至2019年10月执行。

3. 新加坡

新加坡于2000年7月1日起在国内征收货物和服务税（GST），新加坡曾因经济高速增长而居"亚洲四小龙"之列。但1998年亚洲金融危机和后来的美国经济衰退使新加坡经济严重受挫，出口不断下降，制造业也受到冲击。2001年，新加坡经济出现2.2%的负增长，陷入1964年以来最严重的衰退。从2003年1月1日起，新加坡把消费税从3%提高到5%，后来又自2007年7月1日起，将增值税的税率调整为7%。

（四）OECD VAT 制度变迁

作为当今世界各国签订税收协定时的重要参照，OECD制定的税收范本一向是国际税收规则的引领者和风向标。2014年4月17~18日，经济合作与发展组织（OECD）第二届增值税全球论坛在日本东京举行，该论坛的最大成果是86个国家的政府达成了第一个国际公认、将增值税原则适用于跨境贸易的一致性税收框架，即OECD《国际增值税指南（2014）》（International VAT/GST Guidelines，以下简称《2014 VAT指南》）。该指南的目的在于消除增值税对跨境贸易的重大扭曲，防止各国财政收入的流失。随着国际贸易的迅猛发展和跨国公司交易方式的巨大变化，各国VAT/GST制度不协调所带来的税收漏洞和重复征税问题，已成为影响各国政府税收征管和跨国企业投资的重要因素。

OECD多年来在VAT/GST领域制定了一系列税收协定、指南（见专表3）。早在20世纪90年代后期，OECD就意识到国际服务领域税制的不统一已经成为抑制企业投资、妨碍经济增长、扭曲公平竞争的重要因素。OECD财政委员会（CFA）对2012年版指南草案前三章进行了具体细化解释和实施规则，包括VAT核心特征、跨境贸易背景下VAT中性原则和确定跨境贸易征税发生地，涵盖12条指引（Guideline）以及对每条指引的评论。

专表3 欧盟VAT制度变迁

前期准备			国际VAT/GST指南建设历程		
1998年	2001年	2003年	2006年	2012年	2014年
			第一阶段	第二阶段	第三阶段
《渥太华税收框架协议》	《电子商务背景下跨境服务与无形资产消费税指南》	《消费税系列指南》	《国际VAT/GST指南》	《国际VAT/GST指南草案（2012）》	《2014 VAT指南》

续表

前期准备			国际 VAT/GST 指南建设历程		
1998年	2001年	2003年	2006年 第一阶段	2012年 第二阶段	2014年 第三阶段
明确提出现有的VAT概念与规则应同样适用于此类服务或无形资产的贸易	重申了国际服务贸易领域的目的地征税原则，明确规定了消费地发生国的税收管辖权		大部分内容是原则性和建议性的	包括：①VAT核心特征；②跨境交易的VAT中性原则；③目的地的原则在跨境服务和无形资产交易中的应用；④反滥用条款；⑤多边合作及争端解决等五章。 2012年指南草案是在2006年框架构想的基础上进行起草的	包括VAT核心特征、跨境贸易背景下VAT中性原则和确定跨境贸易征税发生地，涵盖12条指引（Guideline）以及对每条指引的评论。该指南是对2012年版指南草案前三章的具体细化解释和实施规则，但仍然是不完整的，可以看出完整版的指南是一个不断修改完善的过程

（五）小结

法国是增值税的起源国，20世纪中叶后，法国人仅用20年便成功地实现了由营业税改征增值税的税制转换，迅速地提升了该国在国际贸易上的竞争力，由此引发欧洲国家因贸易税负不平等导致的冲突。于是，欧洲经济共同体开始为解决税收争端推动成员国流转税的统一，主张消除内部"税收边境"，采用来源地原则征收欧共体税收。随后，欧盟成员国纷纷引进增值税，以避免因成员国之间的税制差异而产生的贸易转移效应。加拿大、日本等国在多方争议中最终开征了增值税，澳大利亚也于2000年推出"商品服务税"。而多数发展中国家，随着贸易自由化导致关税下降和国内商品和劳务重复征税的消除，也仿效欧盟与其他发达国家采用了增值税制度，以改善国内营商环境和增加税收收入。由此，增值税自诞生后的50多年间，其强大的生命力很快被世界多数国家所接受，这在增值税史上具有里程碑意义。

其中，加拿大实施"GST+HST"的双重税制，这与加拿大的政治制度有关。加拿大属联邦、地方税收分权型国家，类似于美国。它实行联邦、省（或属地）和地方三级征税制度，联邦和省各有相对独立的税收立法权，地方的税收立法权由省赋予，省级税收立法权不能有悖于联邦税收立法权。由此，加拿大各个省份可以制定税额，联邦税额为5%，另一些联邦和省政府为13%~15%，魁北克省为9.975%。

此外，美国是OECD（经济合作与发展组织）中唯一未采用增值税的国家。美国近年来一直推动国际税制改革，但至今未引入增值税制度。究其原因，这与美国的政治体制有极大关系。美国也是一个联邦制国家，这反映在税收制度上就是美国的税收分为联邦政府、州政府和地方政府三个级别。美国宪法第一章第八条授予联邦政府建立并征集税收的法律权力；美国宪法第十修正案规定：凡是宪法授予联邦政府，或未明确禁止州政府行为的权力，都应属于各州政府和人民。这一条款的隐含意义是，各州政府也有征集税收的权力。如果开征增值税，较好的选择就是联邦政府和州政府同时征收增值税，其他联邦制国家也有先例，如加拿大与德国。但是两级政府之间的税收分成如何确立是个难题。目前，美国联邦政府的主要收入来源依次为：个人所得税、社会保险税、公司所得税、国内产品税、遗产与赠与税和关税。州政府的主要收入来源依次为：零售销售税、个人所得税、公司所得税、国内产品税、财产税等，已经形成了既定的利益格局。如果要开征增值税，如何协调联邦和州两者之间的关系是一个现实的难题。在德国，联邦和州大致以7:3的比例分成，增值税由各州以共同的税率和共同的税基征收，它的实际操作控制在各州手中。美国与德国的不同之处在于德国没有开征零售销售税，所以，如果美国要在联邦和州同时开征增值税，困难会比德国更大。

从历史上看，增值税实施受制于财务制度和征管监控手段等条件，欧盟国家及很多发达国家采用增值税取代营业税时多经历了渐进式的过程。从各国进行增值税转型实践中的政策妥协、延期实施与最终成功的艰难过程中以及美国不实施增值税制度的考量中可以看出，因为涉及经济利益的再分配，增值税改革需要综合考虑一国的政治因素、经济承受能力与财政收入等影响，而且必须把符合自身的经济利益与政治利益放在考虑因素的首位。

三、主要国家的增值税要素比较

本部分将对上述十个国家增值税法中的主要税制要素，包括税率设置、税收优惠设置、出口退税政策、注册制度等进行比较分析，探究其增值税制度改革的方向。

（一）税率

十个国家中，税率档次大部分实行1～4档（不含零税率），而法国、德国、加拿大的税率档次较多（见专表4、专表5）。增值税税率3～4档的国家有3个，分别是法国、德国与瑞士；实行2档税率的有2个国家，分别是荷兰与英国；实行1档税率的有5个国家，即加拿大、澳大利亚、日本、韩国与新加坡。可以看出，增值税制的简化日益得到认同，不少国家税率结构较为单一。

增值税标准税率设置在20%左右的国家有4个：分别是荷兰（21.00%）、法国（20.00%）、英国（20.00%）与德国（19.00%）；税率在10%左右的国家有2个，分别是澳大利亚与韩国；税率低于10%的也有4个，分别是日本（8.00%）、瑞士（7.70%）、新加坡（7.00%）与加拿大（5.00%）。

专表4　十个国家增值税税率

国家	税率分类	税率（%）
加拿大	标准税率	5.00
澳大利亚	标准税率	10.00
瑞士	标准税率	7.70
	低税率	2.50
	特殊低税率	3.70
荷兰	标准税率	21.00
	低税率	6.00
德国	标准税率	19.00
	低税率	7.00
	特殊耕作率	10.70
	特殊林业率	5.50
法国	标准税率	20.00
	低税率	10.00
	超低税率	2.10
	中间税率	5.50
英国	标准税率	20.00
	低税率	5.00

续表

国家	税率分类	税率（%）
日本	标准税率	8.00
韩国	标准税率	10.00
新加坡	标准税率	7.00

资料来源：2018 Thomson Reuters。

（二）征税范围

1.增值税优惠税率征税范围

增值税制中的低税率是指介于基本税率和零税率之间的税率，即相对于基本税率较低的税率，是国家为支持某些行业而制定的税收优惠政策。此外，十个国家实行零税率的范围主要集中在出口商品和服务、国际运输、书报、食品、医疗等方面。从实现增值税中性原则的角度考虑，大多数国家在商品和劳务的出口环节实施零税率，在进口环节征收增值税。从专表5与专表6中可以看出，各国增值税税率优惠范围主要集中在以下特定产品和服务上。

专表5 十个国家增值税征税范围

国家	一般税率	低税率	零税率	基本税率+地方税率
加拿大	5%：联邦适用增值税税率（GST）	—	用于基本杂货、处方药、医疗器械、农业及渔业、货物及服务出口、入境及出境旅游服务（不包括前往美国的客运服务）	①5%：联邦适用增值税税率（GST）；②13%~15%：另一些联邦政府和省政府实行的增值税（HST），具体税率取决于省份；③9.975%：魁北克省增值税税率（QST）

续表

国家	一般税率	低税率	零税率	基本税率+地方税率
澳大利亚	10%	—	教育、卫生、某些食品、持续经营的商业销售、农地销售和出口用于澳大利亚境外消费的商品和服务	
瑞士	8%	2.5%：食品、书籍、药品、植物、花卉以及文化服务（剧院、音乐剧、演出、博物馆、图书馆、体育赛事等） 3.6%：住宿服务，包括提供住宿，包括早餐	—	—
荷兰	21%	6%：食品、饮料、医药产品、医疗设备、客运、书籍、报纸、酒店、体育	国际商品和相关服务	—
德国	19%	7%：食品、书籍、报纸、鲜花、医疗设备、剧院、音乐会门票、旅馆、一定条件下的客运	—	—
法国	20%	10%：餐饮业，干性狗粮产品的销售，客运，老房子的翻新工作 5.5%：基本生活必需品，如食物、水和燃气 2.1%：社保覆盖的药物，活牛屠宰的销售，印刷出版	—	—

续表

国家	一般税率	低税率	零税率	基本税率＋地方税率
英国	20%	5%：向国内用户和慈善机构提供的燃料和电力、在某些住宅建筑中安装节能材料、某些住宅改造、卫生防护产品、儿童座椅、戒烟产品、小型有线客运系统等，都是应课税5%的货物和服务	货物和服务的例子包括货物和相关服务的出口、书籍、报纸和期刊、某些基本食品、儿童服装和鞋类、处方药、新住房和运输服务	—
日本	8%	—	—	—
韩国	10%	—	出口货物、海外提供的服务、国际运输服务	—
新加坡	7%	—	用于国际服务的货物和供应的出口	—

资料来源：2018 Thomson Reuters。

第一，基本的生活必需品，如食品、药品、农林渔业产品等。对这些产品和劳务实施免征、零税率或低税率的增值税，主要是为了保障低收入群体的基本生活。以生活必需品中的食品为例，有的国家课以低税率，如法国、德国、英国、荷兰；有的课征零税率，如英国；有的免税，如韩国；共有4个国家对药品实行低税率的减税政策：分别是德国（7%）、法国（2.1%）、荷兰（6%）、瑞士（2.5%）。

第二，具有正外部性效应的公共产品和服务，如教育、社会文化服务、体育活动等。例如：法国、荷兰、瑞士对印刷出版，瑞士、德国对文化服务，瑞士、荷兰对体育等服务分别实施低税率；澳大利亚、加拿大、荷兰、瑞士、法国对教育，英国、韩国对出版物实行零税率等。

第三，公共事业性服务，如医疗、公共交通、邮政等。加拿大对入境及出境旅游服务实施零税率，对渡轮、公路和桥梁收费免税；英国、加拿大、澳大利亚对处方药等实施零税率；加拿大、瑞士、荷兰、德国、法国、英国、日本对医疗、卫生等服务均实行免税。

第四，特殊行业，包括金融、信托、经纪、保险、不动产租赁等。对金融服务、不动产租售实行免税是大多数国家的做法（见专表 6）。

专表 6　十个国家增值税免税项目

国家	免税项目
加拿大	金融、保险、银行、信托、经纪、二手房、医疗保健服务、教育服务、儿童和个人护理、法律援助、慈善机构、非营利组织、学校、医院、市政府、大学、渡轮、公路和桥梁收费
澳大利亚	包括金融产品（如股票、贷款）、住宅租金及住宅物业（不包括新住宅物业）的销售；然而，一般而言，对于与进项税供应有关的采购项目所支付的消费税（在金融供应的最低豁免条件下），一般不会获得进项税抵免
瑞士	医院、医疗和类似的医疗护理、教育培训用品、保险服务、房地产的供应和租赁
荷兰	医药服务、教育、社会文化活动、某些情况下房地产的供应和租赁
德国	在某些条件下，国际货物和有关服务、金融服务、保险服务、房地产供应和租赁、医疗和保健服务、教育、社会和文化活动的供应
法国	医疗服务、教育、银行和金融服务、保险 小规模企业：年营业额低于€82800的现场餐饮消费这种转售差额活动；年营业额低于€33100的服务；年营业额低于€42900的常规活动
英国	教育、金融、保险、土地（多数情况下）、一些邮政服务、博彩和医疗服务
日本	非税交易：土地转让和租赁、证券转让、利息、邮票、医疗服务、房屋租金等 出口免税：出口货物、国际旅客运输、国际通信、邮政服务等。不转让应税资产的交易，由日本企业进行的 "应纳税资产转让等"是指资产转让、资产租赁和企业作为经营对象提供的服务，但不包括上述应税交易
韩国	生活必需品、与福利和文化有关的货物和服务、生产要素、向联邦和地方政府提供的货物或服务、《特别待遇税管制法》规定的免税货物和服务、未加工食品、书籍报纸杂志、为公共目的进口的货物、从外国捐赠的公共物品、特殊待遇税管制法所列货物
新加坡	金融服务供应、住宅房地产供应或租赁

资料来源：2018 Thomson Reuters。

2. 增值税退税规定

出口货物退税制度是一国税收的重要组成部分。以下十国均实施出口退税政策，对出口货物退还其在国内生产和流通环节实际缴纳的增值税或商品服务税以及特别消费税，并规定了详细的申报与支付日期（见专表7），基本每个月可以退税。出口退税主要是通过退还出口货物的国内已纳税款来平衡国内产品的税收负担，使本国产品以不含税成本进入国际市场，与国外产品在同等条件下进行竞争，从而增强竞争能力，扩大出口创汇。

专表7　十个国家增值税制度退税规定

国家	退税类型	申报截止日期	支付截止日期
加拿大	月度/季度/年度	由加拿大税务署决定，一般是报告期后一月的月末	报告期后一月的月末
澳大利亚	月度/季度	月度：下月的第21天；季度：下月的第28天	月度：下月第21天；季度：下月第28天
瑞士	①季度；②以GST F7的形式自动修正错误	本季度结束后60天	本季度结束后60天
荷兰	月/季度	报告期后一月的月末	报告期下一个月月末
德国	月度/季度/年度	报告期后的第10天；报告期后的第二个月延长10天，报告期后一年的5月31日；如果税务顾问准备，则是在本报告所述期间的12月31日	填表日后一个月
法国	月度/季度/年度	报告期后的第10天；在报告所述期间的第二个月的第10天将其永久归档；报告期后年份的5月31日；如果税务顾问准备，则是在本报告所述期间的12月31日	对应于申请截止日期，如银行转账三天后存档日后一个月
英国	月度/季度	报告期后1个月和7天	报告期后1个月和7天
日本	月度/季度/年度	报告期后第二个月的最后一天	第二个月的最后一天

续表

国家	退税类型	申报截止日期	支付截止日期
韩国	早期退税/通常退税	到期日后30天内	每个课税期的后25天内（外国公司在50天内）
新加坡	月度/季度；销售调整	报告期后一月的月末/在填写电子申请表格F7后14日内	报告期后一月的月末/填写GST表格F7后立刻支付

资料来源：2018 Thomson Reuters。

（三）注册制度

从专表8中可以看出，不同国家的注册门槛存在较大差异。其中，注册门槛较高的国家有荷兰、新加坡、澳大利亚、瑞士等国；注册门槛较低的国家有法国、英国、加拿大、德国、韩国、日本等国。在具体注册要求方面，欧盟成员国的公司与非欧盟成员国的公司分别选择增值税纳税人注册或普通纳税登记，提交相关文件。而申请获得增值税税号在特定的国家可能面临附加的要求和更高的遵从度。

澳大利亚针对正常企业与非营利组织分别规定了两种注册门槛（前者为75000澳元、后者为150000欧元，瑞士也有类似规定），而加拿大规定小企业可以自行选择是否进行纳税登记。大部分国家针对所有的纳税人只确定了一个注册门槛。关于一般纳税人的认定，日本通过核查企业基期（一般指上一年度）营业额是否超过1000万日元来确定该企业是否认定为一般纳税人。

瑞士虽然不是欧盟成员国，但其在很大程度上与欧盟的增值税制度相符合。基于反避税考虑，2015年1月1日后也取消了非居民增值税注册的门槛要求。同时，瑞士也实行了反向稽征机制，对于那些符合条件的外国公司无须强制增值税注册。在澳大利亚，除非适用反向稽征，或境内有指定代理人，否则境外实体应当对其销售的税收负责。境外实体可以进行GST注册，但并非强制。在韩国，没有常设机构的外国公司无须进行增值税注册。进行增值税注册的外国公司无须在当地成立公司，但必须委任一名财务代表。该代表与该公司向韩国税务当局承担连带的申报和缴纳增值税义务。

专表8　各国增值税注册门槛

国家	注册制度
加拿大	应税销售额达3万加元

续表

国家	注册制度
澳大利亚	如预计营业额超过每年 75000 澳元,则须进行强制性登记
瑞士	10 万瑞士法郎
荷兰	600 万荷盾
德国	17500 欧元
法国	当公司成立时自动登记
英国	年营业额在 79000 英镑以下的营业主体可以不登记为增值税的纳税人;非英国企业没有门槛
日本	上一财政年度的应税营业额为 1000 万日元或以下的小型企业可自愿申请成为纳税人
韩国	公司纳税人必须注册增值税,无论其收入金额如何。只有年收入低于 4800 万韩元的某些人才可以申请简化税收
新加坡	超过 100 万新加坡元的应税品,无论是过去四个季度还是未来的 12 个月

资料来源:2018 Thomson Reuters。

(四)增值税征管

增值税的征管中存在反向稽征制度,该制度是指当购买方从其他欧盟国家的供货方购买商品和劳务时,缴纳增值税的义务从销货方转向供货方。在十个国家中,除新加坡外,其他国家均有反向稽征制度。有的国家采取自愿进行,如加拿大、澳大利亚;有的国家则有明确规定。除日本专门针对跨境数字服务外,其他国家对所有应税服务都实施反向稽征机制。

专表 9 各国反向稽征制度

国家	是否拥有境外管理权以及最小储藏期限	反向稽征机制
加拿大	有 (需经加拿大税务署批准) 6 年	这个过程叫作自我评估。如果国内实体从事免税业务,(如金融服务),则可能需要自行评估税收

续表

国家	是否拥有境外管理权以及最小储藏期限	反向稽征机制
澳大利亚	有 5年	存在一种自愿的反向稽征机制,在澳大利亚开展业务的外国实体可以通过与澳大利亚居民接收方签订协议,让澳大利亚实体承担GST责任,从而保持在GST系统之外。这种机制的使用必须满足一定的要求
瑞士	有 10年	在以下情况下,受让人须在瑞士承担购置税: ①有增值税纳税义务; ②在历年采购此类供应品的费用超过1万法郎,在供应品的情况下,主管当局已事先以书面通知他或她有关购置税的责任
荷兰	有	如果供应商未在荷兰设立并进行应税交易(商品或服务的应税供应),而供应地为荷兰且买方是纳税人或在其中设立的法人,则适用反向收费。适用于BTB服务、有关不动产、船舶、金属结构、成衣行业和建筑工程等
德国	有	由非在德国设立的供应商提供给企业家或法人(公共或私人)机构在德国征税的服务。适用于建筑、房地产转让、通过管网提供天然气和电力等
法国	无 10年	非居民供应商在反向征收机制下由他们的法国顾客缴纳供应商应付的增值税。非居民供应商必须在法国指定一个代理人。针对设立在欧盟以外的供应商,他们的代理人必须是税务代表
英国	有 6年	若是英国的服务供应商,在其他欧盟国家提供服务,则需要向当地的税务机关核实清楚关于VAT Reverse Charge的事情。 若是位于英国接收服务的一方,服务供应商来自英国以外,以下条件全部满足,则适用Reverse Charge: ①服务的供应地在英国; ②服务的供应商属于英国境外; ③接收服务的一方在英国境内; ④服务不属于豁免VAT的范围; ⑤注册了VAT
日本	无 7年	通常适用于海外企业向日本企业(B2B)提供的跨境数字服务。数字服务包括电子书、报纸、音乐、电影和游戏的发行;在线购物,预订和广告;以及允许使用云数据库的服务

续表

国家	是否拥有境外管理权以及最小储藏期限	反向稽征机制
韩国	—	纳税人如果在下列条件下从非居民或外国公司获得服务，则应在支付此类服务时收取增值税，并向政府支付金额，除非收到的服务用于应税业务： • 非在韩国拥有营业地的非居民或外国公司。 • 拥有常设机构的非居民或外国公司提供的服务不属于国内场所和与家庭场所有关
新加坡	有。 但是，文件和记录必须保持有序，并在要求时提供给审计和检查。 2007年1月1日后的记录将被保存五年	有，但是暂停

资料来源：2018 Thomson Reuters。

（五）小结

十个国家中，欧洲国家法国、德国、英国、瑞士、荷兰普遍实行多档税率，税率为2~4档，剩余国家都采用一档税率。其中欧盟国家的基本税率较高，多为20%左右，德国19%，法国与英国20%，荷兰21%；其他国家的基本税率都为10%以下。根据欧盟规定，从2011年1月1日至2015年12月1日成员国增值税税率不得低于15%，而后这一规定又延长到2017年12月1日，但成员国的平均标准税率为21.5%，仍高于经合组织的平均标准税率19.2%。这些年来，欧盟平均标准税率呈现不降反升的趋势，说明成员国政府更依赖增值税的收入功能，较之所得税税率上升对经济增长和竞争力的影响会小些。国际金融危机爆发后，世界增值税改革的共同特征是提高税率，应对财政赤字风险，与以减税为主旋律的所得税改革相辅相成。

十个国家免税范围多集中在金融、不动产、医疗卫生、社会福利服务、教育、文化、体育等服务、邮政服务与用品、博彩等服务方面，总体上看，免税范围广泛，主要是为了满足基本民生的需要，还包括金融、不动产等有争议的项目和难以确定进项税额的项目。加拿大、澳大利亚、法国、英国、新加坡、日本等国家出于多方面考虑并没有完全将金融业、保险业和证券业纳入增值税征收范围。学术界对金融业征收增值税一直有争论。金融业的产品并不是个人的消费品，是一种投资产品，与一般意义的消费品有所区别。对投资收益征税意味着限制投资，国外一般采用征收所得税或资本得利税调节投资行为。

此外，英国、法国、德国、荷兰的本地企业与非本地企业都可以享受退税政策，而且不局限于出口服务。大部分国家对于退税资金有保障机制，十个国家基本上每月可以申请退税，出口退税要求的资料简化，具体资料企业备查，检查期可追溯5~10年不等，以避免退税延迟影响企业生产经营。

多数国家对注册门槛以下的纳税人给予自由决定进行增值税注册登记的权利，并简化纳税程序。欧盟国家特别对全球数字经济背景下出现的以电子商务为方式的各种交易（跨境交易），在传统征管方法无法确定其来源地或常设机构时，已经开始改变物理性"常设机构"概念，采取消费地征税或者反向稽征机制。

首先是建立反增值税欺诈的快速反应机制。为了使成员国能够更加快速有效地应对突发的、大规模的增值税欺诈案件，2013年7月欧盟发布了《快速反应机制指令》，指令中提出了包括允许成员国对某些货物和劳务的供应临时采用逆向征收制度等措施。

其次是对进口服务采用消费地原则征收增值税。欧盟已开始对B2B和B2C情况下的进口服务均在消费者所在地征收增值税。同时，欧盟要求欧盟以及非欧盟服务提供商必须选择直接在其消费者所在的各个国家进行增值税注册，或者选择使用更为简单的一站式注册机制，又称"迷你'一站式'注册机制"（VAT mini One Stop Shop）。根据"迷你'一站式'注册机制"的相关规定，非欧盟服务提供商可以选择任何欧盟成员国进行增值税登记并缴纳增值税，而欧盟服务提供商则必须选择在成立本企业的成员国进行增值税登记并缴纳增值税，所缴纳的增值税由该国再分配给其他相关国家，从而减轻企业的遵从负担。

本报告选择的十个国家均实施反向稽征机制，将申报缴纳增值税的义务从销售方转为购买方。比如，法国、德国、荷兰等特别针对所谓的"消失贸易欺诈"行为（包括从其他欧盟国家进口增值税免税商品，然后在国内销售，产生了增值税纳税义务却不申报纳税），或者是许多以"循环骗税"著称的虚假公司设计的更为复杂的逃税模式。

四、主要国家的税收收入与税收结构趋势

一国税收制度政策的演变与经济形势紧密相关，税收收入易受到经济条件变化的影响，而经济发展又是税制改革的关键驱动力。税收收入与GDP之比是分析经济中税收水平的基本指标，是讨论政府财政、税收政策改革和国内资源分配的关键点。同时，不同的税收对经济、家庭和企业的行为以及分配结果将产生不同的影响。因此，税收结构可以深入了解不同税种在整体税收组合中

的相对重要性。

（一）税收收入与 GDP 比率

1. 全球趋势

从专表 10 中可以看出，2000~2015 年，非洲地区税收收入与 GDP 的平均比率从 14.2% 上升到 19.1%，增加了约 5 个百分点；在拉丁美洲和加勒比地区（LAC），平均值增加了 5.1 个百分点，而 1990~2015 年增加了 7.1 个百分点。非洲和拉丁美洲及加勒比地区的税收制度、税收管理的现代化以及税收政策改革促成了这些增长。相比之下，经合组织在 1990~2015 年的平均比率一直高于其他两个区域，均超过了 30%，但增长幅度低于 2%。这既反映出各国税收水平的长期变化，也是税收政策、体制改革以及商业周期发展对税收水平综合影响的结果。

1990~2015 年，全球收入统计数据库中 80 个国家的税收与 GDP 之比普遍增加，从 10.8% 到 45.9% 不等。显而易见，税收收入总体变化高于 GDP 整体变化。2015 年，80 个国家的税收与 GDP 比率分布范围介于 10.8% 和 45.9%，大约一半国家的比率在 20% 至 35%，1/5 的国家/地区的税率与 GDP 比率超过 35%，中位数为 26.2%。在 2015 年税收与 GDP 比率低于 2000 年的国家中，大部分国家是经合组织国家。日本的税收与 GDP 之比在 24.5% 至 30.7% 变动，低于经合组织国家的平均水平。

专表 10　1990~2015 年非洲、拉美、经合组织税收收入与 GDP 比率

年份 \ 地区	Africa（16）-Average（%）	LAC-Average（%）	OECD-Average（%）
1990	—	16.0	31.9
2000	14.2	18.0	33.9
2010	17.2	20.9	32.5
2015	19.1	23.1	34.0

资料来源：https://data.world/imf/world-revenue-longitudinal-dat。

2. 主要国家发展趋势

依据 OECD 公布的数据，2007~2016 年，以下九国（除新加坡，新加坡不属于 OECD 国家）税收收入占 GDP 比重均值介于 25%~44%，除澳大利亚、加拿大、英国之外，基本呈现小幅上升的趋势（见专表 11）。日本（2015）较 2007 年上升了 3.2%，法国、荷兰与德国在 2016 年较 2007 年分别上升了 2.9%、

2.8% 与 2.7%，瑞士与韩国也上升了 1.7% 和 1.5%。

专表 11 各国税收收入占 GDP 比重

年份 国家	2007	2008	2009	2010	2011	2012	2013	2014	2015	2016	均值
澳大利亚	29.5	26.9	25.6	25.4	26.1	27.1	27.3	27.6	28.2	—	27.1
加拿大	32.1	31.7	32.0	30.6	30.5	31.0	30.9	31.2	32.0	31.7	31.4
法国	42.4	42.2	41.3	42.0	43.2	44.3	45.2	45.3	45.2	45.3	43.6
德国	34.9	35.4	36.1	35.0	35.7	36.4	36.8	36.8	37.1	37.6	32.5
日本	27.5	27.4	26.0	26.5	27.5	28.2	28.9	30.3	30.7	—	28.1
韩国	24.8	24.6	23.8	23.4	24.2	24.8	24.3	24.6	25.2	26.3	24.6
荷兰	36.0	36.4	35.4	36.1	35.9	36.0	36.5	37.5	37.4	38.8	36.6
瑞士	26.1	26.4	27.0	26.5	27.0	26.8	26.9	27.0	27.7	27.8	26.9
英国	33.2	32.6	31.6	32.6	33.5	32.8	32.6	32.5	33.2	32.9	32.7

资料来源：https：//stats.oecd.org/viewhtml.aspx?datasetcode=REV&lang=en#。

（二）税收结构

1. 全球趋势

从专表 12 中可以看出，增值税（或商品和服务税）与 GDP 的比例在三组国家中比较相似，而经合组织国家的个人所得税（PIT）和社会保障缴款（SSC）的比例远高于非洲与拉丁美洲和加勒比地区。LAC 地区中企业所得税（CIT）收入占 GDP 的比例最高（相应地，PIT 收入最低），而非洲和经合组织国家的 CIT 收入相似。

专表 12 1990~2015 年非洲、拉美、经合组织税收收入与 GDP 比率 & 税收结构

税种	地区	Africa（16）-Average		LAC -Average		OECD -Average	
税收收入 / GDP	各个税种收入 / 税收收入	% GDP	% tax	% GDP	% tax	% GDP	% tax
	PIT	3.2	16.3	2.2	9.5	8.4	24.4
	CIT	2.8	14.6	3.7	15.9	2.8	8.9
	SSC	1.7	7.6	3.7	16.0	9.0	25.8
	VAT	5.9	31.5	6.3	28.6	6.7	20.0

续表

税种		Africa（16）-Average		LAC -Average		OECD -Average	
税收收入/GDP	各个税种收入/税收收入	% GDP	% tax	% GDP	% tax	% GDP	% tax
Other G&S		4.7	25.7	5.2	21.7	4.1	12.4
Other taxes		0.8	4.3	1.9	8.3	2.9	8.5

注："Other taxes" includes payroll taxes, property taxes, unallocable income taxes between CIT and PIT and other taxes that could not be classified into the main tax categories.

资料来源：https：//data.world/imf/world-revenue-longitudinal-dat。

三组国家（非洲、拉丁美洲和加勒比地区及经合组织）在2015年有不同的税收结构。在非洲和拉丁美洲及加勒比地区，增值税（VAT）和其他商品及服务税是总税收收入的最大收入来源。相比之下，经合组织社会保障缴款（SSC）收入占税收收入的比例最为显著，超过了VAT占比。增值税是所有国家集团平均水平税收收入的重要来源。16个非洲国家中大部分的收入来自增值税，占平均收入的近1/3（31.5%），占2015年GDP的5.9%。在拉丁美洲和加勒比地区，增值税也占最大份额，税收总额占总税收的28.6%，占GDP的6.3%。在经合组织的平均税收结构中，增值税占税收总额的20.0%，比非洲、拉美和加勒比地区的平均税收结构低10个百分点。然而，经合组织国家的平均增值税收入略高于其他国家集团的平均水平（占GDP的6.7%），这反映了经合组织国家的总体税收水平较高。除古巴和美国外，大多数国家采用了增值税，而古巴和美国则更多地依赖销售税。

2. 主要国家发展趋势

2007~2016年，英国的个人所得税在税收收入中的比重下降幅度最大（见专表13），接近2.5%，加拿大与瑞士小幅下降，大约0.5%。其他国家占比均在上升，特别是澳大利亚的个人所得税占比超过其余八个国家，达到了41.453%。

专表13 2007~2016年各国个人所得税占税收收入比例

年份 国家	2007	2008	2009	2010	2011	2012	2013	2014	2015	2016
澳大利亚	36.685	37.614	37.465	38.539	39.328	39.211	39.12	41.218	41.453	—
加拿大	37.066	37.702	36.219	35.017	36.064	36.416	36.151	36.485	36.872	36.537

续表

年份 国家	2007	2008	2009	2010	2011	2012	2013	2014	2015	2016
法国	17.058	17.415	17.25	17.09	17.195	18.149	18.643	18.736	18.879	19.011
德国	24.959	26.493	25.192	24.29	24.731	25.76	25.984	26.223	26.549	26.603
荷兰	18.744	18.156	22.077	21.496	20.773	19.44	18.798	18.723	20.523	18.748
瑞士	31.683	31.086	31.821	31.909	30.989	31.602	31.176	30.964	31.126	31.225
日本	19.556	19.904	19.974	18.616	18.391	18.586	19.228	18.902	18.871	—
韩国	16.737	15.029	14.112	14.224	14.693	14.995	15.349	16.271	17.177	17.576
英国	29.75	30.278	30.371	28.687	28.028	27.486	27.631	27.303	27.721	27.278

资料来源：https：//stats.oecd.org/viewhtml.aspx?datasetcode=REV&lang=en#。

从专表14中可以看出，2007~2016年九国的企业所得税占比均在下降，其中所得税占比最高的澳大利亚与日本下降幅度最大，分别从22.585%和16.802%下降到2015年的15.258%和12.294%。占比最小的德国与法国分别从6.244%和6.82%下降到5.302%和4.51%，法国所得税占比最低。

专表14 2007~2016年各国企业所得税占税收收入比例

年份 国家	2007	2008	2009	2010	2011	2012	2013	2014	2015	2016
澳大利亚	22.585	21.088	17.948	17.858	19.287	18.45	17.515	16.419	15.258	—
加拿大	10.586	10.346	10.405	10.473	10.257	10.165	10.532	10.636	9.921	9.969
法国	6.82	6.731	3.461	5.562	6.084	5.844	5.835	5.098	4.628	4.51
德国	6.244	5.349	3.665	4.255	4.704	4.708	4.843	4.707	4.671	5.302
荷兰	9.527	9.104	6.089	6.401	6.094	5.894	5.977	6.869	7.223	8.519
瑞士	10.753	11.116	10.381	10.121	10.382	10.379	10.365	10.37	10.829	10.832
日本	16.802	13.652	9.566	11.603	11.763	12.469	13.24	12.929	12.294	—
韩国	15.069	15.947	14.354	13.788	15.391	14.871	13.958	12.833	13.099	13.649
英国	10.019	8.994	8.228	8.895	8.754	8.215	7.935	7.776	7.542	8.447

资料来源：https：//stats.oecd.org/viewhtml.aspx?datasetcode=REV&lang=en#。

除加拿大外，其余国家在2007~2016年的社会保障税款占比均在上升（见专表15），其中荷兰、瑞士的上升幅度最高，分别从20.725%、34.882%上升到26.154%、38.192%，其余国家小幅上升，基本在1%左右。

专表15 2007~2016年各国社会保障税款占税收收入比重

年份 国家	2007	2008	2009	2010	2011	2012	2013	2014	2015	2016
澳大利亚	14.38	14.475	15.029	14.864	14.733	15.073	15.25	15.066	15.083	15.043
加拿大	37.113	37.3	39.354	38.386	37.604	37.221	37.028	37.362	37.078	36.965
法国	36.562	36.433	38.604	39.188	38.55	38.206	37.763	37.797	37.631	37.677
德国	36.462	38.842	40.96	41.107	41.515	41.611	40.848	39.68	39.425	—
荷兰	20.725	21.828	23.366	23.344	23.992	24.721	26.371	26.868	26.602	26.154
瑞士	34.882	37.019	36.113	36.3	38.381	40.816	40.829	39.638	37.763	38.192
日本	23.266	23.139	23.919	23.852	24.453	25.021	24.914	24.857	24.586	24.555
韩国	18.345	19.266	19.669	18.995	18.589	19.013	18.721	18.609	18.725	18.908
英国	24.626	25.381	26.627	26.399	26.265	26.219	26.146	25.983	25.844	—

资料来源：https: //stats.oecd.org/viewhtml.aspx?datasetcode=REV&lang=en#。

专表16中，在2007~2016年的十年间，以下九国的增值税占税收收入比重介于21%~30%，其中日本（2015年）、英国上升了3%左右，澳大利亚（2015年）上升了0.5%，韩国大约下降3%，其他国家均小幅下降0.5%~2%。

专表16 2007~2016年各国增值税占税收收入比重

年份 国家	2007	2008	2009	2010	2011	2012	2013	2014	2015	2016
澳大利亚	27.062	27.938	29.799	29.1	27.522	28.469	28.831	27.059	27.534	—
加拿大	23.964	22.499	22.871	23.956	23.734	23.376	23.036	22.827	23.066	23.319
法国	24.885	24.682	25.19	24.902	24.743	24.449	24.006	24.125	24.343	24.459
德国	29.277	28.921	29.81	29.461	29.144	28.424	28.476	28.219	27.775	27.134
荷兰	30.959	30.293	30.602	30.773	30.078	29.785	29.799	29.59	29.616	29.622
瑞士	22.48	22.739	22.25	23.104	22.6	22.97	22.722	22.431	21.782	21.696
日本	17.953	17.949	19.071	18.667	18.402	17.948	17.584	19.754	20.965	—
韩国	31.272	31.63	31.808	33.709	31.235	31.172	30.725	29.951	28.033	28.136
英国	29.004	29.245	29.07	30.818	32.498	32.9	32.869	33.137	32.927	32.224

资料来源：https: //stats.oecd.org/viewhtml.aspx?datasetcode=REV&lang=en#。

专表17 2015年各国税制结构变化

国家\税种	增值税	个人所得税	企业所得税	社会保障税款
澳大利亚	28.15	38.96	18.49	15.083
加拿大	23.26	36.45	10.33	37.078
法国	24.58	17.94	5.46	37.631
德国	28.66	25.68	4.84	39.425
荷兰	30.11	19.75	7.17	26.602
瑞士	22.48	31.36	10.55	37.763
日本	18.70	19.11	12.70	24.586
韩国	30.77	15.62	14.30	18.725
英国	31.47	28.45	8.48	25.844

资料来源：https://stats.oecd.org/viewhtml.aspx?datasetcode=REV&lang=en#。

在专表17中，2015年九国的企业所得税收入在税收结构中的比例普遍最低；澳大利亚以个人所得税为主要税收收入；加拿大、法国、德国、瑞士、日本都以社会保障税款为主要税收收入；英国、荷兰、日本以增值税为主要收入。各国内部的各税种占比差异较大。

依据OECD公布的数据显示，2007~2016年的十年间，以下九国（除新加坡）的增值税占GDP比重介于5%~10%，基本呈现稳中有升的趋势（见专表18）。占比最低的日本上升幅度最高，瑞士、英国、法国、荷兰的增值税占GDP比重小幅上升，而韩国、加拿大、澳大利亚、德国的比例小幅下降。

专表18 2007~2016年各国增值税占GDP比重

国家\年份	2007	2008	2009	2010	2011	2012	2013	2014	2015	2016	均值
澳大利亚	29.5	26.9	25.6	25.4	26.1	27.1	27.3	27.6	28.2	—	27.1
加拿大	32.1	31.7	32.0	30.6	30.5	31.0	30.9	31.2	32.0	31.7	31.4
法国	42.4	42.2	41.3	42.0	43.2	44.3	45.2	45.3	45.2	45.3	43.6
德国	34.9	35.4	36.1	35.0	35.7	36.4	36.8	36.8	37.1	37.6	32.5
日本	27.5	27.4	26.0	26.5	27.5	28.2	28.9	30.3	30.7	—	28.1
韩国	24.8	24.6	23.8	23.4	24.2	24.8	24.3	24.6	25.2	26.3	24.6
荷兰	36.0	36.4	35.4	36.1	35.9	36.0	36.5	37.5	37.4	38.8	36.6

续表

年份 国家	2007	2008	2009	2010	2011	2012	2013	2014	2015	2016	均值
瑞士	26.1	26.4	27.0	26.5	27.0	26.8	26.9	27.0	27.7	27.8	26.9
英国	33.2	32.6	31.6	32.6	33.5	32.8	32.6	32.2	32.5	33.2	32.7

资料来源：https://stats.oecd.org/viewhtml.aspx?datasetcode=REV&lang=en#。

（三）小结

目前，各国税收收入总体变化普遍高于 GDP 整体变化。在 2015 年税收与 GDP 比率低于 2000 年的国家中，大部分国家是经合组织国家。各国增值税（或商品和服务税）与 GDP 比例比较相似，而经合组织国家的社会保障缴款（SSC）与个人所得税（PIT）的比例比较高，企业所得税在税收结构中占比最少。

所得税无疑是各国的减税重点，而增值税对于保证一国财政收入、减少经济扭曲等方面的重要性愈加突出。各国增值税改革基本会在简化税率、拓宽税基，保持"中性"的前提下继续强化其收入职能。但增收并非简单地提高标准税率来加重企业税负，其他多元化的选择已在更多地实践。

一是按增值税属于最终消费者负担的消费行为税的性质，对商品、劳务减并税率，且税率较低。

二是提高低税率，缩小低税率的适用范围。

三是较少减免税，将免税范围控制在最小范围，从而保证了增值税征扣税机制运行的科学性和严密性。

四是合理地确立增值税纳税人的注册标准，小规模纳税人免予注册登记。

五是简化纳税遵从，提高纳税便利，增加应收尽收的部分。

六是加强征管，严控逃税来减少应收未收的部分。

为了进一步加大增值税改革力度，解决约 500 亿欧元的增值税欺诈问题，让成员国设置低税率有更大的自主权，以及简化协调小企业的增值税制，欧盟委员会于 2016 年 4 月 7 日又提交了《增值税行动计划》，欧盟委员会提出四点增值税行动计划：一是制定未来欧洲单一增值税体系关键原则；二是采取短期措施遏制增值税欺诈；三是更新增值税率框架，并保证成员国税率设定灵活性；四是简化增值税规则，促进电子商务和中小型企业发展。2016 年 5 月 25 日，欧盟经济和财政事务理事会（ECOFIN）已采纳欧盟委员会 4 月提出的增值税运行计划，该行动制订了 2016 年至 2017 年增值税的改革计划。ECOFIN 还特别强调在打击增值税欺诈方面加强成员国税务部门之间的合作，特别是自动交换信息的重要性。

展望未来，增值税的国际协调将在 OECD 发布的增值税指南的基础上进一步拓宽加强：

首先，统一增值税规则，减少跨境贸易中的税收扭曲，凸显税收中性与税收公平；

其次，跨境贸易的增值税统一为消费地原则，阻止数字产品提供商通过"借道"低增值税国家来避税，减少税基侵蚀与利润转移，维护各国税收权益，同时减少双重征税风险；

最后，数字化跨境贸易的国际增值税规则在更多国家运用将影响其国内增值税制度改革。税制简化、机制严密、对经济扭曲程度最低、征纳成本最低、易于管理等诸多优点是世界增值税的发展方向。

参考文献

1. 陈贺菁,邓力平.澳大利亚税制改革述评及其启示[J].亚太经济,2002(6):23-26.
2. 陈继勇,盛杨怿,周琪.解读美国金融危机——基于实体经济的视角[J].经济评论,2009(2):73-78,85.
3. 陈清,林建永.中德增值税比较[J].内蒙古财经学院学报,2004(1):81-83.
4. 丁瑞霞.所得税与商品劳务税的弹性差异及其对经济波动的影响[D].浙江财经大学硕士学位论文,2017.
5. 冯秀娟.最优商品税理论在国际增值税制度中的实践及启示——以英国、法国、澳大利亚、新西兰为例[J].税收经济研究,2015,20(3):48-53.
6. 龚振中,孙文峰.基于消费地原则的增值税课征模式比较及选择[J].税务研究,2017(7):25-30.
7. 郭迎锋,顾炜宇,乌天玥,王立勇.政府资助对企业R&D投入的影响——来自我国大中型工业企业的证据[J].中国软科学,2016(3):162-174.
8. 郭迎锋,沈尤佳.本轮危机前后德国国有化研究概况及实践评析[J].管理学刊,2014,27(5):36-48.
9. 桁林.政府与市场关系理论及其发展[J].求是学刊,2003(2):44-49.
10. 怀仁,李建伟.我国实体经济发展的困境摆脱及其或然对策[J].改革,2014(2):12-27.
11. 黄夏岚,刘怡.增值税收入地区间转移的衡量——生产地原则与消费地原则的比较[J].财贸经济,2012(1):25-33.
12. 江雪薇.德国财政平衡中增值税的作用及启示[J].国际商务财会,2017(2):52-55.
13. 姜爱林.消费型增值税的含义与基本政策框架研究[J].上海商学院学报,2009,10(2):1-7.

14. 李稻葵, 伏霖. 德国社会市场经济模式演进轨迹及其中国镜鉴 [J]. 改革, 2014（3）: 105-115.
15. 李方旺. 法国增值税的三大启示 [N]. 中国财经报, 2005-11-01（7）.
16. 李方旺. 来自法国荷兰增值税制的启示 [N]. 中国财经报, 2007-03-27（6）.
17. 李俊江, 孟勐. 美国"再工业化"的路径选择与启示: 创新驱动增长 [J]. 科技管理研究, 2016, 36（2）: 1-6.
18. 刘燕明. 增值税历史沿革及中国与欧盟比较——兼论中国与欧盟增值税差异 [J]. 税收经济研究, 2017, 22（5）: 65-73.
19. 伦玉君, 张立球, 靳东升. 韩国增值税制度及借鉴 [J]. 涉外税务, 2012（1）: 46-50.
20. 聂小蓬. 生产型增值税向消费型增值税转型的意义及对策 [J]. 经济师, 2009（2）: 212, 214.
21. 盛朝迅. 发达国家新兴产业政策的新动向与启示 [J]. 经济纵横, 2016（11）: 76-81.
22. 谢贞发, 李梦佳. 我国地区间增值税负担与收入归属不对称问题研究——基于生产地原则和消费地原则的比较分析 [J]. 税务研究, 2012（2）: 33-37.
23. 熊鹭. 对英国增值税制度的考察与思考 [J]. 南方金融, 2014（5）: 50-52.
24. 张健, 张婷婷, 倪成. 我国与日本、韩国、新加坡增值税纳税人分类制度的比较研究 [J]. 安徽商贸职业技术学院学报（社会科学版）, 2016, 15（1）: 52-57.
25. 张晓朴, 朱太辉. 金融体系与实体经济关系的反思 [J]. 国际金融研究, 2014（3）: 43-54.
26. 张欣, 陈烨. 增值税理论探讨: 为什么说生产型增值税才是中性的 [J]. 财政研究, 2009（4）: 50-57.
27. 赵芸淇, 王丽君, 张新. 能否比肩 OECD 范本？——简评 OECD《国际增值税指南（2014）》[J]. 国际税收, 2014（10）: 39-43.